Physica-Schriften zur Betriebswirtschaft

Rudolf Vetschera

Entscheidungs-unterstützende Systeme für Gruppen

Ein rückkopplungsorientierter Ansatz

Mit 41 Abbildungen

Physica-Verlag Heidelberg

Professor Dr. Rudolf Vetschera
Fakultät für Wirtschaftswissenschaften
und Statistik
Universität Konstanz
Postfach 55 60
D-7750 Konstanz

Publiziert mit Unterstützung des Fonds zur Förderung der wissenschaftlichen Forschung, Wien.

CIP-Titelaufnahme der Deutschen Bibliothek

Vetschera, Rudolf:
Entscheidungsunterstützende Systeme für Gruppen: ein rückkopplungsorientierter Ansatz / Rudolf Vetschera. - Heidelberg: Physica-Verl., 1991
(Physica-Schriften zur Betriebswirtschaft; 35)
Zugl.: Wien, Univ., Habil.-Schr., 1990

ISBN-13: 978-3-7908-0540-6 e-ISBN-13: 978-3-642-99762-4
DOI: 10.1007/978-3-642-99762-4
NE: GT

7120/7130-543210

Vorwort

Die Unterstützung von Gruppenentscheidungen hat sich in den letzten Jahren zu einem bedeutenden, eigenständigen betriebswirtschaftlichen Forschungsgegenstand entwickelt. Dies belegen neben zahlreichen einschlägigen Publikationen auch spezifisch diesem Thema gewidmete Sonderhefte in Fachzeitschriften sowie die Gründung von Arbeitsgruppen in wissenschaftlichen Organisationen wie z.B. TIMS. In der vorliegenden Arbeit wird ein Beitrag zur Weiterentwicklung dieser dynamischen Forschungsrichtung geleistet. Sie stellt die Frage nach der Veränderung individueller Meinungen im Gruppenprozeß in den Vordergrund und zeigt eine Möglichkeit, die Konsensfindung in Gruppen durch die Konvergenz individueller Ansichten zu unterstützen.

Die vorliegende Arbeit stellt eine aktualisierte Fassung meiner im März 1990 von der Sozial- und Wirtschaftswissenschaftlichen Fakultät der Universität Wien angenommenen Habilitationsschrift dar. An dieser Stelle möchte ich vor allem den beiden Gutachtern im Rahmen des Habilitationsverfahrens, Prof. Dr. Helmut Laux (Universität Frankfurt) und Prof. Dr. Dieter Rückle (damals Universität Wien) für ihre zahlreichen Anregungen und Hinweise herzlich danken.

Eine Arbeit, die sich mit einem in dynamischer Entwicklung befindlichen Forschungsgebiet auseinandersetzt, kann im Rahmen eines kleinen Institutes an einer kleinen Fakultät nur dann erfolgreich durchgeführt werden, wenn ausreichende Möglichkeiten für Diskussionen und Informationsaustausch auch in weiterem Rahmen bestehen. Für die Möglichkeit, Teile dieser Arbeit in internationalen Tagungen vorzustellen und hilfreiche Diskussionsbeiträge danke ich vor allem Andrzej Lewandowski und Melvin Shakun.

Wesentlich zum erfolgreichen Abschluß dieser Arbeit haben ferner die Arbeitsbedingung beigetragen, die mir durch das Ludwig Boltzmann Institut für ökonomische Analysen, Wien, unter der wissenschaftlichen Leitung von Robert Holzmann und Friedrich Schneider zu Verfügung gestellt wurden. Dafür danke ich den Genannten herzlich. Die Drucklegung der Arbeit wurde durch den Österreichischen Fonds zur Förderung der wissenschaftlichen Forschung unterstützt, dem ich dafür ebenfalls zu Dank verpflichtet bin.

Konstanz, im Jänner 1991

Vorwort

Inhaltsverzeichnis

Tabellenverzeichnis

Seite

Abbildungsverzeichnis

Kapitel 1

Problemstellung und Aufbau der Arbeit

1.1 Group Decision Support Systeme

Entscheidungen in Gruppen oder Gremien nehmen einen bedeutenden Stellenwert in der Entscheidungsfindung von Unternehmen ein (Laux, 1979; Manke 1980). Für die betriebswirtschaftliche Forschung ist es daher eine aus theoretischer Sicht bedeutsame und für die Praxis relevante Aufgabenstellung, Unterstützungen für diese Form organisatorischer Entscheidungsprozesse zu entwickeln.

Die Entscheidungsfindung in Gruppen kann aus unterschiedlichsten Perspektiven betrachtet werden, die auch zu unterschiedlichen Vorstellungen über die Unterstützung derartiger Entscheidungsprozesse führen. Bevor im nächsten Abschnitt die Problemstellung dieser Arbeit konkretisiert wird, soll daher zunächst ein kurzer Abriß der Entwicklung unterschiedlicher Sichtweisen der Unterstützung von Gruppenentscheidungen gegeben werden. Damit wird es dem Leser erleichtert, die Zielsetzung und Vorgangsweise dieser Arbeit in eine Gesamtsicht des Problembereiches einzuordnen.

Einen möglichen Ausgangspunkt der Behandlung von Gruppen-Entscheidungsproblemen stellt die Spieltheorie dar. Für die Lösung organisatorischer Entscheidungsprobleme wird häufig die Theorie kooperativer Spiele als geeignetes Instrument angesehen (Fandel 1979). Kooperative spieltheoretische Lösungsansätze wie z.B. die Nash-Lösung (Nash, 1950) und ihre Erweiterungen (z.B. Harsanyi, 1963; Harsanyi/Selten, 1972), aber auch alternative Ansätze (Livne, 1989), stellen aufgrund ihrer theoretischen Rigidität einen wichtigen Maßstab für die Beurteilung anderer Konzepte dar. Die aus dieser Rigidität resultierenden engen Voraussetzungen lassen die Anwendung spieltheoretischer Konzepte für die praktische Entscheidungsunterstützung jedoch wenig praktikabel erscheinen. Spieltheoretische

Konzepte können daher nur ein, wenn auch bedeutender, Bestandteil entscheidungsunterstützender Systeme für Gruppen sein. Derartige Systeme existieren sowohl auf der Basis von Modellen, die dem Bereich kooperativer Spiele entstammen (z.B. Fortuna/Krus 1984, Bronisz et al., 1988a) als auch auf der Basis nicht-kooperativer Ansätze (Fraser/Hipel, 1979; Stokes/Hipel, 1986; Dagnino et al., 1987).

Die Problematik der Anwendung spieltheoretischer Konzepte ist nicht zuletzt auf deren statischen Charakter zurückzuführen. Normative Lösungskonzepte beschreiben primär Eigenschaften einer Lösung. Der Weg, auf dem diese Lösung erreicht werden kann, ist nicht Gegenstand der Untersuchung. Dynamische Aspekte werden in spieltheoretischen Ansätzen etwa unter dem Gesichtspunkt einer sich im Zeitablauf ändernden Problemsituation gesehen (z.B. Livne, 1987), aber nicht unter dem der Verhaltensänderung der Gruppenmitglieder. Gerade dieser Aspekt ist jedoch für die praktische Unterstützung von Gruppenentscheidungen sehr bedeutend. Dynamische Aspekte des Verhaltens der Gruppenmitglieder werden in der Verhandlungstheorie untersucht (z.B. Bishop, 1964; Cross, 1965; Contini/Zionts, 1968; Krelle, 1975). Derartige Überlegungen haben jedoch bisher kaum Eingang in Ansätze zur Unterstützung von Gruppenentscheidungen gefunden.

Eine völlig andere Sichtweise der Unterstützung von Gruppenentscheidungen läßt sich auf Ansätze zur Entscheidung bei mehrfacher Zielsetzung zurückführen. Zwischen den beiden Problemkreisen scheinen vordergründig große Parallelen zu bestehen. Die Theorie der Entscheidung bei mehrfacher Zielsetzung behandelt eine Problemsituation, in der ein einzelner Entscheider versucht, einen Kompromiß zwischen unterschiedlichen, konfliktären Zielen zu erreichen. Ebenso versucht auch ein Entscheidungsgremium, zu einem Kompromiß zwischen den (möglicherweise ebenfalls konfliktären) Meinungen seiner Mitglieder zu gelangen. Unterstellt man nun, daß sich die Meinungen der Gruppenmitglieder durch eine skalare Bewertung von Alternativen (bzw. eine skalarwertige Bewertungsfunktion im Falle stetiger Entscheidungsvariablen) repräsentieren lassen, so erhält man eine formal gleiche Problemstruktur wie beim Entscheidungsproblem unter mehrfacher Zielsetzung.

Dementsprechend wurde immer wieder versucht, Verfahren aus dem Bereich der Entscheidung bei mehrfacher Zielsetzung auf Gruppen-Entscheidungsprobleme anzuwenden. Als Beispiele seien Anwendungen des Verfahrens von Zionts/ Wallenius (Korhonen et al., 1980), des STEM-Verfahrens (Isermann, 1984), der Referenzpunkt-Methode (Vetschera, 1984) oder der Fuzzy-Programmierung (Leung, 1982) genannt. Die zuvor zitierten Arbeiten gehen alle von einer Gleichrangigkeit der Gruppenmitglieder aus. Daneben existieren auch Ansätze für hierarchische Gruppen, in denen eine Interaktion zwischen Problemlösungen der unteren Ebene und der Kompromißfindung auf der hierarchisch übergeordneten Ebene erfolgt (z.B. Reimers, 1984; Diminnie/Kwak, 1986).

Die enge Verbindung zwischen der Theorie der Entscheidung bei mehrfacher Zielsetzung und der Unterstützung von Gruppenentscheidungen beruht nicht nur auf der formalen Ähnlichkeit der beiden Probleme. Aus der praktischen Anwendung von Multikriteria-Entscheidungsverfahren resultierte auch die Erkenntnis, daß die in derartigen Verfahren unterstellte Situation eines einzelnen Entscheiders in der Realität nur selten anzutreffen ist. Darauf aufbauend wurden Ansätze entwickelt, derartige Entscheidungsverfahren durch eine Gruppe statt durch ein Individuum zu nutzen (z.B. Gear et al., 1982; Weber, 1983; Adelman, 1984; Harker, 1986).

Als dritte Wurzel des Bereiches der Group Decision Support Systeme sind schließlich entscheidungsunterstützende Systeme für Individualentscheider (Decision Support Systems) zu nennen (Scott Morton, 1971; Keen/Scott Morton, 1978; Alter, 1980; Müller, 1983; Sprague, 1987), die als Reaktion auf die Problematik der "Management *MIS*information Systems" (Ackoff, 1967) entstanden (Sadleir/McCandless, 1982). Im Vordergrund der Entwicklung von DSS stehen die Effizienz und Effektivität des Entscheidungs*prozesses*. Die DSS-Literatur betont daher die Notwendigkeit der Interaktivität und Flexibilität entscheidungsunterstützender Systeme, die im MIS-Ansatz nicht gegeben ist.

Von normativen entscheidungstheoretischen Ansätzen unterscheidet sich das DSS-Konzept dadurch, daß das Ergebnis des Entscheidungsprozesses nicht unmittelbar durch das Modell determiniert ist, sondern weiterhin dem Benutzer überlassen bleibt. Diese Unterscheidung kommt auch sprachlich in der Bezeichnung Decision *Support* zum Ausdruck, die damit deutlich gegen die üblicherweise mit Decision *Making* bezeichneten entscheidungstheoretischen Konzepte abgegrenzt ist.

Am Beginn der Entwicklung dieses Ansatzes stehende Decision Support Systeme wurden für Individualentscheider konzipiert. Aus der praktischen Anwendung ergab sich jedoch bald (Scott Morton, 1971; Alter, 1977) die Notwendigkeit, Gruppenprozesse in die Überlegungen mit einzubeziehen. Neben der daraus resultierenden Verwendung ursprünglich für Individualentscheider konzipierter Systeme durch Gruppen (z.B. Steeb/Johnston, 1981) wurde auch bald versucht, Hilfestellungen für spezifische Funktionen in Gruppensituationen anzubieten. Daraus resultierte ein eigener Zweig der DSS-Literatur (Huber, 1984; Gray, 1987; DeSanctis/Gallupe, 1987), in dem auch der Begriff "Group Decision Support Systems" (GDSS) geprägt wurde.

Die hier aufgezeigten Richtungen dürfen jedoch nicht isoliert voneinander gesehen werden, zwischen ihnen bestehen zahlreiche Verbindungen. Diese resultieren zum Teil aus der ebenfalls stark interaktiven, prozeßorientierten Sichtweise vieler Entscheidungsverfahren bei mehrfacher Zielsetzung. Dies führt dazu, daß Programmsysteme, in denen derartige interaktive Ansätze implementiert sind, von manchen Autoren ebenfalls als "Decision Support Systems" bezeichnet werden (Kreglewski/Lewandowski, 1983; Freyenfeld, 1984; Jacquet-Lagreze/Shakun, 1984; Wierzbicki, 1984; Golden et al., 1986; kritisch dazu Sol, 1987). Neben dem

Bezug zur Implementierung mag dabei auch eine bewußte Abgrenzung gegenüber normativen (meist nutzentheoretisch aufgebauten) "Decision Making"-Konzepten und eine Betonung des bei diesen Ansätzen größeren Spielraumes des Benutzers eine gewisse Rolle spielen. Dies kommt besonders deutlich bei Ansätzen auf der Grundlage von Prävalenzrelationen zum Ausdruck, die als "Decision Aid" (Aide a la decision) bezeichnet werden (Roy/Vincke, 1984; Vincke, 1986; Roy, 1990).

In den letzten Jahren haben sich aber auch unmittelbare Verbindungen zwischen Konzepten der DSS-Literatur und entscheidungstheoretischen Konzepten, insbesondere Entscheidungsverfahren bei mehrfacher Zielsetzung, ergeben (Bui, 1984; Jelassi/Jarke/Stohr, 1985; Jelassi/Jarke/Checroun, 1985; Stabell, 1987). Die daraus resultierenden, theoretisch fundierten und gleichzeitig die Möglichkeiten moderner Computertechnologie nutzenden Systeme zur Unterstützung individueller Entscheider sind in Richtung auf Gruppenentscheidungen erweiterungsfähig. Damit ergibt sich eine Systemkonzeption, in der sowohl Gruppenmitglieder in ihrer Meinungsbildung durch die Anwendung multikriterieller Entscheidungsverfahren unterstützt werden, als auch für den Aggregationsvorgang zu einem Ergebnis auf Gruppenebene Hilfen geboten werden. Derartige Systemkonzepte wurden in der Literatur mehrfach vorgestellt (z.B. Lewandowski et al., 1986; Bui, 1987; Jarke et al., 1987).

1.2 Problemstellung und grundlegende Annahmen

Die vorliegende Arbeit baut auf den im vorhergehenden Abschnitt aufgezeigten methodologischen Entwicklungslinien von Group Decision Support Systemen, insbesondere den zuletzt zitierten Arbeiten, auf. Sie ist grundsätzlich normativ orientiert. Die hier vertretene normative Sichtweise der Entscheidungsunterstützung unterscheidet sich allerdings in einem Punkt wesentlich von anderen normativ-entscheidungstheoretischen Konzepten: im Zentrum steht nicht die Frage der normativ "richtigen" *Lösung* eines (Gruppen-) Entscheidungsproblems, sondern die nach der Gestaltung des (Gruppen-) Entscheidungs*prozesses*. Eine am Entscheidungsprozeß statt am Ergebnis orientierte normative Sichtweise muß sich zwangsläufig auch mit der Frage der Operationalität der vorgeschlagenen Abläufe auseinandersetzen, die bei einer deduktiven, am Ergebnis orientierten Sichtweise unberücksichtigt bleiben kann.

Im Rahmen dieser Arbeit wird ein Gesamtkonzept für GDSS vertreten, das aufbauend auf bisherigen Entwicklungen über diese hinausgeht. Die bisherige Entwicklung von GDSS hat durch Verbindung normativ-spieltheoretischer Konzepte mit Ansätzen der Entscheidungstheorie bei mehrfacher Zielsetzung und der interaktiven Entscheidungsunterstützung zu einer Systemkonzeption geführt, die die individuelle Urteilsbildung der Gruppenmitglieder mit theoretisch fundierten Aggregationsmechanismen in einem interaktiven System verbindet. Die individuelle Urteilsbildung wird dabei vom eigentlichen Gruppenprozeß weitgehend isoliert gesehen. Die Konsensfindung in (insbesondere kooperativen) Entscheidungsgremien beruht jedoch auch auf Änderungen individueller Meinungen und Bewertungen durch den Gruppenprozeß. Die Bedeutung dieser Änderungen wird in der Literatur zu existierenden GDSS zwar immer wieder betont, die Systeme bieten jedoch kaum Unterstützung dafür. Das in dieser Arbeit entwickelte Konzept rückkopplungsorientierter GDSS zeigt einen Weg auf, wie diesem wesentlichen Aspekt realer Gruppenprozesse in formalen Ansätzen zur Entscheidungsunterstützung Rechnung getragen werden kann.

In Übereinstimmung mit zahlreichen anderen Ansätzen der GDSS-Literatur wird dabei von einer spezifischen Entscheidungssituation ausgegangen, die durch die im folgenden beschriebenen grundlegenden Annahmen charakterisiert ist.

Die betrachtete Gruppe ist (im Sinne der Definition von Jarke, 1986) kooperativ. Die Gruppenmitglieder sind daran interessiert, ein die Gruppe betreffendes Entscheidungsproblem gemeinsam zu lösen. Sie differieren zwar, etwa aufgrund ihres unterschiedlichen Informationsstandes, unterschiedlicher Beurteilungskriterien oder unterschiedlicher Gewichtungen der Kriterien in ihren Bewertungen verfügbarer Handlungsalternativen und Konsequenzen. Im Gegensatz zu einer nicht-kooperativen Verhandlungssituation sind die Mitglieder jedoch grundsätzlich bereit, auch die Bedeutung der von anderen Mitgliedern verfolgten Ziele und deren Beurteilungen zu akzeptieren.

Zwar sind nicht-kooperative Verhandlungssituationen auch innerhalb von Organisationen von Bedeutung (Bacharach, 1983) und stellen ein bedeutendes Forschungsgebiet dar (Raiffa, 1982; Lewicki/Bazerman, 1983). Die Betrachtung nicht-kooperativer Verhandlungssituationen würde allerdings die Berücksichtigung weiterer, für die Entwicklung entscheidungsunterstützender Systeme nicht unmittelbar relevanter Aspekte erfordern.

Die Annahme einer kooperativen Gruppe ermöglicht es insbesondere, jede Form strategischen Verhaltens der Gruppenmitglieder, wie z.B. strategische Misrepräsentation von Bewertungen (Trockel/Weinberg, 1983), auszuschließen. Diese Annahme mag zwar für viele praktische Anwendungen als zu strikt erscheinen: abgesehen von persönlichen Motiven wie Geltungsdrang kann auch in einer kooperativen Gruppe die Überzeugung, selbst den für die Gruppe einzig richtigen Standpunkt zu vertreten, zu strategischem Verhalten führen. Beginnt man jedoch, bei der Analyse von Gruppen-Entscheidungsproblemen strategisches Verhalten zu berücksichtigen, so führt dies rasch zu einer erheblichen Steigerung der Komplexität. Es reicht dann auch nicht mehr, strategisches Verhalten einzelner Gruppenmitglieder unter der Annahme konstanten Verhaltens der anderen Mitglieder zu betrachten. Auch die Antizipation strategischen Verhaltens anderer

Mitglieder und die daraus resultierenden Verhaltensänderungen müßten berücksichtigt werden (Laux/Liermann, 1987, S.97-98; Kaus, 1985). Derartige Analysen stellen bereits für einfache Abstimmungsregeln komplexe Probleme dar. In einem dynamischen Prozeß, wie er in dieser Arbeit vorgestellt wird, kann daher davon ausgegangen werden, daß die Gruppenmitglieder selbst nicht in der Lage sind, die mit strategischem Verhalten verbundenen komplexen Probleme zu lösen.

Die Arbeit beschränkt sich ferner auf die Behandlung von Entscheidungsproblemen mit diskreten, endlichen Alternativenmengen im Gegensatz zu Problemen mit stetigen Entscheidungsvariablen. Dies kann zunächst mit der praktischen Relevanz derartiger Problemsituationen begründet werden. Typische Problemstellungen für Entscheidungsgremien umfassen etwa die Auswahl oder Reihung von Bewerbern, Investitionsprojekten oder Produkten.

Die Beschränkung auf Probleme mit diskreten Alternativenmengen hat aber auch einen methodischen Hintergrund. Probleme, bei denen Handlungsalternativen durch (stetige) Entscheidungsvariablen charakterisiert werden, erfordern die Verwendung eines inhaltlichen Modells der Problemsituation, das die Werte der Entscheidungsvariablen mit ihren jeweiligen Konsequenzen verknüpft. Im Umfeld eines Gruppen-Entscheidungsproblems ist jedoch bereits die Entwicklung eines derartigen Modells selbst wieder ein Gruppen-Entscheidungsproblem (Nyhart/Goeltner, 1987). Sogar in einer kooperativen Gruppe kann die Auswahl und Spezifikation der im Modell abzubildenden Größen und Relationen bei unterschiedlichem Wissensstand der Mitglieder problematisch sein. Diese Probleme werden durch die Beschränkung auf diskrete Alternativenmengen vermieden.

Ein weiteres Charakteristikum des hier vorgestellten Ansatzes ist die Modellierung des Gruppen-Entscheidungsproblems als ein Entscheidungsproblem bei mehrfacher Zielsetzung. Aspekte des Risikos und der zeitlichen Verteilung von Konsequenzen werden nicht explizit modelliert, können aber prinzipiell durch geeignete Definition der Zielgrößen berücksichtigt werden. Auch diese Einschränkung dient der Reduktion der Gesamtkomplexität des Ansatzes. Insbesondere die explizite Berücksichtigung von Risikoaspekten bei Gruppen-Entscheidungsproblemen würde aufgrund möglicherweise unterschiedlicher Risikoeinstellungen der Gruppenmitglieder die Konzeption komplexer Aggregations- und Kompensationsmechanismen erfordern, die über die Komplexität von Entscheidungen bei mehrfacher Zielsetzung hinausgehen (Eliashberg/Winkler, 1981).

1.3 Aufbau der Arbeit

Den Ausgangspunkt der weiteren Arbeit bildet ein Literaturüberblick, der in Kapitel zwei gegeben wird. In diesem Überblick, der auf Vetschera (1990) beruht, werden zwei Hauptgruppen von GDSS unterschieden: hierarchische und nicht hierarchische Systeme. In hierarchischen Systemen, die den Großteil der in der Literatur vorgestellten Ansätze umfassen, werden die Teilprozesse der individuellen Meinungsbildung der Gruppenmitglieder einerseits und der Aggregation dieser Meinungen auf Gruppenebene andererseits voneinander isoliert betrachtet. Dies impliziert in der Regel auch eine zeitliche Abfolge zwischen den beiden Teilprozessen. Nicht hierarchische Systeme hingegen heben die strikte Trennung zwischen den beiden Ebenen auf.

Im dritten Kapitel wird ein rückkopplungsorientierter Ansatz zur Unterstützung von Gruppenentscheidungen vorgestellt, der die bisherige Konzeption hierarchischer Systeme erweitert. Grundlage dieses Ansatzes ist die Beeinflussung individueller Meinungen der Mitglieder durch (vorläufige) Ergebnisse der Gruppenebene. Im Sinne einer normativ orientierten Vorgehensweise werden in Kapitel drei zunächst allgemeine Anforderungen an die Integration von Gruppenaspekten in individuelle Bewertungssysteme formuliert und allgemeine Konzepte für eine derartige Integration untersucht.

Während die in Kapitel drei formulierten Aussagen vom verwendeten Entscheidungsverfahren unabhängig sind, präsentieren die beiden folgenden Kapitel konkrete Modelle für spezifische Entscheidungsverfahren. In Kapitel vier werden zunächst Modelle auf der Basis multiattributiver Nutzenfunktionen entwickelt. Die multiattributive Nutzentheorie führt zu relativ einfachen Modellformulierungen, anhand derer das allgemeine Konzept rückkopplungsorientierter GDSS besonders anschaulich demonstriert werden kann. Da die Praktikabilität nutzentheoretischer Modelle vielfach in Zweifel gezogen wird, stellt Kapitel fünf anschließend zwei Modelle auf der Basis alternativer Entscheidungstechniken vor. Als auch praktisch verbreitete Entscheidungsverfahren werden dabei die Referenzpunkt-Methode von Wierzbicki sowie die Fuzzy-Programmierung betrachtet.

In einem weiteren Konkretisierungsschritt stellt Kapitel sechs die Anwendung des entwickelten Konzeptes auf das Problem der dezentralen Investitionsprogrammplanung in einem EDV-mäßig implementierten System vor. Die konkrete Realisierung in einem EDV-Prototyp ist für eine grundsätzlich eher theoretisch orientierte Arbeit aus drei Gründen bedeutsam: sie dient der Verdeutlichung der Datenproblematik, der Illustration rechentechnischer Probleme und ihrer Bewältigung sowie der Darstellung problemadäquater Benutzerschnittstellen.

Im konkreten Beispiel dezentraler Projektplanung zeigt sich die Datenproblematik vor allem im Übergang von einzelnen, von den beteiligten Gruppenmitgliedern einzubringenden Projekten zu Gesamtprogrammen, die den eigentlichen Planungsgegenstand bilden.

Das System verwendet die multiattributive Nutzentheorie als Entscheidungsverfahren, was im Rahmen des hier vorgestellten Konzeptes die Lösung linearer Programme erfordert. In einem interaktiven entscheidungsunterstützenden System kommt jedoch dem Antwortzeitverhalten besondere Bedeutung zu, so daß für die Lösung dieser Optimierungsprobleme spezifische rechentechnische Überlegungen anzustellen sind, die ebenfalls präsentiert werden.

Ferner zeigt das in Kapitel sechs vorgestellte System, wie die für ein rückkopplungsorientiertes GDSS erforderlichen Optimierungsmodelle so in ein interaktives System eingebunden werden können, daß ihre Verwendung auch einem mit den theoretischen Grundlagen des Ansatzes wenig vertrauten Benutzer ermöglicht wird. Gleichzeitig eröffnet die Benutzerschnittstelle dem Benutzer jedoch so weitgehende Steuerungsmöglichkeiten, daß die mit einem undurchschaubaren und unkontrollierbaren System verbundenen Akzeptanzprobleme vermieden werden können.

Im abschließenden siebenten Kapitel werden mögliche Weiterentwicklungen des vorgestellten Konzeptes aufgezeigt. Diese umfassen sowohl unmittelbare Erweiterungen der in dieser Arbeit entwickelten Modelle als auch längerfristige Überlegungen zur Integration formaler Verfahren der Entscheidungsunterstützung in interaktive Konzepte der Büroautomation.

Kapitel 2

Group Decision Support Systeme in der Literatur

2.1 Grundbegriffe

2.1.1 Abgrenzung der untersuchten Ansätze

Nachdem bereits im ersten Kapitel ein grober historischer Überblick über Entwicklungslinien gegeben wurde, die zur heutigen Sicht von Group Decision Support Systemen führten, werden in diesem Kapitel einige in der Literatur vertretene Ansätze näher dargestellt. Grundlage dieser Darstellung soll die folgende konkrete Definition von Group Decision Support Systemen bilden:

> *Als Group Decision Support System werden in der Folge EDV-unterstützte (oder unterstützbare) Systeme bezeichnet, die Individuen, die Mitglieder einer Gruppe sind, in einem gemeinsamen Problemlösungsprozeß unterstützen.*

Die obige Definition beinhaltet mehrere wesentliche Aspekte:

a) Die EDV-Unterstützung.

b) Die Gruppen-Perspektive.

c) Die gemeinsame Problemlösung.

d) Die prozeßorientierte Sichtweise.

Ad a: Der Zielsetzung dieser Arbeit entsprechend werden hier nur Konzepte behandelt, in denen der Einsatz von EDV-Technologie zumindest potentielle Bedeutung besitzt. Damit sind vor allem rein theoretisch-normative Konzepte wie z.B. spieltheoretische Lösungen nicht Gegenstand der Untersuchung. Auch auf die aus praktischen Arbeiten hervorgegangenen Gruppen-Entscheidungstechniken wie etwa die Delphi-Methode oder die Nominal Group Technique (Willis, 1979; Delbecq et al., 1975) wird nur insoweit eingegangen, als derartige Überlegungen die Grundlage EDV-unterstützter Ansätze bilden.

Ad b: Eine wesentliche Komponente von Gruppenentscheidungen ist das Bewußtsein der Gruppenmitglieder, Teil eines Entscheidungsgremiums zu sein. So definieren DeSanctis/Gallupe (1987, S. 590) eine "Decision-Making Group" unter anderem durch die Eigenschaft: "The members ... are aware of one another and perceive themselves to be a part of the group which is making the decision".

Das Bewußtsein, Teil einer Gruppe zu sein, kann aus zwei Gründen bedeutsam sein: Erstens kann es strategisches Verhalten der Mitglieder induzieren. Die Berücksichtigung der daraus resultierenden interdependenten Verhaltensänderungen der Mitglieder würde allerdings zu einer erheblichen Erhöhung der Komplexität führen. Strategisches Verhalten wird in dieser Arbeit daher, ähnlich wie in den meisten vergleichbaren Ansätzen der Literatur, nicht weiter behandelt werden.

Weiters kann die Konfrontation mit der Gruppenmeinung auch Änderungen der individuellen Ansichten im Sinne eines Rückkopplungsvorganges auslösen. Dies ist insbesondere in kooperativen Problemlösungsprozessen der Fall, in denen die anderen Gruppenmitglieder persönlich bekannt sind und Vertrauen in deren Urteilsfähigkeit und Aufrichtigkeit besteht. Die Unterstützung derartiger Rückkopplungsprozesse in Gruppensituationen stellt ein zentrales Anliegen dieser Arbeit dar.

Ad c: Das in dieser Arbeit vorzustellende Konzept der Unterstützung von Gruppenentscheidungen geht von einer kooperativen Problemlösung durch die Gruppenmitglieder aus. Die Gruppenmitglieder orientieren sich zwar aufgrund unterschiedlicher Funktionen in der Organisation, aufgrund eines unterschiedlichen allgemeinen (d.h. nicht problemspezifischen) Informationsstandes oder aus anderen Gründen an unterschiedlichen Kriterien, was zu unterschiedlichen Bewertungen von Handlungsalternativen führt. Im Sinne der Klassifikation von Gray et al. (1990, S. 169) liegt somit der Fall einer "Internal negotiation within group" im Gegensatz zur völlig konfliktfreien "Cooperative, same goal"-Situation oder der völlig antagonistischen "Competitive"-Situation vor.

In einer kooperativen Situation kann davon ausgegangen werden, daß die Mitglieder sowohl die grundsätzliche Bedeutung der von anderen Mitgliedern berücksichtigten Zielgrößen als auch die Qualifikation der anderen Mitglieder in der Beurteilung von Handlungsalternativen hinsichtlich dieser Zielgrößen akzeptieren. Die Mitglieder werden daher bemüht sein, einen aus der Sicht aller Mitglieder günstigen Konsens zu erzielen, der somit auch den von ihnen selbst nicht unmittelbar berücksichtigten, aber aufgrund des Wissensstandes anderer Mitglieder relevanten Aspekten des Problems Rechnung trägt. Im Gegensatz dazu steht bei einer nicht-kooperativen Verhandlungssituation das Bemühen der Parteien im Vordergrund, ihre eigenen Interessen in der ausgehandelten Kompromißlösung möglichst weitgehend durchzusetzen.

Einzelne in der Literatur vorgeschlagene Konzepte lassen sich jedoch nicht eindeutig den Bereichen kooperativer Problemlösung oder nicht-kooperativer Verhandlung zuordnen. Im Rahmen des folgenden Überblicks werden daher auch einige nicht eindeutig klassifizierbare Ansätze vorgestellt. Auch Ansätze, die dem Bereich antagonistischer Verhandlungen zurechenbar sind, werden berücksichtigt, soweit spezifische Vorgehensweisen einen wesentlichen Einblick in den Stand des Gesamtgebietes geben können.

Ad d: Die prozeßorientierte im Gegensatz zu einer normativ-statischen Sichtweise stellt ein zentrales Anliegen der Literatur zur Entscheidungsunterstützung dar (Keen/Scott Morton 1978; Freyenfeld, 1984; Sol, 1985; Parker/Al-Utaibi, 1986). Normative Lösungskonzepte haben zwar auch für die Entscheidungsunterstützung große Bedeutung. Ihre Funktion besteht jedoch nicht darin, dem Anwender (bzw. hier der Gruppe) ein Ergebnis des Entscheidungsprozesses vorzuschreiben. Sie können vielmehr als Leitlinie für die Richtung dienen, in die der Entscheidungsprozeß verlaufen soll.

Im Rahmen eines Literaturüberblicks ist es jedoch kaum möglich, die obige Definition präzise anzuwenden. In vielen Arbeiten werden einzelne Aspekte der Definition nicht berührt, so daß kaum Aussagen darüber getroffen werden können, ob diese Kriterien vom diskutierten Ansatz erfüllt werden oder nicht. Die obige Definition sollte daher als idealtypische Sichtweise eines Group Decision Support Systems angesehen werden, die auf die einzelnen hier diskutierten Ansätze mit mehr oder weniger großer Unschärfe zutrifft.

2.1.2 Hierarchische vs. nicht hierarchische Ansätze

Betrachtet man Entscheidungsprozesse durch Gruppen, so liegt es nahe, zwei Klassen von Teilprozessen zu unterscheiden: Die erste Klasse umfaßt diejenigen Teilprozesse, die von den Gruppenmitgliedern individuell und unabhängig von den anderen Mitgliedern durchgeführt werden. Die zweite Klasse beinhaltet Interaktionen zwischen den Mitgliedern, betrifft also die Gruppe als Gesamtheit.

Aus dieser Unterscheidung kann ein hierarchischer Aufbau eines GDSS aus Individual- und Gruppenkomponenten, wie er in Abbildung 2-1 dargestellt ist, abgeleitet werden. Ein derartiger Aufbau wurde in der Literatur häufig vorgeschlagen (z.B. Tanino et al., 1981; Vincke, 1982; Reimers, 1984; Hurrion, 1985; Bui/Jarke, 1986).

Die weite Verbreitung dieser hierarchischen Sichtweise in der Literatur rechtfertigt es, diese Ansätze gesondert zu behandeln. Ihnen wird daher im folgenden ein eigenes Teilkapitel gewidmet, während alternative Konzepte in einem weiteren Teilkapitel zusammengefaßt werden.

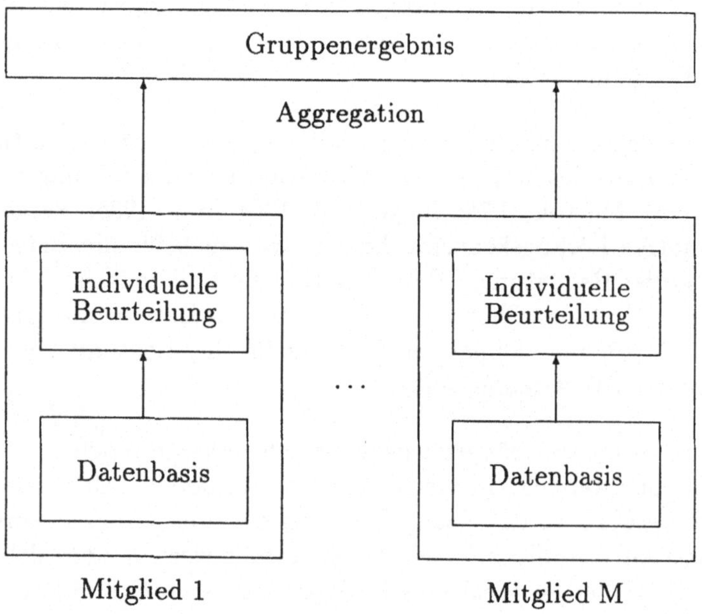

Abbildung 2-1: Schematischer Aufbau eines GDSS

2.1.3 Stufen der Unterstützung

Die Unterscheidung zwischen hierarchischen und nicht hierarchischen Systemen kann jedoch bei der großen Zahl der in der Literatur vorgeschlagenen Konzepte nur als erste grobe Klassifikation dienen. Nach der eingangs gegebenen Definition ist es Ziel jedes Ansatzes zur Unterstützung von Gruppenentscheidungen, den dabei ablaufenden Prozeß zu beeinflussen. Als weiteres Klassifikationsmerkmal kann daher das Ausmaß dieser Beeinflussung herangezogen werden.

In der Literatur wurden aus ähnlichen Überlegungen bereits mehrere Klassifikationsschemata für Group Decision Support Systeme entwickelt. Jarke und Hahn (1987) unterscheiden zwischen "Kommunikationsorientierten Systemen", "Datenbankorientierten Systemen" und "Eigentlichen GDSS", die eine aktive Beeinflussung des Gruppenprozesses vornehmen. Dieses Klassifikationsschema ist allerdings stark an technischen Gegebenheiten orientiert, die für eine breiter angelegte Übersicht, wie sie hier vorgestellt werden soll, von untergeordneter Bedeutung sind.

Nunamaker, Vogel und Konsynski (1989) klassifizieren den technologischen Aspekt der Unterstützung von Gruppenentscheidungen von passiv bis aktiv und unterscheiden dabei die Kategorien "Kommunikations-Unterstützung", "Prozeß-Struktur", "Integration" und "Führung". Auch diese Kategorien sind primär an technischen Gegebenheiten orientiert. "Kommunikations-Unterstützung" besteht in der Schaffung technischer Kommunikationseinrichtungen zwischen den Mitgliedern. "Prozeß-Struktur" bezieht sich auf einen vom System vorgegebenen Ablauf bestimmter Teilprozesse. Mit "Integration" bezeichnen diese Autoren die Schaffung einer mehrere Phasen übergreifenden Wissensbasis. Die "Führung" des Gruppenprozesses durch das System schließlich soll durch die Anwendung von Techniken der künstlichen Intelligenz erreicht werden.

DeSanctis/Gallupe (1987) unterscheiden ähnlich wie Jarke/Hahn zwischen drei Klassen von Systemen. Systeme auf "Stufe 1" stellen technische Hilfsmittel zur Verfügung, um Kommunikationsbarrieren zwischen den Gruppenmitgliedern zu überwinden. Systeme auf "Stufe 2" verringern Unsicherheit und Informationsmängel ähnlich wie Systeme für Individualentscheider und in "Stufe 3"-Systemen induziert das System selbst Kommunikationsprozesse zwischen den Gruppenmitgliedern. Pisonneault/Kraemer (1989; 1990) unterscheiden zwischen "Group *Decision* Support Systems", die der "Stufe 2" bei DeSanctis/Gallupe entsprechen, und den "Stufe 1" entsprechenden "Group *Communication* Support Systems". Eine ähnliche Klassifikation von DSS für Individualentscheider nimmt Silver (1990) vor, der zwischen "Directed change" und "Undirected change" als Formen der Beeinflussung des Entscheidungsprozesses unterscheidet.

In der Folge soll ein prozeßorientiertes Klassifikationsschema verwendet werden, das sowohl auf nicht hierarchische Systeme als auch die Unterstützung der Individual- und der Gruppenebene in hierarchischen Systemen angewandt werden kann. In hierarchischen Systemen ergibt sich durch die Verknüpfung unterschiedlicher Formen der Unterstützung auf den beiden Ebenen eine Matrixstruktur.

Das in der Folge verwendete Schema beruht auf den unterschiedlichen Möglichkeiten der Beeinflussung eines Entscheidungsprozesses und umfaßt die folgenden vier Stufen:

I. Keine Unterstützung

II. Prozeß-Erleichterung

III. Prozeß-Strukturierung

IV. Normative Lösung

Stufe I: Ein Schema, das Unterstützungsmöglichkeiten auf zwei Ebenen betrachtet, muß die Möglichkeit vorsehen, daß Teilprozesse einer Ebene nicht unterstützt werden. Daher wurde hier diese erste Stufe aufgenommen, die in den anderen Schemata keine Entsprechung besitzt.

Stufe II: Unter *Prozeß-Erleichterung* sollen in der Folge Ansätze verstanden werden, die zur effizienteren Abwicklung eines Teilprozesses beitragen, bei denen jedoch keine gezielte Beeinflussung in eine bestimmte Richtung erfolgt. Auf der Individualebene sind dies z.B. Instrumente der Daten- und Modellverwaltung, die den klassischen Ansätzen der DSS-Literatur entsprechen. Auf der Gruppenebene sind Kommunikationseinrichtungen oder Hilfsmittel zur Automatisierung von Abstimmungsprozessen Beispiele für derartige Unterstützungen.

Diese Kategorie entspricht daher dem "Undirected change" bei Silver (1990). Sie umfaßt sowohl "Kommunikationsorientierte" als auch "Datenbankorientierte" Systeme im Schema von Jarke und Hahn und Systeme auf "Stufe 1" und "Stufe 2" im Schema von DeSanctis und Gallupe. Im Schema von Nunamaker/Vogel/Konsynski entspricht diese Stufe etwa der "Kommunikations-Unterstützung", ohne allerdings den engen technischen Bezug dieses Begriffes aufzuweisen.

Stufe III: In der *Prozeß-Strukturierung* wird der Ablauf des Entscheidungsprozesses durch die Unterstützungsmaßnahmen gezielt verändert. Zwar verändern z.B. auch Kommunikationseinrichtungen den Ablauf des Gruppen-Entscheidungsprozesses (andernfalls wären sie wirkungslos), die Art der Veränderungen ist bei Systemen der zweiten Stufe jedoch noch nicht determiniert. Bei Systemen dieser Stufe erfolgt die Beeinflussung ähnlich wie beim "Directed change" von Silver gezielt. Beispiele für diese Form der Unterstützung sind interaktive, formalisierte Entscheidungsverfahren, die zur Meinungsbildung auf der Individualebene benutzt werden können. Auf der Gruppenebene entspricht diese Stufe in etwa der Unterstützung durch "Stufe 3"-Systeme im Schema von DeSanctis/Gallupe oder der "Prozeß-Struktur" bei Nunamaker/Vogel/Konsysnski.

Stufe IV: Als stärkste Form der Beeinflussung eines Entscheidungsprozesses soll schließlich dessen *Normative Lösung* klassifiziert werden. In diesem Fall ist der betrachtete Teilprozeß mit der Ermittlung einer Lösung durch das System beendet. Normative Lösungen entsprechen zwar nicht dem Grundprinzip interaktiver Entscheidungsunterstützung, wenngleich die Bedeutung derartiger Konzepte auch für die Orientierung interaktiver Prozesse in der DSS-Literatur zunehmend anerkannt wird (Thomas/Samson, 1986; Keen, 1987). Das hier diskutierte Schema soll allerdings auch auf einzelne Teilprozesse und nicht nur auf den Gesamtprozeß angewandt werden. Innerhalb eines größeren Ablaufes können für einzelne Teilprozesse durchaus normative Lösungen ermittelt werden, während der Gesamtprozeß interaktiven Charakter aufweist. Anpassungsschritte durch die Benutzer erfolgen dann in anderen Teilprozessen. Diese Stufe kann mit der "Führung" bei Nunamaker/Vogel/Konsysnski verglichen werden, ist allerdings nicht auf die dort angesprochenen Formen der technischen Realisierung beschränkt.

2.2 Hierarchische Ansätze

2.2.1 Charakteristik

In Anbetracht einer hierarchischen Gliederung des Entscheidungsprozesses, wie sie in Abbildung 2-1 dargestellt ist, stellt sich die Frage, inwieweit die individuelle Ebene überhaupt Gegenstand der Unterstützung von Gruppenentscheidungen sein kann bzw. soll. Auf dieser Ebene werden individuelle Urteile über die zur Wahl stehenden Handlungsalternativen gebildet. Dazu können im Prinzip die gleichen Methoden benutzt werden, die ein Individualentscheider zur Lösung des Problems heranziehen würde. Spezifische, durch die Gruppensituation bedingte Probleme treten erst auf der Gruppenebene auf.

Allerdings übersieht eine derartige Argumentation, daß die auf der Gruppenebene auszugleichenden Meinungsdifferenzen auf Unterschieden der individuellen Meinungsbildungsprozesse beruhen. Insbesondere im hier betrachteten Fall einer kooperativen Problemlösung können Meinungsdifferenzen etwa auf unterschiedliche Informationsstände als einer der Primärdeterminanten individueller Präferenzen (vgl. Laux/Liermann, 1987, S.72) zurückzuführen sein. Eine an der Gruppensituation orientierte Gestaltung der individuellen Prozesse, die z.B. allen Gruppenmitgliedern gleiche Informationen zur Verfügung stellt, kann daher wesentlich zur Unterstützung des Gruppen-Entscheidungsprozesses beitragen. Auch in einem hierarchischen Ansatz zur Unterstützung von Gruppenentscheidungen, in dem die beiden Ebenen konzeptuell getrennt werden, sind daher Komponenten zur Unterstützung der individuellen Ebene mit einzubeziehen.

Die hier betrachteten Prozesse der Individual- und Gruppenebene können weiter in einzelne Teilprozesse gegliedert werden, die Ansatzpunkte für spezifische Formen der Unterstützung bieten.

2.2.2 Teilprozesse

2.2.2.1 Individualebene

Der Meinungsbildungsprozeß auf der Individualebene entspricht der Lösung des von der Gruppe zu behandelnden Entscheidungsproblems durch einen Individualentscheider. Die Entscheidungstheorie unterscheidet zwei Hauptkomponenten, die in den Bewertungsprozeß eines Individualentscheiders eingehen: erwartete (objektiv ermittelbare) Konsequenzen von Handlungsalternativen einerseits und die subjektive Beurteilung dieser Konsequenzen andererseits (Laux, 1982; Lindley, 1982; Bamberg/Coenenberg, 1985; Smith, 1988). Beide Komponenten sind auch für die Meinungsbildung eines Gruppenmitgliedes bedeutsam und können dazu benutzt werden, diese im Sinne einer Konsensfindung zu beeinflussen.

2.2.2.1.1 Konsequenzen

Die Ermittlung der Konsequenzen von Handlungsalternativen bietet, insbesondere wenn sie in objektiver Weise erfolgen kann, eine wichtige Möglichkeit zur Annäherung der Beurteilungen von Gruppenmitgliedern. Diese Komponente der individuellen Urteilsbildung kann noch weiter gegliedert werden, wenn zwischen der Beschaffung von Daten einerseits und darauf aufbauenden Analysen andererseits unterschieden wird. Diese Unterscheidung entspricht der in DSS-Literatur üblichen Trennung von Datenbank- und Modellierungskomponenten (Sol, 1985). Die Nutzung gemeinsamer Datenbanken, auf die Gruppenmitglieder individuell zugreifen, kann zur Vereinheitlichung der Definition von Alternativen und Kriterien beitragen (Jarke, 1986; Jarke et al., 1987). Datenbanktechnische Maßnahmen zur Sicherung der Konsistenz gemeinsam genutzter Daten können ferner auch als Vorkehrung zur Vermeidung von Konflikten angesehen werden, während die Parallelitätskontrolle beim Datenbankzugriff einer spezifischen Steuerung des Kommunikationsprozesses in der Gruppe entspricht (Jarke/Hahn, 1987).

Bei den genannten Überlegungen stehen individuelle Zugriffsmöglichkeiten der Gruppenmitglieder auf gemeinsame Datenbestände im Vordergrund. Diese stellen jedoch nicht sicher, daß die Gruppenmitglieder auch tatsächlich auf die zur Verfügung gestellten Informationen zugreifen. Um dies zu erreichen, können Datenbankabfragen gemeinsam durchgeführt und die Ergebnisse allen Gruppenmitgliedern mitgeteilt werden (Huber, 1984).

Allerdings kann auch der Aufbau einer gemeinsamen Datenbasis durch mehrere Gruppenmitglieder ein erhebliches Problem darstellen. Dieser Aspekt ist insbesondere dann von Bedeutung, wenn die Bewertung von Handlungsalternativen die Prognose zukünftiger Entwicklungen erfordert. Die Aggregation individueller Prognosen und Wahrscheinlichkeitsschätzungen stellt sowohl ein bedeutsames Gebiet theoretischer Forschung (French, 1981; Brockhoff, 1983) als auch einen Gegenstand empirischer Untersuchungen (Solomon, 1982; Parenté et al., 1984) dar. Aus Raumgründen kann auf diesen Bereich im Rahmen der vorliegenden Arbeit jedoch nicht weiter eingegangen werden.

Neben dem Zugriff auf Daten stellen Modellierungstechniken eine wesentliche Komponente von DSS dar (Sprague, 1987). Die Verwendung von Modellen kann auch für die individuelle Meinungsbildung in einer Gruppen-Entscheidungssituation von Bedeutung sein und bereits in der Phase der Problemformulierung wesentlich zur Schaffung einer gemeinsamen Problemsicht beitragen (Sims et al., 1981; McCartt/Rohrbaugh, 1989).

Sogar in nicht-kooperativen Situationen können gemeinsam genutzte Modelle des Problembereiches die Kompromißfindung unterstützen (Nyhart/Goeltner, 1987). Auch in kooperativen Situationen bestätigen praktische Beispiele die Bedeutung gemeinsam entwickelter Modelle (z.B. Eilon/Cosmetatos, 1980; Hurrion, 1985). Die Entwicklung derartiger Modelle durch ein Gruppe kann allerdings schwierig sein, da nicht sichergestellt werden kann, daß spezifische individuelle Kenntnisse, die auch eine Machtbasis der beteiligten Personen darstellen können, tatsächlich in das Modell eingebracht werden (Eden et al., 1986).

Alle genannten Maßnahmen liefern eine (individuelle) Informationsbasis, die als Grundlage des Entscheidungsprozesses dient. Der Prozeß der individuellen Meinungsbildung selbst, in den auch die subjektive Komponente einfließt, wird davon jedoch nur indirekt beeinflußt. In der Phase der Informationsbeschaffung sind daher nur Unterstützungen auf der Stufe der Prozeß-Erleichterung möglich.

2.2.2.1.2 Bewertungen

In komplexeren Entscheidungssituationen, in denen etwa Zeit- oder Risikoaspekte oder unterschiedliche Zielgrößen zu berücksichtigen sind, fließen neben den Informationen über Konsequenzen auch subjektiv bestimmte Präferenzen in die Beurteilung ein (Lindley, 1982; Kirchgäßner, 1983). Dadurch kann es selbst bei identischen Informationen über die Konsequenzen von Handlungsalternativen zu divergierenden Ansichten der Gruppenmitglieder kommen, die einen Ausgleich auf der Gruppenebene erfordern. Damit stellen auch die subjektiven Bewertungen einen für die Unterstützung von Gruppenentscheidungen relevanten Untersuchungsgegenstand dar.

Unter den genannten Problemdimensionen hat sich die Literatur zur Unterstützung von Gruppenentscheidungen bisher fast ausschließlich mit dem Problem mehrfacher Zielsetzungen befaßt. Diese Orientierung kann auf mehrere Ursachen zurückgeführt werden. Formal können auch die Problemdimensionen des Risikos (mehrere Umweltzustände) und der Zeit (mehrere diskrete Zeitpunkte) als Entscheidungsprobleme bei mehrfacher Zielsetzung interpretiert werden. Diese formal mögliche Interpretation würde jedoch vielfach zu einer sehr großen Zahl von Zielgrößen führen und ist daher nicht praktikabel. Sie wird auch in der Literatur nicht zur Rechtfertigung der Beschränkung auf Probleme mit mehrfacher Zielsetzung benutzt.

Die Beschränkung auf Probleme mit mehrfacher Zielsetzung dürfte vielmehr historisch bedingt sein. Wie bereits erwähnt, besteht traditionell eine enge Verbindung zwischen einigen Bereichen der DSS-Literatur und interaktiven Entscheidungsverfahren bei mehrfacher Zielsetzung. Dies mag es nahegelegt haben, ähnliche Konzepte auch auf den Bereich der Unterstützung von Gruppenentscheidungen zu übertragen.

Die Anwendung formalisierter Entscheidungsverfahren zur Meinungsbildung durch die Gruppenmitglieder entspricht im hier benutzten Klassifikationsschema je nach der Art des Verfahrens der Stufe III (Prozeß-Strukturierung) oder der Stufe IV (normative Lösung). Der wesentliche Vorteil derartiger Verfahren kann in einer größeren Konsistenz des Entscheidungsprozesses gesehen werden (von Winterfeldt/Edwards, 1986). Insbesondere in Gruppenentscheidungen kann Konsistenz individueller Meinungsbildungen auch zu einer Homogenisierung der Meinungen zwischen den Gruppenmitgliedern beitragen.

2.2.2.2 Gruppenebene

Während die normative Entscheidungstheorie weitgehend anerkannte Grundlagen für die Strukturierung der Prozesse auf der Individualebene bietet, existiert für die Gruppenebene kein vergleichbar verbreitetes Konzept. Daraus resultiert eine größere methodische Vielfalt unter den betrachteten Ansätzen.

Grundsätzlich ist es in einem hierarchisch strukturierten System Aufgabe der Komponenten der Gruppenebene, aufbauend auf den Ergebnissen der Individualebene zu einem (vorläufigen) Gruppenurteil über die verfügbaren Handlungsalternativen zu gelangen. In einer ersten groben Klassifikation können zwei prinzipielle Vorgangsweisen zur Erreichung dieses Ziels unterschieden werden, die im folgenden als Gruppen-Beurteilungsprozeß und als Aggregationsprozeß bezeichnet werden sollen.

Ein Gruppen-Beurteilungsprozeß (Abbildung 2-2) ist dadurch gekennzeichnet, daß von der Gruppe als Ganzem eine Beurteilung der Handlungsalternativen

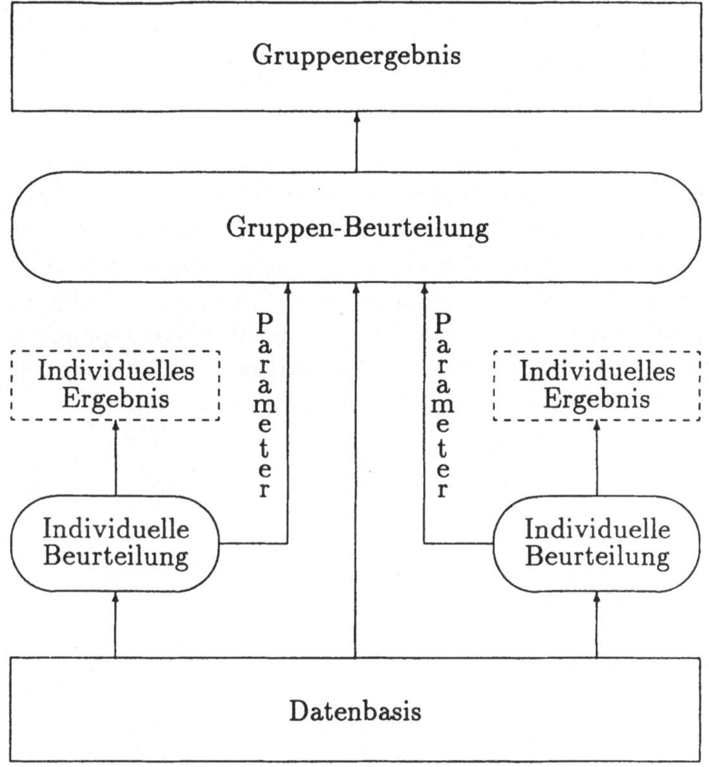

Abbildung 2-2: Gruppen-Beurteilung

vorgenommen wird. Dabei wird ein Bewertungsverfahren benutzt, das in gleicher oder ähnlicher Form auch von Individualentscheidern benutzt werden könnte. Im Rahmen eines hierarchisch strukturierten Gesamtsystems baut diese Beurteilung auf den zuvor auf der Individualebene ermittelten Prozeßparametern auf, die in geeigneter Form aggregiert werden. Ein einfaches Beispiel wäre etwa die Beurteilung der Handlungsalternativen durch die Gruppe anhand eines additiven Gewichtungsschemas, wobei auf der Gruppenebene Zielgewichte benutzt werden, die dem Durchschnitt der von den Mitgliedern verwendeten Zielgewichte entsprechen.

Wie Abbildung 2-2 zeigt, greift eine Gruppen-Beurteilung also auf die Ausgangsdaten der Handlungsalternativen zurück. Die individuellen Bewertungen dienen nur dazu, die für die Beurteilung auf der Gruppenebene erforderlichen Parameter (z.B. Zielgewichte) zu liefern. Das Ergebnis der individuellen Bewertung (z.B.

individuelle Nutzenwerte für die Handlungsalternativen) geht jedoch nicht unmittelbar in das Gruppenergebnis ein.

Im Gegensatz dazu baut ein Aggregationsprozeß auf den Ergebnissen der individuellen Beurteilungen der Alternativen auf (Abbildung 2-3). Das Gruppenergebnis wird durch Aggregation der individuellen Ergebnisse für die einzelnen Alternativen ermittelt. Die diesen Bewertungen zugrunde liegenden Daten über die Handlungsalternativen gehen in den Prozeß auf der Gruppenebene nicht mehr unmittelbar ein. Ein Beispiel für diese Vorgangsweise ist die Aggregation individuell ermittelter Nutzenwerte zu Nutzenwerten der Gruppe.

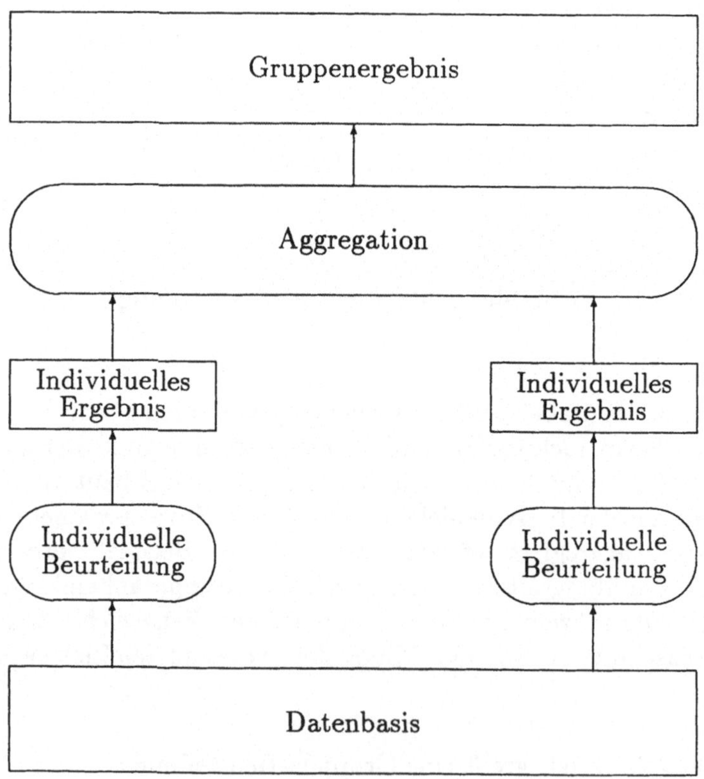

Abbildung 2-3: Aggregation

2.2.2.2.1 Gruppen-Beurteilung

Im Prinzip könnten sämtliche zur Unterstützung von Individualentscheidern entwickelten Werkzeuge auch zur Unterstützung einer Gruppen-Beurteilung herangezogen werden. Dies gilt insbesondere für alle jene Formen der Entscheidungsunterstützung, die keine explizite Modellierung von Präferenzen vornehmen, sondern primär Datenzugriffs- und Modellierungstechniken zu Verfügung stellen. Dementsprechend wurden Ansätze der traditionellen DSS-Literatur bereits früh auch zur Unterstützung von Gruppenentscheidungen herangezogen (Scott Morton, 1971; Alter, 1977) bzw. wurden derartige Systeme bereits in Hinblick auf die Benutzung durch eine Gruppe entwickelt (Adelman, 1984; Hurrion, 1985). Auch in "Decision Room"-Systemen (z.B. Quinn et al.,1985; Nunamaker et al., 1987; Mantei, 1989; Nunamaker/Vogel/Heminger et al., 1989) stellen Komponenten für Datenzugriff und Modellierungstechniken wesentliche Elemente dar.

Diese Vorgangsweise kann als Prozeß-Erleichterung klassifiziert werden. Die Auswirkungen derartiger unstrukturierter Interventionen sind mittlerweile Gegenstand umfangreicher empirischer Untersuchungen (Steeb/Johnston, 1981; Kull, 1982; Vogel et al., 1987; McCartt/Rohrbaugh, 1989; sowie die Übersichten Pisonneault/Kraemer, 1989; 1990). Die Vielfalt der Ergebnisse hat dazu geführt, daß die publizierten Arbeiten selbst wiederum Gegenstand statistischer Auswertungen wurden (Gray et al., 1990).

Neben der faktenbezogenen Komponente geht in eine Gruppen-Beurteilung ebenso wie in die individuellen Beurteilungen auch eine subjektive, wertebezogene Komponente ein. In einem hierarchischen System kann davon ausgegangen werden, daß auf der Individualebene entsprechende Beurteilungen durchgeführt werden, aus denen Informationen über die subjektiven Präferenzen gewonnen werden können. Die Form, in der diese Informationen vorliegen, hängt von dem auf der Individualebene benutzten Entscheidungsverfahren ab. Sie kann von einer nur impliziten Darstellung durch Gesamtbewertungen von Alternativen bis zur detaillierten Spezifikation einer Nutzenfunktion reichen.

Die Verwendung dieser aus den individuellen Bewertungsprozessen gewonnenen Information in einer Gruppen-Beurteilung setzt die Kompatibilität der Information mit dem benutzten Entscheidungsverfahren sowie die Aggregierbarkeit der individuellen Parameter voraus. Kompatibilität bedeutet, daß die Informationen über die Präferenzen der Gruppenmitglieder in der für das auf der Gruppenebene benutzte Verfahren erforderlichen Form zur Verfügung stehen. Erfordert z.B. das auf der Gruppenebene benutzte Bewertungsverfahren Anspruchsniveaus in einzelnen Zielgrößen zur Formulierung von Präferenzen, so können auf der Individualebene erhobene Nutzenfunktionen nicht als Input für dieses Verfahren dienen. Die Forderung nach Konsistenz bedingt in der Regel, daß auf der Individualebene das gleiche oder ein ähnliches Verfahren wie auf der Gruppenebene angewandt wird.

Ferner muß eine Möglichkeit gegeben sein, die in den individuellen Beurteilungen benutzten Prozeßparameter zu Gruppenparametern zu aggregieren. Derartige Aggregationen stellen aus zwei Gründen komplizierte Probleme dar: Erstens determinieren die ermittelten Parameter das (in einem interaktiven Ansatz vorläufige) Ergebnis der Gruppenebene. Die Aggregation enthält somit eine starke normative Komponente, in der die mit dem Verfahren zu erzielenden, wünschenswerten Eigenschaften des Gruppenergebnisses zum Ausdruck kommen. Die Auswirkungen der Parameteraggregation auf das Ergebnis sind jedoch möglicherweise nur schwer nachvollziehbar. Zweitens können in vielen Entscheidungsverfahren nicht beliebige Parameterkombinationen zur Spezifikation von Präferenzen benutzt werden, sondern die Parameter müssen gewissen Konsistenzbedingungen genügen (z.B. Skalierungsbedingungen für Zielgewichte). Das Aggregationsverfahren muß daher auch Parameter für die Gruppenebene liefern, die diesen Bedingungen genügen.

Gruppen-Beurteilungen unter Verwendung eines formalisierten Entscheidungsverfahrens stellen somit eine relativ komplizierte Form der Unterstützung von Gruppenentscheidungen dar. Diese Vorgangsweise wurde daher auch nur bei wenigen Systemen gewählt (z.B. Bui/Jarke, 1984; Lewandowski et al., 1986).

2.2.2.2.2 Aggregation

Im Gegensatz zur Gruppen-Beurteilung wird bei der Aggregation der Beurteilungsprozeß nicht nochmals auf der Gruppenebene nachvollzogen. Die Aggregation benutzt vielmehr die aus den individuellen Beurteilungsprozessen resultierenden individuellen Gesamtbeurteilungen der einzelnen Handlungsalternativen.

Ein formales Aggregationsverfahren kann allerdings nur dann eingesetzt werden, wenn die Prozesse der Individualebene entsprechend aggregierbare Ergebnisse liefern. So enthalten z.B. "Decision Room"-Systeme in der Regel keine Komponenten zur formalen Modellierung von individuellen Präferenzen. Die Unterstützung von Aggregationsprozessen in derartigen Systemen beschränkt sich daher meist auf die Unterstützung von Abstimmungen oder ähnliche, einfach strukturierte Ansätze.

Werden hingegen auf der Individualebene stärker formalisierte Entscheidungstechniken eingesetzt, die z.B. kardinale Bewertungen von Handlungsalternativen liefern, so können auf der Gruppenebene Konzepte zur Anwendung gelangen, die diese Informationen nutzen. Als Aggregationsmechanismen können dann etwa normative Lösungskonzepte der Spieltheorie eingesetzt werden, die die Kenntnis kardinaler individueller Nutzenwerte voraussetzen (z.B. Fortuna/Krus, 1984). Diese Lösungskonzepte sind jedoch statisch. Sie liefern zwar für gegebene individuelle Nutzenfunktionen eine im Sinne der jeweils unterstellten Axiome "faire"

Kompromißlösung, sie geben aber keine Informationen über den Weg, auf dem die Gruppe zu dieser Lösung gelangen kann. Theoretische Bargaining-Konzepte, die die Dynamik von Kompromißfindungsprozessen beschreiben (Cross, 1965; Contini/Zionts, 1968; Fandel, 1979; 1981; Kersten/Szapiro, 1986) wurden in der GDSS-Literatur bisher nicht berücksichtigt, obwohl sie durchaus geeignet sind, reale Verhandlungsprozesse zu beschreiben (Fandel, 1985).

Als Alternative zu spieltheoretischen Ansätzen wurden vielfach Konzepte der Entscheidungstheorie bei mehrfacher Zielsetzung explizit herangezogen (Minnehan, 1973; Korhonen et al., 1980; Leberling, 1983; Vetschera, 1984) oder vergleichbare Konzepte unabhängig von der entscheidungstheoretischen Literatur entwickelt (Yu, 1973; Freimer/Yu, 1976; Yu, 1977). Diese Ansätze stellen in der Regel dynamische Konzepte dar, bei denen die Lösung in einem iterativen Prozeß unter Beteiligung der Gruppenmitglieder ermittelt wird. Als Motivation für diese Vorgangsweise kann die Ähnlichkeit zwischen der Situation eines einzelnen Entscheiders, einen Kompromiß zwischen unterschiedlichen Zielen zu finden, und der Situation einer Gruppe, die einen Kompromiß zwischen den Ansichten ihrer Mitglieder finden will, angesehen werden. Diese Analogie ist in hierarchischen Organisationen, in denen die Präferenzen der übergeordneten Stelle für den Interessensausgleich zwischen untergeordneten Stellen ausschlaggebend sind, noch deutlicher ausgeprägt (Wierzbicki, 1980; Reimers, 1984; Wierzbicki, 1984).

Die Analogie und damit die Verwendung von Entscheidungsverfahren bei mehrfacher Zielsetzung für den Interessensausgleich in Gruppen erscheint jedoch problematisch. Ziel eines (auch interaktiven) Entscheidungsverfahrens bei mehrfacher Zielsetzung ist letztlich die Bestimmung der Präferenzen des Entscheiders, durch die die Trade-Offs zwischen den verfolgten Zielen bestimmt werden. In einem Gruppen-Entscheidungsproblem existieren jedoch (außer in hierarchischen Organisationen) keine übergeordneten Präferenzen, die als Maßstab für die Beurteilung der "Güte" einer Lösung dienen könnten (Schiemenz, 1976). Eine Beurteilung kann nur allgemein durch axiomatische Definition wünschenswerter Lösungseigenschaften vorgegeben werden. Die meisten in der Literatur vorgestellten Ansätze weisen jedoch keine derartige axiomatische Begründung auf. Damit ist meist unklar, welche (für ein Gruppen-Entscheidungsproblem wünschenswerten) Eigenschaften die mit einem derartigen Verfahren erzielten Lösungen aufweisen.

Als dritte Möglichkeit neben der Verwendung spieltheoretischer Konzepte oder von Entscheidungsverfahren bei mehrfacher Zielsetzung werden in einigen Ansätzen eigenständige Aggregationsalgorithmen benutzt (z.B. Bui, 1985; Saaty, 1986a). Auch gegenüber diesen Algorithmen können ähnliche Einwände wie gegenüber den Entscheidungsverfahren bei mehrfacher Zielsetzung erhoben werden.

2.2.3 Systeme

In Abbildung 2-4 werden einige der in der Literatur beschriebenen Ansätze anhand des oben entwickelten Klassifikationsschemas dargestellt. Die Zeilen in Abbildung 2-4 entsprechen den unterschiedlichen Stufen der Unterstützung auf der Individualebene, die Spalten geben die Unterstützung auf Gruppenebene wieder.

Betrachtet man die Struktur von Abbildung 2-4, so fällt auf, daß mit Ausnahme eines Systems (Negoplan) sämtliche untersuchten Ansätze in der rechten unteren Dreiecksmatrix der Darstellung enthalten sind. Das heißt, daß die auf der Gruppenebene verwendeten Unterstützungsformen zumindest den gleichen Grad an Strukturierung aufweisen wie die der Individualebene. Meist werden, außer in der untersten Zeile, Unterstützungen der gleichen Stufe verwendet. Dieser Zusammenhang ist nicht zufällig, sondern kann aus der Notwendigkeit der Konsistenz zwischen der Unterstützung der Individual- und Gruppenebene erklärt werden:

Der Einsatz formalisierter Verfahren auf der Gruppenebene erfordert in der Regel spezifisch strukturierte Informationen über die Ergebnisse der Individualebene. Diese Informationen können aber nur dann zur Verfügung gestellt werden, wenn auf der Individualebene ein entsprechend formalisiertes Entscheidungsverfahren benutzt wird. Umgekehrt aber wäre es auch nicht zielführend, die auf der Individualebene verfügbaren Informationen bei der Unterstützung auf Gruppenebene ungenutzt zu lassen.

Lediglich in Systemen, die die Prozesse der Individualebene überhaupt nicht unterstützen, muß von dieser Symmetrie abgewichen werden. Hier wird in der Regel (z.B. explizit in Jarke et al., 1987, S.319) unterstellt, daß die Gruppenmitglieder individuell ein eigenes DSS verwenden, um die für die Gruppenebene erforderlichen Informationen bereitzustellen.

Die Ausnahmeposition des Systems Negoplan ergibt sich aus dessen spezifischer Problemstellung: im Gegensatz zu den meisten anderen hier betrachteten Systemen ist Negoplan für nicht-kooperative Gruppenentscheidungen konzipiert und soll eine einzelne Verhandlungspartei in der Wahl ihrer Strategie unterstützen.

In den folgenden Abschnitten werden die in Abbildung 2-4 angeführten Ansätze näher vorgestellt. Da die unterste Zeile in Abbildung 2-4 eine gewisse Sonderstellung einnimmt, erfolgt die Gliederung nach den Zeilen von Abbildung 2-4, d.h. nach der Unterstützung auf der Individualebene.

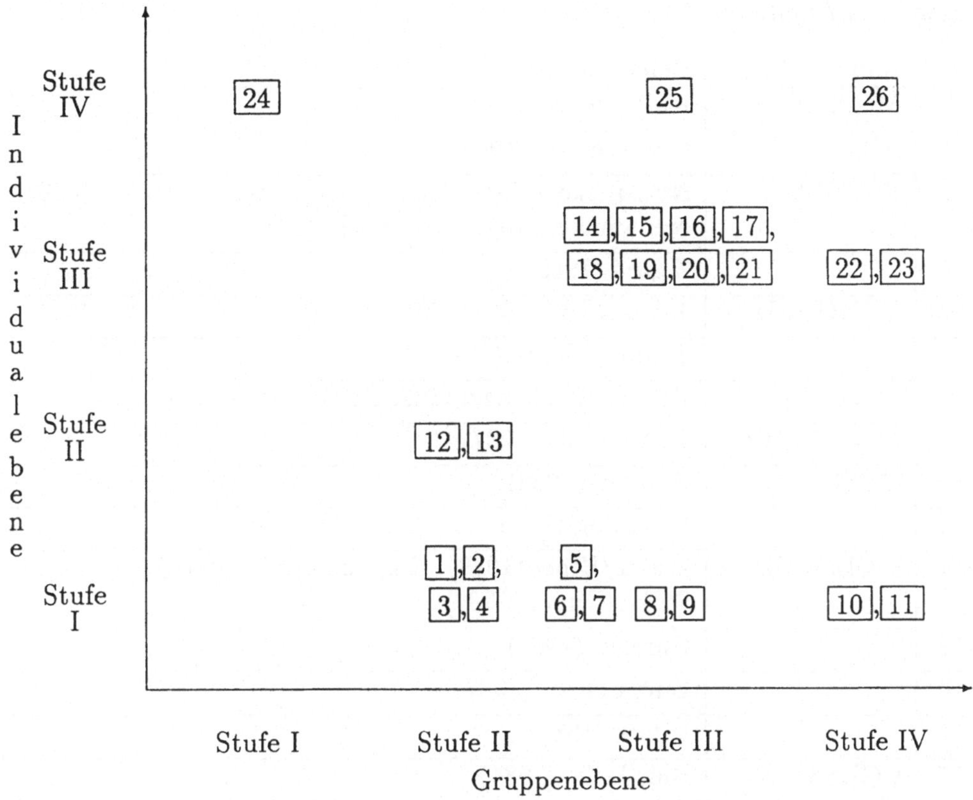

Abbildung 2-4: Klassifikation von Systemen

Legende zu Abbildung 2-4:

Nr.	Name	Referenzen
1	Mindsight	Kull (1982)
2	ADC	Quinn et al. (1985)
3	PLEXUS	Nunamaker/Vogel (1987), Nunamaker et al. (1987), Nunamaker/Vogel/Konsynski (1989)
4		Zigurs (1989)
5	CONCORD	Joyner/Tunstall (1970)
6		Tanniru/Jain (1989)
7	Moderator	Kacprzyk/Fedrizzi (1988), Fedrizzi et al. (1988)
8	MEDIATOR	Jarke et al. (1987)
9	GDS1	Kersten (1988)
10		Leberling (1983)
11	DecisionMaker	Fraser/Hipel (1979), Dagnino et al. (1987), Stokes/Hipel (1986)
12		Hurrion (1985)
13		Burns et al. (1987)
14		Leung (1982)
15	CGDSS	Bui/Jarke (1984)
16		Reimers (1984)
17		Isermann (1984, 1985)
18	NEGO	Kersten (1985), Kersten/Szapiro (1986)
19	Co-oP	Bui/Jarke (1986), Bui (1987)
20	SCIDAS	Lewandowski et al. (1986, 1987)
21	IMOMDM	Franz et al. (1987)
22		Fortuna/Krus (1984)
23	BARGAIN	Bronisz/Krus/Wierzbicki (1988), Bronisz/Krus/Lopuch (1988a)
24	Negoplan	Kersten et al. (1987), Kersten/Szpakowicz (1990)
25		Korhonen et al. (1980)
26	MAUT	Keeney (1976), Kirkwood (1978), Dyer/Sarin (1978, 1979)

2.2.3.1 Keine Unterstützung auf Individualebene

Systeme dieser Stufe umfassen nur gruppenspezifische Funktionen, die ihrerseits wieder nach dem oben entwickelten Schema klassifiziert werden können. Die unterste Stufe (keine Unterstützung auf Gruppenebene) kann dabei allerdings nicht auftreten, da ein solches System keinerlei Funktion mehr hätte.

Die Stufe der *Prozeß-Erleichterung* auf Gruppenebene wird hauptsächlich durch die in der Literatur zahlreich vertretenen "Decision Room"-Systeme repräsentiert. Ein "Decision Room" umfaßt in der Regel ein Netzwerk von Personal Computern oder ein zentrales Rechnersystem, das jedem Gruppenmitglied einen eigenen Arbeitsplatz zur Verfügung stellt. Das System übernimmt vor allem Kommunikationsaufgaben, wie etwa die Übermittlung von Nachrichten zwischen Gruppenmitgliedern und das Sammeln von Vorschlägen und Kommentaren. Daneben stehen oft auch elektronische Hilfsmittel für Abstimmungen zur Verfügung.

Mittlerweile existieren zahlreiche derartige Einrichtungen als akademische Forschungsstätten (Gray/Olfman, 1989), darunter das System der SUNY Albany (Quinn et al., 1985), der University of Arizona (Nunamaker/Vogel, 1987; Nunamaker et al., 1987; Nunamaker/Vogel/Konsynski, 1989) und der University of Minnesota (Zigurs, 1989). Ähnliche Systeme werden auch kommerziell angeboten (Kull, 1982; Ernsberger, 1989; Gear/Read, 1989) oder wurden von Unternehmen für den eigenen Bedarf selbst entwickelt (Nunamaker/Vogel/Heminger et al., 1989; Mantei, 1989).

In der Literatur werden diese Systeme häufig mit dem Begriff Group Decision Support Systeme gleichgesetzt (Huber, 1984; Gray, 1987; DeSanctis/Gallupe, 1987; Jarke/Hahn, 1987). Der durch den Einsatz interaktiver Technologie ermöglichte Kommunikationsprozeß soll insbesondere der Entdeckung von Handlungsalternativen dienen. Dazu wird in einem "Electronic Brainstorming" genannten Verfahren den Gruppenmitgliedern die Möglichkeit geboten, simultan an ihren Arbeitsplätzen Lösungsvorschläge zu formulieren, diese anonym an die anderen Gruppenmitglieder zu übermitteln und ebenso anonym andere Vorschläge zu kommentieren. Diese Vorgangsweise bietet gegenüber herkömmlichen Gruppendiskussionen zwei Vorteile (Nunamaker et al., 1987):

- Alle Gruppenmitglieder haben gleichen Zugang zum Kommunikationsprozeß der Gruppe. Dadurch wird vermieden, daß einzelne Mitglieder den Kommunikationsprozeß dominieren und Vorschläge anderer Mitglieder überhaupt nicht bekannt werden.
- Durch die Anonymisierung sowohl von Lösungsvorschlägen als auch der daran angebrachten Kritik werden sachliche Argumente von persönlichen Aspekten und Statusdenken getrennt.

Empirische Studien zeigen, daß derartige Hilfen das Ergebnis des Gruppenprozesses verbessern können (Pisonneault/Kraemer, 1989; 1990; Gray et al., 1990). Die empirischen Untersuchungen konnten bisher jedoch nur Beziehungen zwischen Prozeßparametern wie etwa der Gruppengröße oder der Komplexität des Problems einerseits und Ergebnisvariablen wie der benötigten Zeit oder dem Vertrauen in die Lösung andererseits herstellen. Über die genaue Wirkungsweise der Interventionen, insbesondere über die Art der eintretenden Veränderungen im Gruppenprozeß selbst, liegen jedoch kaum empirisch fundierte Aussagen vor (Zigurs, 1989).

Der unstrukturierte Kommunikationsprozeß stellt ein charakteristisches, bewußt gestaltetes Merkmal derartiger Systeme dar. Im Gegensatz dazu versuchen Systeme der nächsten Stufe, den Kommunikationsprozeß in der Gruppe gezielt zu strukturieren. Eine Übergangsform zwischen den beiden Ansätzen stellt das System CONCORD (Joyner/Tunstall, 1970) dar. Dieses System steuert zwar den Gruppenprozeß durch allgemeine Hinweise wie z.B. "Can anyone think of a modification that would improve the last idea?", diese Einflußnahme ist aber allgemein und nicht auf das von der Gruppe konkret zu lösende Problem bezogen. Eine ähnliche Aufgabe erfüllt das System von Tanniru/Jain (1989), das mit Methoden der logischen Inferenz Interdependenzen zwischen Planungsbereichen identifiziert und dementsprechende Kommunikationsprozesse initiiert.

Eine andere Zwischenstufe wird durch Ansätze repräsentiert, die zwar spezifische Aussagen über Meinungsdifferenzen zwischen den einzelnen Gruppenmitgliedern treffen, jedoch keine Hilfestellungen zur Überwindung dieser Differenzen bieten. So wird z.B. im System Moderator (Fedrizzi et al., 1988) ein auf der Theorie unscharfer Mengen basierendes Maß für die Übereinstimmung (bzw. Differenz) zwischen unscharfen Präferenzordnungen der Gruppenmitglieder ermittelt. Das System schlägt jedoch keine Kompromißlösung vor. Auch Änderungen in den individuellen Präferenzordnungen, die zu Konsens führen sollen, sollen nur durch einen externen Vermittler, ohne Unterstützung durch das System, vorgeschlagen werden.

Systeme zur *Prozeß-Strukturierung* auf Gruppenebene führen demgegenüber diese beiden Funktionen in problembezogener Weise aus. Die meisten Systeme, die diese Form der Unterstützung auf Gruppenebene bieten, enthalten auch entsprechende Unterstützungskomponenten für die Individualebene und werden daher erst später vorgestellt.

Eine Ausnahme bildet das System MEDIATOR (Jarke et al., 1987). Dieses System dient lediglich der Unterstützung der Gruppenebene, es wird jedoch unterstellt, daß die Gruppenmitglieder zur Ermittlung ihrer individuellen Präferenzen spezifische DSS verwenden. Neben Datenbank- und Modellierungskomponenten, die allen Mitgliedern eine einheitlichen Sichtweise des Problems ermöglichen, enthält MEDIATOR eine spezifische Komponente zur Kompromißfindung. Die

Grundlage dieser Komponente bildet die Menge der "zulässigen" Alternativen, die von allen Gruppenmitgliedern als mögliche Ergebnisse der Gruppenentscheidung akzeptiert werden. Diese Menge kann durch Konzessionen in Form einer Reduktion individueller Anspruchsniveaus oder durch Einbeziehung neuer Alternativen erweitert werden. Durch die Erhöhung von Anspruchsniveaus oder die Definition von Anforderungen an die Lösung wird sie reduziert. Dieser interaktive Expansions- und Kontraktionsprozeß wird so lange fortgesetzt, bis eine eindeutige Lösung erzielt wird.

Ein ähnliches Konzept liegt GDS1 (Kersten, 1988) zugrunde. Auch in diesem System erfolgt die Kompromißfindung durch Expansion und Kontraktion der Menge akzeptierter Alternativen. Für die individuelle Entscheidungsunterstützung wird Lotus 1-2-3 benutzt.

In einer weiter gefaßten Interpretation können auch *normative* Ansätze als Konzepte zur Unterstützung von Gruppenentscheidungen angesehen werden. Da der Schwerpunkt dieser Arbeit auf interaktiven Systemen liegt, sollen hier nur kurz zwei Konzepte erwähnt werden, in denen normativ ermittelte Gruppenergebnisse als Ausgangspunkt eines (weiter nicht betrachteten) Interaktionsprozesses in der Gruppe dienen.

Der Ansatz von Leberling (1983) beruht auf dem Konzept der Fuzzy-linearen Programmierung. Die Zielvorstellungen der einzelnen Gruppenmitglieder werden durch Zugehörigkeitsfunktionen zu unscharfen Mengen beschrieben. Anhand eines Standard-Ansatzes der Fuzzy-linearen Programmierung wird aus diesen Zugehörigkeitsfunktionen in Verbindung mit einem Modell des Entscheidungsproblems eine für die Gruppe optimale Lösung ermittelt. Das Konzept in der von Leberling vorgestellten Form enthält zwar keine darauf aufbauenden Iterationsschritte, eine entsprechende Erweiterung, in der die einzelnen Gruppenmitglieder ihre Zugehörigkeitsfunktionen modifizieren, ist jedoch unmittelbar möglich.

Das System DecisionMaker (Fraser/Hipel, 1979; Stokes/Hipel, 1986; Dagnino et al., 1987) beruht auf spieltheoretischen Stabilitätsanalysen. Dieser Ansatz ist insoferne bemerkenswert, als Präferenzen der Gruppenmitglieder über Aktionen und nicht über deren Konsequenzen betrachtet werden. Eine derartige Vorgangsweise erscheint nur dann sinnvoll, wenn die Meinungsbildungsprozesse der Individualebene selbst nicht in das System mit einbezogen werden. Die individuelle Meinungsbildung muß an den Konsequenzen der Handlungsalternativen ansetzen, lediglich ihr Ergebnis, das auf die Gruppenebene übernommen wird, kann über Alternativen definiert sein.

2.2.3.2 Prozeß-Erleichterung

Prozeß-Erleichterung auf der Individualebene entspricht im wesentlichen den traditionellen Decision-Support-Konzepten für Individualentscheider. Im Mittelpunkt dieser Überlegungen steht der einfache Zugriff auf Daten- und Modellbanken (Sprague, 1987). Ein System, das derartige Werkzeuge auch Gruppen insgesamt zur Verfügung stellt, beschreibt Hurrion (1985). Eine Kopplung individueller DSS, durch die auch die Anwendung strukturierter Gruppen-Entscheidungstechniken wie etwa der Nominal Group Technique (Delbecq et al., 1975) ermöglicht wird, wurde von Burns et al. (1987) entwickelt.

Komponenten mit diesen Funktionen individueller DSS werden zum Teil auch in "Decision Room"-Systemen den Gruppen insgesamt zur Verfügung gestellt. So enthält z.B. das "Perceptronics Group Decision Aid"-System einen Modul zum Aufbau von Entscheidungsbäumen (Steeb/Johnston, 1981).

2.2.3.3 Prozeß-Strukturierung

Die überwiegende Zahl der hier betrachteten Systeme fällt in diese Kategorie. Wie bereits erwähnt, bieten Systeme, die auf der Individualebene auf der Stufe der Prozeß-Strukturierung stehen, auch auf der Gruppenebene mindestens gleichwertige oder noch stärker strukturierte Ansätze an. Eine weitere Unterscheidung ist daher auf Gruppenebene nur zwischen Prozeß-Strukturierung und normativer Lösung zu treffen.

Die Verbindung von Ansätzen zur *Prozeß-Strukturierung* auf beiden Ebenen ist besonders weit verbreitet. Abbildung 2-5 nimmt daher eine weitere Gliederung dieser Ansätze vor. Entsprechend den im vorhergehenden Abschnitt angestellten Überlegungen wird dabei einerseits nach der Art des Gruppenprozesses zwischen Ansätzen auf der Grundlage der Aggregation und der Gruppen-Beurteilung unterschieden. Eine weitere Unterscheidung ergibt sich andererseits aus der Verwendung gleicher oder unterschiedlicher Entscheidungsverfahren auf den beiden Ebenen.

Eine Gruppen-Beurteilung, in der Parameter der individuellen Entscheidungsprozesse aggregiert und für den Beurteilungsprozeß auf Gruppenebene benutzt werden, setzt die Verwendung gleicher Verfahren auf beiden Ebenen voraus. Dementsprechend enthält das rechte untere Feld von Abbildung 2-5 keine Eintragungen.

Bedingt durch die große Zahl der Systeme in dieser Kategorie können an dieser Stelle nur sehr knappe Beschreibungen der einzelnen Systeme gegeben werden. Für ausführlichere Darstellungen sei auf die in der Legende zu Abbildung 2-4 angeführte Originalliteratur verwiesen.

Aggregationsorientierte Systeme, in denen die gleiche Methode auf Individual- und Gruppenebene verwendet wird, beruhen meist auf Erweiterungen von interaktiven Entscheidungsverfahren bei mehrfacher Zielsetzung. Dabei wird das

Gruppen-prozeß	Entscheidungsverfahren	
	gleich	verschieden
Aggregation	Leung (1982) Reimers (1984) Isermann (1984, 1985)	Co–oP NEGO IMODM
Gruppen-Beurteilung	SCIDAS CGDSS	

Abbildung 2-5: Systeme mit Prozeß-Strukturierung auf beiden Ebenen

gleiche Verfahren zunächst von jedem Gruppenmitglied dazu benutzt, einen Kompromiß zwischen unterschiedlichen Zielen zu finden und dient anschließend der Kompromißfindung zwischen den Gruppenmitgliedern. So erweitert z.B. Leung (1982) den "Displaced Ideal"-Ansatz von Zeleny (1976) auf mehrere Entscheider und unscharfe Zielvorstellungen, die Konzepte von Isermann (1984; 1985) und Reimers (1984) beruhen auf dem STEM-Verfahren (Benayoun et al., 1971). Systeme, die auf Individual- und Gruppenebene unterschiedliche Verfahren verwenden, verbinden in der Regel ein etabliertes Entscheidungsverfahren bei mehrfacher Zielsetzung auf der Individualebene mit einem eigenständigen Ansatz auf der Gruppenebene.

Co-oP (Bui/Jarke, 1986; Bui, 1987) ermöglicht es den Gruppenmitgliedern, individuell unterschiedliche Entscheidungsverfahren zu benutzen. Zur Auswahl stehen dabei die ELECTRE-I Methode (Crama/Hansen, 1983) und der Analytic Hierarchy Process (Saaty, 1980; 1986a; 1990). Die Aggregation der so ermittelten Präferenzen auf der Gruppenebene erfolgt durch einen eigenen Algorithmus (Bui, 1985). Dieser unterscheidet aufgrund der kardinalen individuellen Bewertungen zwischen Alternativen, die von allen Mitgliedern akzeptiert werden, unakzeptablen Alternativen und Alternativen, über die noch Verhandlungen zu führen sind.

Während Co-oP für Probleme mit diskreten Handlungsalternativen entwickelt wurde, dient NEGO (Kersten, 1985) zur Lösung linearer Mehrziel-Entscheidungsprobleme mit stetigen Entscheidungsvariablen. Individuelle Optimallösungen werden durch Anwendung beliebiger Lösungsansätze für lineare Optimierungsprobleme bei mehrfacher Zielsetzung (vgl. die Übersicht Hwang/Masud, 1979) ermittelt. Aus den so ermittelten individuellen Optimallösungen und daraus von den Gruppenmitgliedern subjektiv bestimmten minimalen und erwünschten Anspruchsniveaus werden durch Goal-Programming Kompromißvorschläge ermittelt, die wiederum zu einer Modifikation der Anspruchsniveaus führen sollen.

IMODM (Franz et al., 1987) unterscheidet sich von den anderen Systemen dieser Gruppe dadurch, daß das benutzte Aggregationsverfahren nicht spezifisch für das System entwickelt, sondern aus der Literatur übernommen wurde. Ähnlich wie NEGO dient IMODM zur gemeinsamen Lösung linearer Optimierungsprobleme bei mehrfacher Zielsetzung. Auf der Individualebene werden durch Anwendung der SIMOLP-Methode von Reeves und Franz (1985) mehrere effiziente Lösungen ermittelt. Die Gruppenmitglieder führen individuell ordinale Bewertungen dieser Lösungsvorschläge durch, die durch das Verfahren von Cook und Kress (1985) aggregiert werden.

In den im linken unteren Feld von Abbildung 2-5 angeführten Systemen führt die Gruppe insgesamt eine Bewertung der Handlungsalternativen durch.

Das System SCIDAS (Lewandowski et al., 1986; 1987; Lewandowski, 1988) beruht auf der Referenzpunkt-Methode von Wierzbicki (1980). Die individuellen Präferenzen werden durch unbedingt erforderliche Anspruchsniveaus und erwünschte Referenzniveaus für alle betrachteten Attribute beschrieben. Durch Mittelwertbildung der individuellen Niveaus (unter Ausschluß der Randwerte) werden Niveaus ermittelt, die für die Auswertung auf Gruppenebene benutzt werden.

In CGDSS (Bui/Jarke, 1984) wird ELECTRE (Roy, 1977; Crama/Hansen, 1983; Roy/Vincke, 1984; Winkels/Wäscher, 1986) als Entscheidungsverfahren der Individualebene verwendet. Als Parameter zur Beschreibung individueller Präferenzen dienen in diesem Verfahren Signifikanzschwellen, die durch Anwendung einer Minimax-Regel zu Parametern der Gruppenebene aggregiert werden.

Neben der Verwendung der Prozeß-Strukturierung auf beiden Ebenen existieren auch Ansätze, die Prozeß-Strukturierung auf der individuellen Ebene mit *normativer Lösung* auf der Gruppenebene verbinden. Beispiele dafür sind das Konzept von Fortuna und Krus (1984) sowie das System BARGAIN (Bronisz/Krus/Wierzbicki, 1988; Bronisz/Krus/Lopuch, 1988a). Beide Arbeiten verwenden die Referenzpunkt-Methode als individuelles Entscheidungsverfahren. Im Ansatz von Fortuna und Krus (1984) wird die Nash-Lösung als Kompromißlösung verwendet. Die Nash-Lösung berücksichtigt zwar die Existenz eines Nichteinigungspunktes, der das von jedem Gruppenmitglied mindestens erzielbare Ergebnis repräsentiert. Sie berücksichtigt jedoch nicht die erwünschten Zielerreichungen der Gruppenmitglieder, die durch einen Referenzpunkt dargestellt werden können (Gupta/Livne, 1988). Der zweite Ansatz verwendet daher ein Kompromißmodell, das auch Referenzpunkte berücksichtigt sowie eine dynamische Erweiterung des statischen Lösungskonzeptes in Richtung auf eine iterative Struktur vornimmt. Dieses Verfahren wird im Rahmen der ausführlichen Diskussion des Referenzpunkt-Ansatzes in Kapitel fünf noch näher erläutert.

2.2.3.4 Normative Lösung

In diesem letzten Teilabschnitt werden Ansätze vorgestellt, die auf einem normativen Lösungskonzept für die Individualebene beruhen. In diese Kategorie fallen zunächst Konzepte der rein *individuellen Unterstützung in Verhandlungssituationen.* Ein Beispiel für ein derartiges System ist Negoplan (Kersten et al., 1987; Kersten/Szpakowicz, 1990). Negoplan beruht auf einer Baumdarstellung des Verhandlungsproblems, in der Ziele hierarchisch zerlegt werden. Das System unterscheidet sich von anderen Ansätzen auch durch die Verwendung dreiwertiger logischer Kalküle: Ziele werden entweder erreicht, nicht erreicht oder der Benutzer ist ihnen gegenüber indifferent. Durch die Beschränkung auf logische Aussagen anstelle gradueller Zielerreichungen können Inferenzverfahren der Artificial Intelligence zur Problemlösung eingesetzt werden.

Im Gegensatz zur Gruppenebene, bei der eine normative Lösung auf unabhängig von der konkreten Situation formulierten Axiomen aufbauen kann, werden bei Entscheidungsverfahren der Individualebene (a priori oder im Laufe des Verfahrens) Präferenzen des Benutzers (zumindest partiell) bestimmt. Als normative Lösungsansätze sollen in der Folge daher Systeme bezeichnet werden, die zumindest teilweise eine Nutzenfunktion des Benutzers konstruieren. In diese Kategorie fallen zunächst sämtliche Anwendungen der multi-attributiven Nutzentheorie (MAUT) auf Probleme von Gruppenentscheidungen (z.B. Keeney/Raiffa, 1976; Keeney, 1976; Dyer/Sarin, 1979; Seo, 1985). Ein anderer Ansatz ist das Konzept von Korhonen et al. (1980), in dem das multikriterielle Entscheidungsverfahren von Zionts/Wallenius (1976) benutzt wird. Auch hier wird (im Optimalpunkt) eine lineare Approximation der Nutzenfunktion ermittelt.

2.2.4 Zusammenfassende Beurteilung

Die hierarchische Strukturierung von Gruppen-Entscheidungsprozessen stellt zweifellos ein bedeutendes Konzept dar, das die Analyse des Problems wesentlich vereinfacht. Andererseits aber sollte der Umstand, daß es sich hierbei um eine *Vereinfachung* handelt, bei der Beurteilung dieser Ansätze nicht übersehen werden.

Als wesentlicher Kritikpunkt ist in diesem Zusammenhang die in Verbindung mit einer hierarchischen Struktur häufig unterstellte zeitliche Abfolge der Prozesse auf den beiden Ebenen zu nennen. Diese Abfolge wird in der Literatur teilweise sogar explizit formuliert. So folgt z.B. im System Co-oP (Bui/Jarke, 1986, S.89) der Schritt "(5) group selection of alternatives" auf "(4) individual selection of alternatives"; Hurrion (1985, S.141) beschreibt die Vorgangsweise in einer konkreten GDSS-Anwendung: "Both groups initially develop their plans in isolation.

They then meet ... ". Eine ähnliche Darstellung gibt auch Kersten (1985, S. 333): "We propose to solve G*[roup]*D*[ecision]*M*[aking]* problems in two stages: 1. D*[ecision]*M*[aker]*s work independently and each of them choses his optimal decision. 2. D*[ecision]*M*[aker]*s negotiate so as to work out a compromise decision."

Für die praktische Anwendung scheint es kaum realistisch, anzunehmen, daß ein einmal auf der Gruppenebene erstellter Kompromißvorschlag allgemein (oder je nach Abstimmungsregel der Gruppe von einer ausreichenden Mehrheit) akzeptiert wird. Auch in der Literatur wird meist argumentiert, die von einem System auf Gruppenebene ermittelte Lösung stelle nur den Ausgangspunkt für weitere Diskussionen und damit verbundene Änderungen der individuellen Inputs dar (Lewandowski et al., 1986; Jarke et al., 1987). Diese Sichtweise durchbricht jedoch die strikte Trennung und zeitliche Abfolge zwischen Individual- und Gruppenebene: Ergebnisse der Gruppenebene fließen in den individuellen Meinungsbildungsprozeß ein und führen dort zu Verhaltensänderungen, etwa in Form von Konzessionen. Existierende, hierarchisch strukturierte Systeme können diesen Aspekt des Gruppen-Enscheidungsprozesses nicht unterstützen.

Im folgenden Abschnitt werden daher Ansätze betrachtet, die diese Problematik der streng hierarchischen Sichtweise zu überwinden suchen.

2.3 Nicht hierarchische Ansätze

Konzepte, die keine hierarchische Struktur aufweisen, können in zwei Gruppen gegliedert werden:

- Die *Elimination* des individuellen Meinungsbildungsprozesses.
- Die *Integration* von Gruppenaspekten in den individuellen Prozeß.

Da sich die beiden Konzepte grundlegend voneinander unterscheiden, sollen sie in den nächsten Abschnitten getrennt dargestellt werden.

2.3.1 Systeme ohne individuelle Meinungsbildung

Bei dieser Vorgangsweise erfolgt keine (formal unterstützte) individuelle Meinungsbildung der Gruppenmitglieder. Statt dessen führt die Gruppe als Ganzes unmittelbar ein Bewertungsverfahren für die Alternativen durch.

Für eine derartige Vorgangsweise sind allerdings nicht alle Bewertungsverfahren gleich gut geeignet. Insbesondere ist zu berücksichtigen, daß eine Gruppe kaum in der Lage sein wird, Präferenzinformationen in ähnlich konsistenter Weise zur Verfügung zu stellen, wie dies für einen Individualentscheider häufig unterstellt wird.

Eine Möglichkeit, diese Problematik zu umgehen, bestünde darin, Unterschiede in individuellen Informationen auszugleichen, bevor die Informationen in das Bewertungsverfahren übernommen werden. Damit wird das Gruppen-Entscheidungsproblem jedoch nur auf eine andere Ebene verlagert und seine Lösung nicht unterstützt.

Erlaubt das benutzte Bewertungsverfahren jedoch die Spezifikation unvollständiger oder widersprüchlicher Präferenzinformationen, so können nur diejenigen Informationen in das Verfahren aufgenommen werden, bezüglich derer in der Gruppe Einigkeit besteht.

Diese Voraussetzung trifft insbesondere auf Saatys Analytic Hierarchy Process (AHP) (Saaty, 1980; Harker, 1989) zu (Saaty, 1989), der explizit für die Berücksichtigung inkonsistenter Präferenzinformationen entwickelt wurde. Im AHP erfolgen Beurteilungen in Form paarweiser Vergleiche auf einer Verhältnisskala (zur Problematik vgl. die Diskussion Dyer, 1990; Saaty, 1990; Harker/Vargas 1990). Sowohl die Bedeutung von Kriterien als auch die Bewertung von Alternativen in den einzelnen Kriterien wird auf diese Weise ermittelt. Inkonsistenzen zwischen den (redundanten) Beurteilungen werden durch die für den AHP charakteristische Eigenvektor-Methode ausgeglichen. Für die Anwendung auf Gruppenentscheidungen muß auch die Möglichkeit berücksichtigt werden, daß die Gruppe eventuell nicht in der Lage ist, einzelne Vergleiche anzustellen bzw. über einzelne Vergleiche eine Einigung zu erzielen. Auch dieses Problem kann jedoch durch geeignete Erweiterungen des AHP gelöst werden (Harker, 1986). Ein Konzept eines auf dem AHP aufbauenden GDSS wurde von Stohr (1981) entwickelt, eine praktische Anwendung das AHP in einer Gruppenentscheidung wird von Gear et al. (1982) beschrieben.

Im Bereich nutzenorientierter Ansätze wurden Konzepte zur Schätzung von Nutzenfunktionen auf der Basis unvollständiger Information entwickelt, die eine Anwendung derartiger Techniken auf den Bereich von Gruppenentscheidungen möglich scheinen lassen (Weber, 1983; 1985; 1987).

2.3.2 Integrierte Systeme

Die Integration der Gruppen-Bewertung in die individuelle Urteilsbildung kann entweder direkt im individuellen Bewertungssystem oder in einem zweiten, darauffolgenden Schritt erfolgen. In der Literatur wurden Änderungen individuellen

Verhaltens, die durch Gruppenaspekte induziert werden, bisher überwiegend im Bereich nicht-kooperativer Verhandlungssituationen diskutiert.

In weiterem Sinne trifft die obige Beschreibung auf dynamische Bargaining-Modelle zu. So hängen z.B. in den Modellen von Cross (1965) und Krelle (1975) die Konzessionsraten zweier Verhandlungspartner wechselseitig voneinander ab. Im Modell von Bishop (1964) werden Konzessionen durch die jeweiligen subjektiven Konfliktwahrscheinlichkeiten, d.h. durch subjektive Einschätzungen des Verhandlungspartners, bestimmt.

Auch das Konfliktmodell von Saaty (1986b; 1987) baut auf der subjektiven Einschätzung des anderen Verhandlungspartners auf. In diesem Ansatz führt jeder Verhandlungsteilnehmer eine Bewertung des Problems sowie möglicher Konzessionen sowohl aus seiner eigenen Sicht als auch aus seiner subjektiven Einschätzung der Sichtweise des Opponenten durch. Damit wird es in einem folgenden Schritt möglich, "Pakete" von Konzessionen zu ermitteln, bei denen jeder der beiden Verhandlungspartner subjektiv der Ansicht ist, mehr zu gewinnen als sein Kontrahent.

Die in diesen Ansätzen erfolgte explizite Modellierung der durch Gruppenaspekte induzierten individuellen Verhaltensänderungen stellt einen für Gruppenentscheidungen wesentlichen Aspekt dar. Für die unmittelbare Anwendung auf die hier betrachtete Problemstellung der kooperativen Gruppenentscheidung scheinen die Ansätze jedoch aus zwei Überlegungen nicht übertragbar:

Erstens behandeln die dargestellten Ansätze in der Regel nur Verhandlungssituationen zwischen zwei Konfliktparteien. Die Verwendung subjektiver Einschätzungen der Positionen des Verhandlungspartners schließt die Übertragung auf größere Gruppen, in denen dann subjektive Einschätzungen der Ansichten aller anderen Mitglieder formuliert werden müßten, weitgehend aus.

Zweitens erscheint die Trennung zwischen konstanter individueller Bewertung einerseits und extern induzierten Konzessionen andererseits für kooperative Gruppenentscheidungen nicht zweckmäßig. In einer kooperativen Situation kann vielmehr angenommen werden, daß die Gruppenmitglieder sich von den Ansichten der anderen Mitglieder (zumindest teilweise) überzeugen lassen und dadurch eine tatsächliche Veränderung der individuellen Bewertungen herbeigeführt wird.

In der weiteren Folge dieser Arbeit wird daher ein Ansatz entwickelt, der die unmittelbare Einbeziehung der Gruppenmeinung in die individuellen Bewertungen erlaubt. Durch diese Einbeziehung erfolgt eine Veränderungen der individuellen Bewertungen, die schließlich zu einer Konvergenz der Ansichten in der Gruppe führt.

Kapitel 3

Grundkonzept eines rückkopplungsorientierten Ansatzes

3.1 Bedeutung von Rückkopplungseffekten

Wie die Ausführungen des vorhergehenden Kapitels gezeigt haben, beruht die überwiegende Mehrzahl der derzeit in der Literatur vorgestellten Group Decision Support Systeme auf einem hierarchischen Konzept, in dem eine strikte Trennung zwischen Individual- und Gruppenebene vorgenommen wird. Dieses Konzept hat zwar den Vorteil, durch die Trennung der beiden Komponenten die Komplexität des Gesamtproblems erheblich zu reduzieren, doch gehen gerade durch diese Vereinfachung wesentliche Aspekte verloren.

Die praktische Erfahrung in Gremien zeigt, daß der Entscheidungsprozeß in kooperativen Gruppen nicht so sehr in der Durchsetzung einer vorgefaßten und unabänderlichen Meinung besteht, sondern daß auch dem Überzeugen anderer Gruppenmitglieder große Bedeutung zukommt. "Überzeugen" bedeutet aber, die anderen Gruppenmitglieder zu einer Änderung ihrer Bewertungen zu veranlassen.

In dem im vorhergehenden Kapitel erarbeiteten Schema resultieren diese individuellen Bewertungen aus zwei Komponenten: einer objektiv-datenbezogenen und einer subjektiv-bewertungsbezogenen Komponente. Beide Komponenten können Ansatzpunkte für Modifikationen bilden.

Auch in bestehenden Konzepten zur Unterstützung von Gruppenentscheidungen erfolgt eine Homogenisierung der datenbezogenen Komponente. Die Ansätze zur

Verwendung gemeinsamer Datenbanken und Modellierungstechniken können dahingehend interpretiert werden, daß durch Schaffung einer gemeinsamen objektiven Informationsbasis Unterschiede in den individuellen Meinungen reduziert werden.

Die nach Schaffung einer gemeinsamen Informationsbasis noch verbleibenden Unterschiede zwischen individuellen Urteilen über Handlungsalternativen beruhen auf Unterschieden der subjektiven Komponente. Diese Unterschiede können sowohl die Art der betrachteten Ziele als auch subjektive Einstellungen gegenüber Zeit, Risiko oder der Bedeutung unterschiedlicher Ziele betreffen. Die schrittweise Reduktion dieser Unterschiede und die damit verbundene Annäherung an eine gemeinsame Gruppenmeinung steht im Mittelpunkt dieser Arbeit.

Änderungen individueller Einstellungen in Gruppenprozessen sind ein empirisch beobachtbares und ausführlich dokumentiertes Phänomen (Pruitt, 1971; Castore/Murnighan, 1978). Aus der empirischen Forschung ergibt sich ferner, daß derartige Anpassungsprozesse nicht nur zur Erzielung einer gemeinsamen Lösung beitragen können. Es besteht auch ein positiver Zusammenhang zwischen der nachfolgenden Unterstützung, die ein Gruppenmitglied für die Realisierung der in der Gruppe getroffenen Entscheidung aufbringt, und der im Gruppenprozeß erfolgten Angleichung von Bewertungen. Rückkopplungsbeziehungen in Gruppen verstärken ferner das Vertrauen der Mitglieder in die gefundene Lösung (Boje/Murnighan, 1982).

Die Bedeutung derartiger Änderungen in den individuellen Präferenzen kommt auch in der Literatur zur Unterstützung von Gruppenentscheidungen zum Ausdruck. So beschreiben z.B. Lewandowski et al. (1987) die erwartete Reaktion der Gruppenmitglieder auf die vom System vorgeschlagene Kompromißlösung sowie die ebenfalls vom System errechnete Information über Meinungsdifferenzen wie folgt (Lewandowski et al., 1987, S.364):

> "When disagreement is indicated by major differences in individual rankings of alternatives or by large values of the disagreement indicators, this should tell the committee to stop and search for the sources of disagreement. ... a committee member with a dissenting opinion can either convince the committee that he or she has specific valuable information to share, or be convinced that his or her opinion cannot be substantiated."

Jarke et al. (1987, S. 321) geben ein Zahlenbeispiel für die Anwendung des Systems MEDIATOR, in dem die Gruppenmitglieder ihre Nutzenfunktionen modifizieren, um zu einem Konsens zu gelangen.

Eine besonders deutliche Darstellung der Bedeutung von Präferenzänderungen in Gruppensituationen gibt Kersten (1985, S.333):

> "It is relatively easy to formulate individual utility function when there are no interactions among DMs, when each DM seeks a decision which is optimal for him. In such a case the assumption about DM's rational behavior holds. One might think that DM behaves irrationally when working in a group when changing his preferences or objectives. However, in a group DM interacts, learns other people's interests, learns the problem itself and makes concessions. All these may affect his judgements - he may change his objectives and preferences and become interested in other DMs' objectives and in many cases it is rational."

Auch in Verhandlungssituationen zwischen antagonistischen Parteien können Änderungen von Bewertungen von Bedeutung sein. Von Sycara (1990) wurde etwa ein Softwaresystem "PERSUADER" entwickelt, das Kompromißvorschläge für Lohnverhandlungen erzeugt sowie Argumente liefert, die die Parteien zur Annahme der Vorschläge bewegen sollen.

Obwohl die Bedeutung von Rückkopplungsbeziehungen und Änderungen der individuellen Bewertungen in der Literatur also überwiegend anerkannt ist, wird den Gruppenmitgliedern von existierenden Systemen keine Hilfestellung für diese Prozeßphasen geboten. Insbesondere enthalten existierende Systeme keine Komponenten bzw. Modelle, die in der Lage sind, Vorschläge für die Modifikation von Bewertungen zu erstellen.

Die gezielte Herbeiführung von Änderungen in subjektiven Bewertungssystemen und die Verwendung formaler Modelle zur Bestimmung derartiger Änderungen mag zunächst auch als eine ungewöhnliche und drastische Vorgangsweise erscheinen. Beide Überlegungen sind jedoch nicht so ungewöhnlich, wie dies zunächst den Anschein hat. Als Beispiele für ähnliche Konzepte in anderen, wenn auch durchaus verwandten Bereichen seien die Delphi-Methode (Delbecq et al., 1975) und die Bayes'sche Inferenz (vgl. für eine Übersicht etwa Lindley, 1982) genannt. Die Delphi-Methode hat mit dem hier vorgestellten Ansatz die zentrale Rolle einer Rückkopplungsbeziehung in einem Gruppenprozeß gemeinsam. In beiden Konzepten wird die Gruppenmeinung an die Mitglieder zurückübermittelt, die daraufhin ihre individuellen Urteile ändern. Im Gegensatz zum hier vorgestellten Ansatz enthält die Delphi-Methode jedoch kein Modell, das diese Änderungen konkret beschreibt.

Umgekehrt enthält das Bayes'sche Konzept ein formales Modell, das Meinungsänderungen beschreibt. Anlaß für die Änderungen sind jedoch keine Gruppen-Informationen sondern die Beobachtung externer Indikatoren.

Beide Konzepte unterscheiden sich vom vorgestellten Ansatz schließlich dadurch, daß subjektive Informationen (Prognosen bzw. Wahrscheinlichkeiten) modifiziert werden, nicht aber Bewertungen.

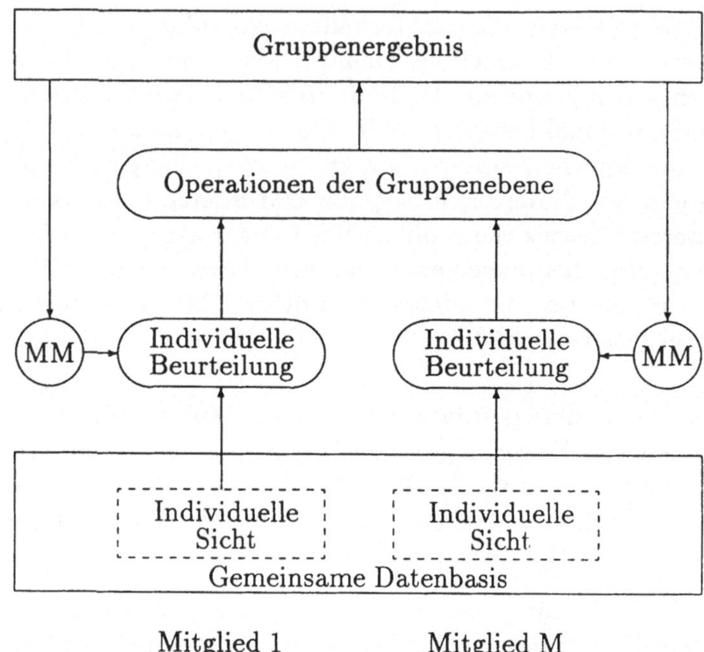

Abbildung 3-1: Schematischer Aufbau eines rückkopplungsorientierten GDSS in statischer Sicht

3.2 Gesamtaufbau eines rückkopplungsorientierten GDSS

3.2.1 Gesamtaufbau in statischer Sicht

Der Aufbau eines rückkopplungsorientierten Group Decision Support Systems ergibt sich aus der Erweiterung des hierarchischen Modells um eine explizit modellierte Beeinflussung der individuellen Ergebnisse durch das Gruppenergebnis. Statisch läßt sich der Aufbau eines derartigen Systems daher als Erweiterung von Abbildung 2-1 in der in Abbildung 3-1 dargestellten Form veranschaulichen.

Das hier vorgestellte Modell unterscheidet sich vom ursprünglichen hierarchischen Modell in zwei Aspekten: zum einen wird die Verwendung einer gemeinsamen Datenbasis durch alle Gruppenmitglieder unterstellt. Diese soll dazu beitragen,

Meinungsdifferenzen, die lediglich auf unterschiedlichen Informationsständen der Gruppenmitglieder beruhen, a priori auszuschließen.

Dies bedeutet jedoch nicht, daß alle Gruppenmitglieder alle Aspekte des Problems und damit etwa alle Attribute der zur Wahl stehenden Handlungsalternativen in ihren Bewertungen berücksichtigen müssen. Die für die einzelnen Mitglieder jeweils relevanten Ausschnitte der insgesamt verfügbaren Informationen werden durch individuelle Sichten der Datenbank repräsentiert.

Der zweite, charakteristische Unterschied ergibt sich aus der Einbeziehung von Ergebnissen der Gruppenebene in die individuellen Bewertungen. Für den statischen Aufbau des Systems hat dies zwei Konsequenzen: Erstens ist im Aufbau des Systems ein Informationskanal explizit vorzusehen, durch den Ergebnisse der Gruppenebene an die Mitglieder zurückübermittelt werden. Derartige Informationsflüsse finden allerdings auch in existierenden GDSS statt, auch wenn die in der Literatur üblichen Darstellungen ähnlich wie Abbildung 2-1 diese Informationsflüsse nicht explizit ausweisen.

Zweitens enthält das System explizit eine Komponente, die die Gruppenmitglieder bei der Modifikation ihres Bewertungssystems unterstützt. Diesem Modifikationsmodell, das in Abbildung 3-1 mit MM bezeichnet ist, kommt in einem rückkopplungsorientierten GDSS zentrale Bedeutung zu.

Die Berücksichtigung eines Gruppenergebnisses in den individuellen Bewertungen setzt allerdings voraus, daß zuvor ein Gruppenergebnis ermittelt wurde. Dies bedingt wiederum das Vorliegen individueller Bewertungen. Erste individuelle Bewertungen, aus denen durch Aggregation ein erstes Gruppenergebnis ermittelt wird, müssen daher ohne Berücksichtigung des Gruppenergebnisses gebildet werden.

Die Konzeption eine rückkopplungsorientierten GDSS ist daher stärker am iterativen Charakter des Gesamtprozesses orientiert, als dies bei Systemen der Fall ist, die Rückkopplungseffekte nicht explizit berücksichtigen. Im folgenden Abschnitt wird daher der Gesamtaufbau eines rückkopplungsorientierten GDSS nochmals aus dynamischer Sicht entwickelt.

3.2.2 Gesamtaufbau in dynamischer Sicht

Der Gesamtablauf des Entscheidungsprozesses in einem rückkopplungsorientierten GDSS ist in Abbildung 3-2 dargestellt.

Den ersten Schritt bildet ein erster individueller Bewertungsprozeß, in dem die Gruppenmitglieder eine individuelle Bewertung der Alternativen ohne Berücksichtigung der Meinung anderer Mitglieder ermitteln. Durch Aggregation dieser Bewertungen entsteht ein erstes Urteil der Gruppe über die Alternativen.

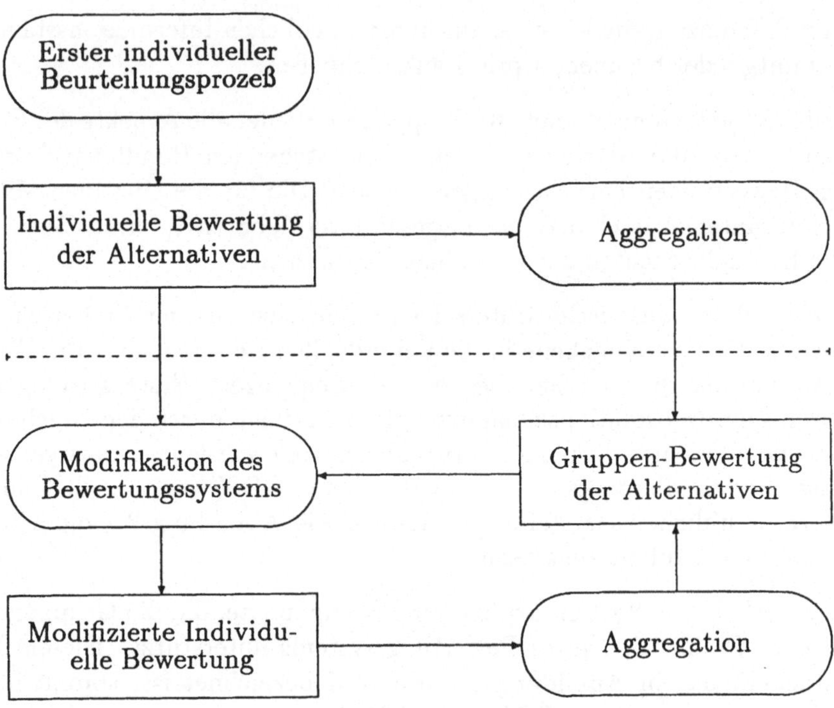

Abbildung 3-2: Gesamtablauf des Entscheidungsprozesses in einem rückkopplungsorientierten GDSS

Diese über sämtliche Gruppenmitglieder aggregierte Bewertung der Alternativen fließt, gemeinsam mit der ursprünglichen Bewertung der einzelnen Mitglieder, in die Modifikation der individuellen Bewertungen ein. Das Ergebnis dieser Modifikationsphase sind modifizierte individuelle Bewertungen, die zu einem neuen Gruppenergebnis aggregiert werden. Dieses bildet wiederum die Ausgangsbasis einer erneuten Modifikationsphase.

Der im unteren Teil von Abbildung 3-2 dargestellte Ablauf bildet somit einen iterativen Prozeß, in dem Aggregationsphasen und Modifikationsphasen aufeinander folgen. Dementsprechenden stellen Aggregations- und Modifikationsmodelle die wesentlichen Bestandteile eines rückkopplungsorientierten GDSS dar.

Das Ende dieses iterativen Prozesses ist erreicht, wenn in dem zur Lösung des anstehenden Problems erforderlichen Ausmaß Übereinstimmung zwischen den Gruppenmitgliedern erzielt ist und damit eine weitere Modifikation der individuellen Bewertungen nicht mehr erforderlich ist.

Die Definition der für das Ende des Iterationsprozesses erforderlichen Übereinstimmung hängt vom Entscheidungsproblem und damit von der Form der Bewertungen ab. In der bisherigen allgemeinen Darstellung wurde der Inhalt der Informationsflüsse im System und damit die Form der Bewertung von Alternativen noch nicht konkretisiert. Das Spektrum möglicher Formen reicht von unvollständigen ordinalen Präferenzordnungen bis zur Formulierung einer kardinalen Nutzenfunktion mit umfassendem Definitionsbereich.

Für die Definition eines Abbruchkriteriums ist jedoch in der Regel keine komplette Übereinstimmung zwischen individuellen Bewertungen und Gruppen-Bewertungen, etwa im Sinne gleicher kardinaler Nutzenwerte, erforderlich. Übereinstimmung ist vielmehr im Sinne der von der Gruppe zu lösenden Problemstellung zu definieren. Aufgabe eines Entscheidungsgremiums kann es etwa sein, aus mehreren möglichen Handlungsalternativen eine zur Realisierung auszuwählen. Eine andere Problemstellung wäre die Reihung sämtlicher Alternativen oder die Erstellung eines Vorschlages, der eine bestimmte Anzahl von Alternativen (und eventuell eine Reihung innerhalb dieser Alternativen) umfaßt (Roy, 1980).

Allen genannten Problemstellungen gemeinsam ist eine *ordinale* Bewertung von Alternativen. Dementsprechend sollte auch die Übereinstimmung von Bewertungen in einer Weise definiert werden, die sich lediglich auf die Reihung der Alternativen bezieht und kardinale Bewertungen nicht berücksichtigt.

In der Literatur wurden unterschiedliche Ansätze zur Messung der Ähnlichkeit (ordinaler) Präferenzordnungen entwickelt (Hwang/Lin, 1987). Als statistisch abgesichertes Konzept bieten sich etwa Rangkorrelationskoeffizienten an. Daneben können auch andere Distanzmaße aus axiomatischen Überlegungen abgeleitet werden (Armstrong et al., 1982; Cook/Seiford, 1982).

Für die Definition eines Abbruchkriteriums reicht jedoch bereits die binäre Aussage, daß Übereinstimmung im Sinne der Problemstellung vorliegt oder nicht vorliegt, aus. In Hinblick auf die oben genannten möglichen Problemstellungen bedeutet Übereinstimmung auch nicht notwendigerweise, daß die Reihung sämtlicher Alternativen mit der Gruppen-Präferenzordnung übereinstimmt. Besteht die Aufgabe der Gruppe lediglich in der Auswahl einer einzigen Alternative, so ist bei Einstimmigkeit als Abstimmungsregel vollständige Anpassung bereits erreicht, wenn sämtliche individuelle Präferenzordnungen und damit die Gruppen-Präferenzordnung die gleiche Alternative an die erste Stelle setzten.

Als allgemeines Konzept, das Übereinstimmung zwischen zwei Präferenzordnungen für den Fall unterschiedlicher Problemstellungen charakterisiert, soll in der Folge der Begriff der *c-Übereinstimmung* benutzt werden. Zwei Präferenzordnungen stehen zueinander in c-Übereinstimmung, wenn die ersten c Positionen jeweils von den gleichen Alternativen eingenommen werden und alle anderen Alternativen in beiden Präferenzordnungen nach Position c gereiht werden.

Die Definition des Abbruchkriteriums für den iterativen Prozeß auf der Basis ordinaler Präferenzordnungen bedeutet jedoch nicht notwendigerweise, daß sämtliche Informationsflüsse im System lediglich ordinale Daten umfassen. In der GDSS-Literatur wird im Gegenteil überwiegend davon ausgegangen, daß die Gruppenmitglieder kardinale Bewertungen von Alternativen vornehmen und diese auch zu einer kardinalen Gruppen-Bewertung aggregiert werden können. Die Verwendung kardinaler Bewertungen stellt, unter Berücksichtigung aller damit verbundenen Problematik, eine Möglichkeit zur Überwindung des Arrow'schen Unmöglichkeitstheorems (Arrow, 1963) dar.

Im Mittelpunkt dieser Arbeit stehen die Modifikationsmodelle als zentrale und gegenüber bestehenden Ansätzen neuartige Komponente eines rückkopplungsorientierten GDSS. Bezüglich der beiden anderen Komponenten, des individuellen Bewertungsverfahrens und des Aggregationsverfahrens, folgt diese Arbeit daher der in der Literatur verbreiteten Sichtweise kardinaler Bewertungen.

Grundsätzlich ist ein rückkopplungsorientiertes Konzept jedoch auch für den Fall ordinaler Bewertungen denkbar. Die in den folgenden Kapiteln entwickelten konkreten Modelle bauen zwar alle auf individuellen Entscheidungsverfahren auf, die kardinale Bewertungen liefern. Für alle diese Entscheidungsverfahren wurden auch in der Literatur Aggregationsansätze entwickelt, die zu kardinalen Gruppen-Bewertungen führen und die im Kontext der einzelnen Entscheidungsverfahren jeweils kurz vorgestellt werden. Zur Illustration der grundsätzlichen Vorgangsweise werden in den folgenden Kapiteln jedoch jeweils auch Modelle präsentiert werden, die lediglich ordinale Präferenzinformationen auf der Gruppenebene voraussetzen.

3.3 Modifikationsmodelle

3.3.1 Aufgaben der Modifikationsmodelle

In der DSS-Literatur werden zwei Vorgangsweisen bei der Verwendung formaler Modelle zur Entscheidungsunterstützung unterschieden (Roy, 1987): die "What if"-Analyse und die "How to"-Analyse. In der "What if"-Analyse wird ein formales Modell benutzt, um Konsequenzen vom Benutzer vorgeschlagener Aktionen in bezug auf die betrachteten Ziele zu ermitteln. Ein Modifikationsmodell im Rahmen eines rückkopplungsorientierten GDSS würde also für vom Benutzer spezifizierte Änderungen des individuellen Bewertungssystems ermitteln, inwieweit diese zu einer Annäherung der individuellen Bewertungen an die Gruppen-Bewertungen führen.

Bei der "How to"-Analyse erstellt im Gegensatz dazu das System selbst Handlungsvorschläge, die zu einer vom Benutzer vorgegebenen (oder optimalen) Zielerreichung führen. Ein Modifikationsmodell für diese Form der Entscheidungsunterstützung ermittelt somit eine Modifikation des individuellen Bewertungssystems, die z.B. c-Übereinstimmung der individuellen Präferenzordnung mit der Gruppen-Präferenzordnung für einen vom Benutzer spezifizierten Wert von c bewirkt. Diese Vorgangsweise weist gegenüber der "What if"-Analyse zwei bedeutende Vorteile auf:

- Ein Benutzer, der daran interessiert ist, Übereinstimmung mit der Gruppenmeinung zu erreichen, aber nicht in der Lage ist, eine entsprechende Modifikation seines Bewertungssystems zu finden, wird in einer "What if"-Analyse nicht unterstützt.
- Die Vorgangsweise der "What if"-Analyse erfordert die Definition einer Maßgröße für den Abstand zwischen individueller Bewertung und Gruppen-Bewertung. Durch die Verwendung eines solchen Maßes, auch wenn es axiomatisch fundiert ist, wird eine Werturteilskomponente in das System eingebracht, deren Hintergrund dem Benutzer möglicherweise nicht bekannt ist oder die nicht mit Werturteilen des Benutzers übereinstimmt. Die c-Übereinstimmung zweier Präferenzordnungen kann demgegenüber objektiv festgestellt werden.

Bei der Beurteilung der beiden Ansätze darf auch der Hintergrund eines Konzeptes zur Entscheidungs*unterstützung* nicht unberücksichtigt bleiben. Die Ermittlung eines Modifikationsvorschlages, der zur c-Übereinstimmung zwischen individueller Präferenzordnung und Gruppen-Präferenzordnung führt, bedeutet noch nicht, daß der Benutzer diesen Vorschlag auch (zur Gänze) übernehmen muß. Der

Benutzer kann, abhängig von seiner Kooperationsbereitschaft und dem Verhalten anderer Gruppenmitglieder, auch nur geringere oder keine Modifikationen seines Bewertungssystems vornehmen.

Die Ermittlung einer Modifikation des individuellen Bewertungssystems, die zu c-Übereinstimmung mit der Gruppen-Präferenzordnung führt, ist jedoch noch keine eindeutige Problemstellung für ein Modifikationsmodell. Ist c kleiner als die Zahl der betrachteten Alternativen (minus eins), so existieren mehrere individuelle Präferenzordnungen, die mit der Gruppen-Präferenzordnung in c-Übereinstimmung stehen. Selbst wenn mit der Gruppen-Präferenzordnung über alle Alternativen Übereinstimmung erzielt werden soll, existieren möglicherweise unterschiedliche Bewertungssysteme, die zu dieser Präferenzordnung führen.

In der Regel wird der Benutzer zwischen den möglichen Modifikationen des Bewertungssystems, die jeweils zur c-Übereinstimmung mit der Gruppen-Präferenzordnung führen, nicht indifferent sein. Er wird vielmehr bestrebt sein, sein Bewertungssystem möglichst wenig zu ändern. Die Aufgabenstellung eines Modifikationsmodells kann daher dahingehend erweitert werden, in einem noch zu definierenden Sinn *minimale* Modifikationen des individuellen Bewertungssystems zu ermitteln, die zu c-Übereinstimmung zwischen individueller und Gruppen-Präferenzordnung führen.

In der Folge werden zwei Grundformen der Modifikation individueller Bewertungssysteme entwickelt, die anschließend zu einem integrierten Modifikationsmodell verbunden werden.

3.3.2 Grundformen der Modifikation

In Anlehnung an den überwiegenden Teil der GDSS-Literatur soll in der Folge davon ausgegangen werden, daß es sich bei dem von der Gruppe zu lösenden Problem um ein Entscheidungsproblem bei mehrfacher Zielsetzung handelt. Als individuelle Bewertungssysteme werden daher Entscheidungsverfahren bei mehrfacher Zielsetzung herangezogen.

Grundsätzlich sind zwei Vorgangsweisen denkbar, wie ein individuelles Bewertungssystem modifiziert werden kann, um Übereinstimmung mit der Gruppen-Präferenzordnung zu erreichen:

- Die Parameter des Bewertungssystems, die die Präferenzen des Benutzers repräsentieren, werden modifiziert. Eine Beispiel für diese Form der Modifikation ist die Änderung von Zielgewichten. Diese Vorgangsweise wird im folgenden als *implizite Modifikation* bezeichnet.

- Die Gruppen-Bewertung wird selbst als eigenständiges Attribut in die individuelle Bewertung mit einbezogen. Diese Vorgangsweise wird im folgenden als *explizite Modifikation* bezeichnet.

3.3.2.1 Implizite Modifikation

In den meisten Entscheidungsverfahren bei mehrfacher Zielsetzung werden Parameter zur Beschreibung von Präferenzen verwendet. Diese Parameter können unter anderem die Form von Gewichtungsfaktoren für die einzelnen Ziele, von Anspruchsniveaus oder anderen Referenzniveaus haben (Gershon, 1984; Wierzbicki, 1986). Im Modell der impliziten Modifikation werden diese Parameter so verändert, daß c-Übereinstimmung zwischen der individuellen Präferenzordnung und der Gruppen-Präferenzordnung erzielt wird.

Diese Form der Modifikation stellt eine intuitiv anschauliche Abbildung des "Überzeugens" von Gruppenmitgliedern dar. In realen Verhandlungssituationen, insbesondere in kooperativen Entscheidungssituationen, wird sehr oft versucht, anderen Gruppenmitgliedern die Bedeutung bestimmter Aspekte des zu lösenden Problems bewußt zu machen. Die Parameter des Entscheidungsverfahrens repräsentieren aber die Bedeutung, die der Anwender den einzelnen Zielen zuordnet. Wird ein Gruppenmitglied davon überzeugt, daß einem bestimmten Kriterium besondere Bedeutung zukommt, so wird es auch das Gewicht für dieses Kriterium erhöhen, also eine Veränderung der entsprechenden Parameter des Entscheidungsverfahrens vornehmen.

Das zuvor entwickelte Gesamtschema eines rückkopplungsorientierten GDSS abstrahiert von dieser inhaltlichen Argumentation über die Bedeutung einzelner Kriterien. Die Gewichtung der Kriterien geht in die Bewertung der Handlungsalternativen durch die Gruppenmitglieder und somit in die Präferenzordnung der Gruppe ein. Diese entspricht daher einer verdichteten Darstellung des Informationsstandes der Gruppe insgesamt, auch bezüglich der Bedeutung der Kriterien. Ein vom Modell errechneter Modifikationsvorschlag kann daher auch als Interpretation des aggregierten Wissens der Gruppe angesehen werden. Im Modifikationsvorschlag wird diese Gesamtbewertung, in welche auch andere als die vom Mitglied selbst verfolgten Kriterien einfließen können, ausschließlich mithilfe der vom Mitglied berücksichtigten Kriterien dargestellt.

Die Lösung eines impliziten Modifikationsmodells beantwortet also die Frage, wie (weit) müßte das Mitglied die von ihm spezifizierte Bedeutung der einzelnen Kriterien modifizieren, um die Gruppen-Präferenzordnung zu akzeptieren. Dies bedeutet noch nicht, daß das Mitglied auch tatsächlich eine so weitgehende Modifikation vornehmen wird, die Lösung gibt lediglich eine Leitlinie für die Richtung eventueller Modifikationen.

Formal läßt sich ein Modifikationsmodell für implizite Modifikation wie folgt darstellen:

Die Gruppe bestehe aus M Mitgliedern, die mit $m \in \{1, \ldots, M\}$ bezeichnet werden. Ihr stehen N Alternativen $n \in \{1, \ldots, N\}$ zur Auswahl. Insgesamt seien diese Alternativen durch K Attribute $k \in \{1, \ldots, K\}$ charakterisiert. Die Datenwerte von Alternative n in den Attributen werden durch einen Attributvektor X_n beschrieben. Die k-te Komponente von X_n wird mit $x_{n,k}$ bezeichnet. In Abhängigkeit vom konkreten Entscheidungsverfahren wird für die Attribute in der Regel eine Kardinalskala unterstellt. Gruppenmitglied m berücksichtige nur die Teilmenge $K_m \subset \{1, \ldots, K\}$ der Attribute.

Für Präferenzordnungen wird in der Folge die nachstehende Notation benutzt: Wird Alternative 1 von der Gruppe gegenüber Alternative 2 bevorzugt, so wird dies durch $X_1 \succ_g X_2$ ausgedrückt. In ähnlicher Weise repräsentiert $\succ_m$ die Präferenzordnung von Mitglied m.

Das benutzte Entscheidungsverfahren führe zu einer kardinalen Bewertung der Alternativen. Damit kann das Verfahren durch eine Bewertungsfunktion $v(X_n, p)$ dargestellt werden. X_n ist dabei der Datenvektor der zu beurteilenden Alternative, p ein Parametervektor, der die Bedeutung der einzelnen Attribute ausdrückt. Eine Alternative werde gegenüber einer anderen bevorzugt, wenn sie einen höheren Wert von v aufweist.

Ohne Beschränkung der Allgemeinheit seien die Alternativen in der Folge der Gruppen-Präferenzordnung bezeichnet, d.h. die Gruppen-Präferenzordnung laute $X_1 \succ_g X_2 \succ_g \ldots \succ_g X_N$.

Ziel eines Modells für implizite Modifikation ist es nun, eine möglichst geringe Veränderung des Parametervektors p zu finden, durch die die individuelle Präferenzordnung in c-Übereinstimmung mit der Gruppen-Präferenzordnung gebracht wird. Diese c-Übereinstimmung wird erreicht, falls $X_1 \succ_m X_2 \succ_m \ldots \succ_m X_c$ und $X_c \succ_m X_{c+1}, X_c \succ_m X_{c+2}, \ldots, X_c \succ_m X_N$ gilt. Diese Bedingungen bilden daher die Nebenbedingungen des Modifikationsmodells. Das Kriterium einer minimalen Veränderung des Parametervektors wird allgemein durch eine Abstandsfunktion $d(p, p')$ repräsentiert, die den Abstand zwischen zwei Parametervektoren p und p' angibt. Die Form der Funktion d hängt wesentlich von der inhaltlichen Interpretation der Parameter im benutzten Entscheidungsverfahren ab. Beispiele für mögliche Abstandsfunktionen werden in den folgenden Kapiteln für konkrete Entscheidungsverfahren entwickelt werden.

Insgesamt ergibt sich somit das folgende Modell für implizite Modifikation:

$$
\begin{aligned}
&d(p,p') = \min! \\
v(X_1,p') &> v(X_2,p') \\
&\vdots \\
v(X_{c-1},p') &> v(X_c,p') \\
v(X_c,p') &> v(X_{c+1},p') \\
&\vdots \\
v(X_c,p') &> v(X_N,p')
\end{aligned}
\tag{3.1}
$$

Die implizite Modifikation weist allerdings den Nachteil auf, daß die Veränderung der Prozeßparameter möglicherweise nicht ausreicht, c-Übereinstimmung mit der Gruppen-Präferenzordnung herbeizuführen. Ob c-Übereinstimmung allein durch Parameter-Modifikation herbeigeführt werden kann, hängt von mehreren Faktoren ab.

Der erste Faktor ist die Methode, durch die die Gruppen-Präferenzordnung ermittelt wird. Wird die Gruppen-Präferenzordnung durch Anwendung des gleichen Entscheidungskalküls auf die gleichen Attribute ermittelt wie die individuelle Präferenzordnung, so ist dadurch in der Regel sichergestellt, daß ein Parametervektor existiert, der zur Gruppen-Präferenzordnung führt. In diesem Fall kann durch implizite Modifikation stets die Gruppen-Präferenzordnung reproduziert werden, indem der individuelle Parametervektor gleich dem Parametervektor der Gruppe gesetzt wird. Praktisch wird dabei in der Regel sogar eine geringere Modifikation des Vektors ausreichend sein.

Wird hingegen die Gruppen-Präferenzordnung durch ein anderes Entscheidungsverfahren oder unter Verwendung anderer Attribute ermittelt, so ist nicht sichergestellt, daß ein Parametervektor bezüglich der vom Mitglied benutzten Attribute existiert, der zu dieser Präferenzordnung führt.

Eine vollständige Anpassungsmöglichkeit setzt ferner voraus, daß der Vektor p sämtliche im Entscheidungsverfahren zur Beschreibung der Präferenzen benutzten Elemente enthält. Werden z.B. multiattributive Nutzenfunktionen als Entscheidungskalkül benutzt, so werden diese sowohl durch Zielgewichte als auch durch die partiellen Nutzenfunktionen in den einzelnen Zielen charakterisiert. Ein Anpassungsmodell, das nur Modifikationen der Zielgewichte berücksichtigt, wird ebenfalls nicht immer in der Lage sein, eine Präferenzordnung zu reproduzieren, die auf anderen partiellen Nutzenfunktionen beruht (Vetschera, 1988a).

3.3.2.2 Explizite Modifikation

Als zweite Form der Modifikation eines individuellen Bewertungssystems wurde zu Beginn dieses Abschnittes die *explizite Modifikation* definiert. Dabei wird die

Bewertung der Handlungsalternativen durch die Gruppe explizit als zusätzliches Attribut in das individuelle Kalkül aufgenommen.

Diese Form der Modifikation entspricht zwar weniger der intuitiven Vorstellung von "Überzeugen". Sie repräsentiert jedoch ebenfalls eine durchaus plausible Verhaltensweise. In einer kooperativen Gruppensituation können Gruppenmitglieder auch der Meinung anderer Gruppenmitglieder als solcher eine gewisse Bedeutung zuerkennen, ohne im Detail darauf einzugehen, aus welchen Zielvorstellungen diese Meinungen resultieren. Insbesondere in Gremien, die längere Zeit existieren und mehrere Entscheidungen zu treffen haben, kann ein derartiges Verhalten zunächst aus der Aufrechterhaltung eines guten Arbeitsklimas motiviert sein und in der Folge aufgrund positiver Erfahrungen verstärkt werden.

Orientiert sich ein Mitglied nur an einer Teilmenge der insgesamt relevanten Kriterien, so kann in einer kooperativen Gruppe auch noch eine andere Begründung für die explizite Berücksichtigung der Meinung der anderen Mitglieder gegeben werden: diese repräsentiert in verdichteter Form die Bewertung der Alternativen auch in den Kriterien, die das Mitglied selbst nicht berücksichtigt. Wenn ein Mitglied gewisse Kriterien deshalb nicht berücksichtigt, weil es diesbezüglich über kein ausreichendes Fachwissen verfügt, so stellt ein explizites Attribut "Gruppen-Bewertung" eine Möglichkeit dar, diese zusätzlichen Kriterien in die Bewertung mit einzubeziehen. Dies setzt allerdings entsprechendes Vertrauen in die fachliche Kompetenz und Objektivität der anderen Gruppenmitglieder voraus. In kooperativen Gremien kann jedoch unterstellt werden, daß die Mitglieder dieses Vertrauen besitzen.

Darüber hinaus weist diese Modifikationsform aufgrund ihrer formalen Eigenschaften einige konzeptuelle Vorteile auf:

In den meisten Entscheidungsverfahren bei mehrfacher Zielsetzung ist es möglich, einem einzelnen Kriterium eine die Entscheidung determinierende Bedeutung zuzuweisen. Ist dies der Fall, so kann durch explizite Modifikation stets die Gruppen-Präferenzordnung reproduziert werden, indem der Gruppen-Bewertung im individuellen Kalkül ausreichend großes Gewicht gegeben wird. Für den Einsatz in einem interaktiven entscheidungsunterstützenden System ist dies von großer Bedeutung, da das Unvermögen des Systems, eine Lösung zu finden, das Vertrauen des Benutzers erheblich beeinträchtigen könnte.

Ein weiterer Vorteil der expliziten Einbeziehung der Gruppenmeinung als eigenes Attribut ergibt sich aus datenbanktheoretischen Überlegungen (Vetschera, 1988b):

Unterstellt man, die gemeinsame Datenbasis der Gruppe sei nach dem relationalen Datenmodell (Date, 1975) organisiert, so kann das von der Gruppe zu lösende Entscheidungsproblem in Form einer Relation dargestellt werden (Jelassi/Jarke/Stohr, 1985; Jelassi/Jarke/Checroun, 1985). Die Tupel dieser Relation entsprechen den der Gruppe zur Wahl stehenden Handlungsalternativen, die Attributmenge der Vereinigungsmenge sämtlicher von den Gruppenmitgliedern betrachteter Kriterien.

Berücksichtigen nun die Gruppenmitglieder jeweils nur eine Teilmenge der insgesamt verfügbaren Attribute, so können ihre individuellen Datenbank-Sichten durch Projektion aus der Gesamtrelation abgeleitet werden (Jarke, 1986). In diesem Fall sind aber möglicherweise einige Alternativen für die Mitglieder nicht mehr unterscheidbar. Dies tritt dann ein, wenn zwei (oder mehrere) Alternativen in den vom Mitglied betrachteten Attributen identische Werte aufweisen und somit durch die Projektion in einem einzigen Tupel zusammengefaßt werden. Es kann sogar der Fall eintreten, daß für unterschiedliche Gruppenmitglieder unterschiedliche Alternativen jeweils in ein Tupel zusammenfallen.

Wird nun ein Attribut mit der Gruppen-Bewertung zu jeder individuellen Sicht der Gesamtrelation hinzugefügt, so tritt das oben beschriebene Problem nicht mehr auf. Alternativen, die von der Gruppe unterschiedlich beurteilt werden, weisen dann auch verschiedene Werte im Attribut "Gruppen-Bewertung" auf. Damit sind sie auch in den um dieses Attribut erweiterten individuellen Sichten unterscheidbar.

Für die Formulierung eines Modifikationsmodells auf der Basis dieses Konzeptes stellt sich die Frage nach den Werten, die für das Attribut "Gruppen-Bewertung" benutzt werden sollen. Die Aufgabenstellung der Gruppe besteht in einer ordinalen Reihung von Alternativen oder auch nur in der Auswahl einer einzigen Alternative. Das auf Gruppenebene benutzte Aggregationsverfahren liefert aber möglicherweise darüber hinausgehende Informationen, etwa eine vollständige Präferenzordnung oder kardinale Bewertungen der Alternativen. In der Folge sollen daher zwei Grundmodelle für explizite Rückkopplung entwickelt werden: ein Modell, das kardinale Bewertungen sämtlicher Alternativen auf der Gruppenebene voraussetzt und ein Modell für den Fall, daß lediglich die ersten c Elemente der Gruppen-Präferenzordnung bekannt sind. In beiden Fällen soll davon ausgegangen werden, daß das benutzte Entscheidungsverfahren kardinale Messung der Attributwerte voraussetzt.

Für beide Modelle muß die individuelle Bewertungsfunktion, die zuvor allgemein mit $v(X_n, p)$ bezeichnet wurde, um das Attribut "Gruppen-Bewertung" erweitert werden. Die erweiterte Bewertungsfunktion kann allgemein durch $v'(X_n, x_{n,g}, p, p_g)$ dargestellt werden. Darin stellt $x_{n,g}$ die (kardinale) Gruppen-Bewertung von Alternative n dar und p_g einen zusätzlichen Parameter des individuellen Entscheidungsverfahrens, der die Bedeutung repräsentiert, die der Gruppen-Bewertung beigemessen wird. Die Form, in der Parameter p_g in den

Entscheidungsprozeß eingeht, entspricht der Form der Berücksichtigung der anderen Parameter in p. Parameter p_g kann daher ebenfalls z.B. als Zielgewicht, als Referenzniveau oder ähnlich interpretiert werden.

Die Nebenbedingungen dieses Modells resultieren, ähnlich wie in Modell (3.1), aus der zu erzielenden c-Übereinstimmung zwischen individueller Präferenzordnung und Gruppen-Präferenzordnung. Das Ziel der Optimierung besteht auch hier darin, eine möglichst geringe Modifikation des individuellen Bewertungssystems zu ermitteln. Die strukturelle Veränderung des Bewertungssystems durch Einbeziehung des zusätzlichen Attributes "Gruppen-Bewertung" stellt eine diskrete Veränderung dar und kann somit nicht Gegenstand der Optimierung sein. Die Optimierung kann daher nur die Bedeutung betreffen, die diesem Attribut zugemessen wird und die durch den Parameter p_g repräsentiert wird. Insgesamt ergibt sich somit das folgende Modell:

$$
\begin{aligned}
& p_g = \min! \\
& \begin{array}{rcl}
v'(X_1, x_{1,g}, p, p_g) & > & v'(X_2, x_{2,g}, p, p_g) \\
& \vdots & \\
v'(X_{c-1}, x_{c-1,g}, p, p_g) & > & v'(X_c, x_{c,g}, p, p_g) \\
v'(X_c, x_{c,g}, p, p_g) & > & v'(X_{c+1}, x_{c+1,g}, p, p_g) \\
& \vdots & \\
v'(X_c, x_{c,g}, p, p_g) & > & v'(X_N, x_{N,g}, p, p_g)
\end{array}
\end{aligned}
\tag{3.2}
$$

Erfordert das benutzte Entscheidungsverfahren kardinale Bewertungen in den einzelnen Attributen, so müssen auch dann kardinale Werte für die $x_{n,g}$ festgesetzt werden, wenn von der Gruppenebene nur eine ordinale Präferenzordnung an das Mitglied zurückgemeldet wird. Welche Werte benutzt werden, ist dabei unerheblich, solange sie den von der Gruppen-Präferenzordnung festgelegten Relationen genügen. Damit können die konkreten Werte der $x_{n,g}$ als Variablen in das Anpassungsmodell eingehen, während die Gruppen-Präferenzordnung durch Nebenbedingungen über diese Variablen repräsentiert wird.

Das folgende Modell beschreibt den Fall minimaler Information, in dem von der Gruppenebene nur die Reihung der c erstgereihten Alternativen übermittelt wird:

$$
\begin{aligned}
& p_g = \min! \\
v'(X_1, x_{1,g}, p, p_g) &> v'(X_2, x_{2,g}, p, p_g) \\
&\vdots \\
v'(X_{c-1}, x_{c-1,g}, p, p_g) &> v'(X_c, x_{c,g}, p, p_g) \\
v'(X_c, x_{c,g}, p, p_g) &> v'(X_{c+1}, x_{c+1,g}, p, p_g) \\
&\vdots \\
v'(X_c, x_{c,g}, p, p_g) &> v'(X_N, x_{N,g}, p, p_g) \qquad (3.3) \\
x_{1,g} &> x_{2,g} \\
&\vdots \\
x_{c-1,g} &> x_{c,g} \\
x_{c,g} &> x_{c+1,g} \\
&\vdots \\
x_{c,g} &> x_{N,g}
\end{aligned}
$$

Modell (3.3) unterscheidet sich von Modell (3.2) vor allem durch die Interpretation der $x_{n,g}$. In (3.2) sind diese Werte Konstanten, deren Werte durch die kardinalen Bewertungen der Handlungsalternativen auf der Gruppenebene festgelegt sind. In (3.3) sind sie Variablen. Sie beschreiben hier die kardinale Interpretation des Mitgliedes für die von der Gruppenebene stammenden ordinalen Informationen, die in Form der zusätzlichen Nebenbedingungen in das Modell einfließen. Derartige kardinale Interpretationen ordinaler Informationen sind in realen Gruppensituationen durchaus plausibel: ein Gruppenmitglied, das lediglich erfährt, daß die anderen Mitglieder eine Alternative einer anderen vorziehen, kann etwa der Ansicht sein, daß es sich dabei vielleicht nur um eine schwach ausgeprägte Präferenz handle, die für die eigenen Überlegungen weiters nicht bedeutend sei.

Da im zweiten Fall die kardinale Gruppen-Bewertung der Alternativen der Interpretation des Gruppenmitgliedes überlassen bleibt, wird der optimale Zielfunktionswert in Modell (3.3) stets kleiner oder gleich dem in Modell (3.2) sein. Der Modifikationsvorschlag des zweiten Modells wird daher tendenziell auch leichter zu akzeptieren sein als der des ersten Modells. Damit stellt sich die Frage, ob nicht generell dem zweiten Modell der Vorzug gegeben werden sollte.

Allerdings erscheint es problematisch, auch in dem Fall, daß die verwendete Aggregationstechnik auf der Gruppenebene eine kardinale Bewertung der Alternativen liefert, eine davon abweichende Interpretation durch die Mitglieder zuzulassen. Um auf das obige Beispiel zurückzugreifen, wird ein Gruppenmitglied der Information, daß die anderen Mitglieder eine Alternative einer anderen vorziehen, vermutlich größere Bedeutung zumessen, wenn damit auch die Information

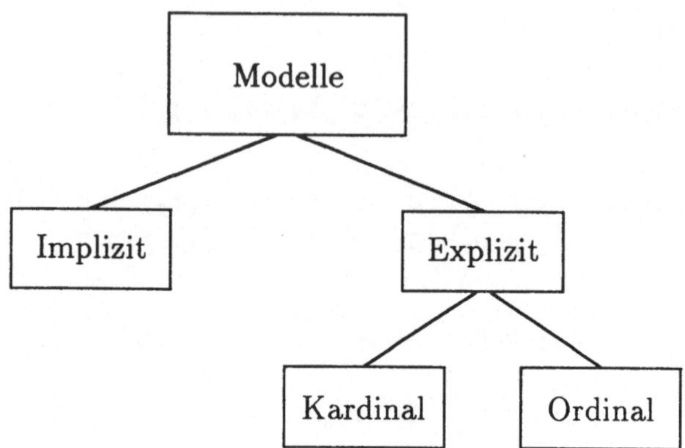

Abbildung 3-3: Schematische Zusammenfassung der Modellformen

verbunden ist, daß es sich dabei um einen bedeutenden Bewertungsunterschied handelt. In diesem Fall schiene es kaum angebracht, eine gegenteilige Interpretation zuzulassen, selbst wenn dadurch eine Anpassung an die (ordinale) Gruppen-Präferenzordnung erleichtert würde.

3.3.3 Integrierte Modelle und Trade-Off-Kurven

Abbildung 3-3 faßt die bisher dargestellten Modellformen nochmals schematisch zusammen.

Die Berücksichtigung kardinaler und ordinaler Präferenzinformation der Gruppenebene schließen einander aus. Zwischen impliziter und expliziter Modifikation besteht jedoch kein Widerspruch, die beiden Formen können auch in einem einzelnen Modell verbunden werden. Ein Problem ergibt sich dabei lediglich bei der Formulierung einer gemeinsamen Zielfunktion: Die beiden bisher verwendeten Zielgrößen "Änderung der bestehenden Prozeßparameter" und "Bedeutung der Gruppen-Bewertung" sind nicht vergleichbar. Ein Modifikationsmodell, das die beiden Formen miteinander kombiniert, muß daher als Modell mit zwei Zielgrößen formuliert werden. Die Möglichkeit einer Kombination der beiden Zielgrößen zu einer einzigen Größe hängt wesentlich von der Interpretation der Prozeßparameter in der betrachteten Entscheidungstechnik ab. Diesbezügliche Überlegungen können daher erst nach Konkretisierung des benutzten Entscheidungsverfahrens angestellt werden.

Die inhaltliche Interpretation der Nebenbedingungen der Modelle (3.1) und (3.2) stimmt überein. Da ein integriertes Modell die Gruppen-Bewertung explizit als zusätzliches Attribut enthält, ist in den Nebenbedingungen die erweiterte Bewertungsfunktion v' anstelle der ursprünglichen Bewertungsfunktion v zu benutzen. Die Zielfunktionen des integrierten Modells ergeben sich aus der Kombination der beiden Zielfunktionen der Modelle (3.1) und (3.2). Insgesamt lautet das integrierte Modell für den Fall kardinaler Präferenzinformation von der Gruppenebene daher:

$$
\begin{aligned}
& d(p,p') = \min! \\
& p_g = \min! \\
& \begin{array}{rcl}
v'(X_1, x_{1,g}, p', p_g) & > & v'(X_2, x_{2,g}, p', p_g) \\
& \vdots & \\
v'(X_{c-1}, x_{c-1,g}, p', p_g) & > & v'(X_c, x_{c,g}, p', p_g) \\
v'(X_c, x_{c,g}, p', p_g) & > & v'(X_{c+1}, x_{c+1,g}, p', p_g) \\
& \vdots & \\
v'(X_c, x_{c,g}, p', p_g) & > & v'(X_N, x_{N,g}, p', p_g)
\end{array}
\end{aligned}
\tag{3.4}
$$

In ähnlicher Weise kann ein integriertes Modell für den Fall ordinaler Präferenzinformationen von der Gruppenebene formuliert werden. Dieses Modell verbindet die Komponenten der Modelle (3.1) und (3.3), enthält also auch die in (3.3) formulierten Nebenbedingungen über die Variablen $x_{n,g}$:

$$
\begin{aligned}
& d(p,p') = \min! \\
& p_g = \min! \\
& \begin{array}{rcl}
v'(X_1, x_{1,g}, p', p_g) & > & v'(X_2, x_{2,g}, p', p_g) \\
& \vdots & \\
v'(X_{c-1}, x_{c-1,g}, p', p_g) & > & v'(X_c, x_{c,g}, p', p_g) \\
v'(X_c, x_{c,g}, p', p_g) & > & v'(X_{c+1}, x_{c+1,g}, p', p_g) \\
& \vdots & \\
v'(X_c, x_{c,g}, p', p_g) & > & v'(X_N, x_{N,g}, p', p_g) \\
 & & \\
x_{1,g} & > & x_{2,g} \\
& \vdots & \\
x_{c-1,g} & > & x_{c,g} \\
x_{c,g} & > & x_{c+1,g} \\
& \vdots & \\
x_{c,g} & > & x_{N,g}
\end{array}
\end{aligned}
\tag{3.5}
$$

Betrachtet man die möglichen Lösungen der Optimierungsprobleme (3.4) und (3.5) in der Ebene der beiden Zielgrößen $d(p,p')$ und p_g, so werden die effizienten Kombinationen der beiden Zielgrößen durch eine Kurve charakterisiert. Diese Kurve soll im folgenden als Trade-Off-Kurve zwischen den beiden Zielen bezeichnet werden.

Für die weiteren Überlegungen sind hinsichtlich dieser Trade-Off-Kurven zwei Fragestellungen von besonderem Interesse. Die erste Frage ist die nach der Konvexität der Kurven, die zweite betrifft die Existenz von Dominanzbeziehungen zwischen Kurven für unterschiedliche Werte von c. Die mögliche Konvexität der Trade-Off-Kurven ist erstens für deren ökonomische Interpretation von Bedeutung: zwischen den beiden Zielgrößen "Veränderung in der Bedeutung der bisher betrachteten Attribute" einerseits und "Bedeutung, die der Gruppen-Bewertung zugemessen wird" andererseits herrschen bei konvexen Kurven abnehmende Substitutionsraten. Dies stellt ein intuitiv anschauliches Austauschverhalten zwischen den beiden Zielgrößen dar, das die Auswahl einer Kombination der beiden Modifikationsformen für den Benutzer erleichtert.

Zweitens hat die Konvexität aber auch bedeutende Konsequenzen für die Ermittlung der Trade-Off-Kurven. Unter dieser Voraussetzung kann nämlich jede effiziente Lösung eines Optimierungsproblems bei mehrfacher Zielsetzung durch Optimierung einer gewichteten Summe der einzelnen Zielfunktionen ermittelt werden (Gal, 1977; White, 1980; Chankong/Haimes, 1983; Wierzbicki, 1986). Im konkreten Fall zweier Zielgrößen können daher durch parametrische Variation eines Gewichtungsfaktors G in einer aggregierten Zielfunktion der Form

$$d(p,p') + Gp_g$$

sämtliche effizienten Kombinationen von $d(p,p')$ und p_g ermittelt werden. Ist die Kurve nicht konvex, so kann sie nur punktweise durch Minimierung einer der beiden Zielfunktionen bei Vorgabe eines Wertes für die andere Zielfunktion ermittelt werden. Diese Vorgangsweise führt in der Regel zu einem weitaus höheren Rechenaufwand.

Leider lassen sich keine allgemein gültigen Aussagen über die Konvexität von Trade-Off-Kurven treffen. Diese hängt vielmehr von der konkreten Ausformulierung der Nebenbedingungen des Modifikationsmodells und somit vom zugrunde gelegten individuellen Entscheidungsverfahren ab. In den folgenden beiden Kapiteln wird gezeigt, daß die Konvexität der Trade-Off-Kurven bei manchen Entscheidungsverfahren stets gegeben ist, bei anderen Verfahren jedoch nicht.

Im Gegensatz zur Konvexität kann über die Dominanzbeziehung zwischen Kurven für unterschiedliche Werte des Parameters c eine allgemeine Aussage getroffen werden. Kurven für niedrigere Werte von c dominieren stets Kurven für höhere

Werte von c oder sind diesen gleich. Eine weiter gehende, d.h. eine größere Zahl von Alternativen umfassende Übereinstimmung mit der Gruppenmeinung kann also nur erreicht werden, indem eine mindestens gleich große Veränderung der Parameter des Bewertungssystems vorgenommen oder der Gruppenmeinung ein mindestens gleich großes Gewicht beigemessen wird.

Diese Eigenschaft kann anhand der allgemeinen Struktur der Nebenbedingungen bewiesen werden. In allgemeiner Formulierung lauten die Nebenbedingungen für einen vorgegebenen Wert von c:

$$\begin{aligned} v'(X_1, x_{1,g}, p', p_g) &> v'(X_2, x_{2,g}, p', p_g) \\ &\vdots \\ v'(X_{c-1}, x_{c-1,g}, p', p_g) &> v'(X_c, x_{c,g}, p', p_g) \\ v'(X_c, x_{c,g}, p', p_g) &> v'(X_{c+1}, x_{c+1,g}, p', p_g) \\ &\vdots \\ v'(X_c, x_{c,g}, p', p_g) &> v'(X_N, x_{N,g}, p', p_g) \end{aligned} \tag{3.6}$$

Aus diesen Nebenbedingungen folgen aufgrund der Transitivität unmittelbar Bedingungen der Form:

$$\begin{aligned} v'(X_{c-1}, x_{c-1,g}, p', p_g) &> v'(X_{c+1}, x_{c+1,g}, p', p_g) \\ &\vdots \\ v'(X_{c-1}, x_{c-1,g}, p', p_g) &> v'(X_N, x_{N,g}, p', p_g) \end{aligned} \tag{3.7}$$

Die Nebenbedingungen des Modells für $c-1$ haben die Form:

$$\begin{aligned} v'(X_1, x_{1,g}, p', p_g) &> v'(X_2, x_{2,g}, p', p_g) \\ &\vdots \\ v'(X_{c-2}, x_{c-2,g}, p', p_g) &> v'(X_{c-1}, x_{c-1,g}, p', p_g) \\ v'(X_{c-1}, x_{c-1,g}, p', p_g) &> v'(X_c, x_{c,g}, p', p_g) \\ &\vdots \\ v'(X_{c-1}, x_{c-1,g}, p', p_g) &> v'(X_N, x_{N,g}, p', p_g) \end{aligned} \tag{3.8}$$

Das Modell für c enthält also implizit sämtliche Nebenbedingungen des Modells für $c-1$ und weitere, schärfere Nebenbedingungen. Jede zulässige Lösung des Modells für c, insbesondere auch dessen optimale Lösung, ist daher auch im Modell für $c-1$ zulässig. Die optimale Lösung des Modells für $c-1$ kann daher keinen schlechteren Zielgrößenwert aufweisen als die optimale Lösung des Modells für c. Damit existiert für jede effiziente Lösung des Modells für c eine effiziente Lösung des Modells für $c-1$, die in allen Zielgrößen mindestens gleich gut ist.

Diese Dominanzbeziehung kann möglicherweise für die effiziente Berechnung von Trade-Off-Kurven genutzt werden. Lösungen für höhere Werte von c stellen stets zulässige Ausgangslösungen für niedrigere Werte von c dar. Inwieweit diese Tatsache rechentechnisch verwertet werden kann, hängt von der spezifischen Form der Modifikationsmodelle und somit vom Entscheidungsverfahren ab. In den folgenden Kapiteln wird auf diese Aspekte jeweils spezifisch für bestimmte Entscheidungsverfahren eingegangen werden.

3.3.4 Bedingungen für Modifikationsmodelle

Die im vorhergehenden Abschnitt entwickelten integrierten Modifikationsmodelle beruhen auf einer strukturellen Änderung des benutzten Bewertungssystems durch Einbeziehung des Attributes "Gruppen-Bewertung". Diese strukturelle Änderung kommt formal im Übergang von der Bewertungsfunktion $v(X,p)$ zur Bewertungsfunktion $v'(X, x_g, p, p_g)$ zum Ausdruck.

Die dafür erforderliche Erweiterung des Bewertungssystems sollte in möglichst plausibler Weise erfolgen. In der Folge werden daher zwei Bedingungen definiert, denen derartige Erweiterungen des Bewertungssystems genügen sollen. Den Ausgangspunkt der Überlegungen bildet dabei die getrennte Betrachtung der Präferenzordnung des Mitgliedes vor Berücksichtigung der Gruppenmeinung einerseits und der Gruppen-Präferenzordnung andererseits. Dabei können zwei Fälle unterschieden werden, die zu unterschiedlichen Bedingungen führen:

- Beide Bewertungen stimmen bezüglich der Reihung zweier Alternativen überein. Die naheliegende Forderung, daß in diesem Fall auch die erweiterte Bewertung v' zum gleichen Ergebnis führen soll, wird im folgenden Abschnitt als *Konsistenzbedingung* formalisiert.
- Die Bewertungen stimmen nicht überein. Die Anwendung in einem interaktiven System erfordert es in diesem Falle, dem Benutzer eine Kontrollmöglichkeit darüber einzuräumen, welche Bewertung das Gesamtergebnis determinieren soll. Das erforderliche formale Instrumentarium wird im Rahmen zweier *Kontrollierbarkeitsbedingungen* formuliert.

Diese Bedingungen werden in den folgenden Abschnitten im Detail entwickelt und formalisiert. Dabei wird in Ergänzung der bisherigen Notation die individuelle Präferenzordnung des Mitgliedes m nach der Modifikation mit $\succ_m^*$ bezeichnet.

3.3.4.1 Konsistenzbedingung

Formal läßt sich die Konsistenz des erweiterten Bewertungssystems wie folgt formulieren:

$$X_1 \succ_g X_2, \quad X_1 \succ_m X_2 \Rightarrow X_1 \succ_m^* X_2 \qquad \forall X_1, X_2 \tag{3.9}$$

Weist also sowohl die ursprüngliche Präferenzordnung des Mitgliedes als auch die Gruppen-Präferenzordnung Alternative X_1 als besser als Alternative X_2 aus, so sollte auch die Einbeziehung der Gruppen-Bewertung in das individuelle Bewertungssystem dazu führen, daß Alternative X_1 weiterhin als besser ausgewiesen wird.

Die Einhaltung dieser Konsistenzbedingung kann allgemein jedoch nur für den Fall expliziter Modifikation gefordert werden. Implizite Modifikation bedeutet hingegen eine Modifikation des Parametervektors p, der die individuellen Einstellungen gegenüber den unterschiedlichen Zielen repräsentiert. Die allgemeine Anwendung der Konsistenzbedingung auf den Fall impliziter Modifikation würde es ausschließen, daß ein anderer Parametervektor p' existiert, der die Reihung der Alternativen gegenüber dem betrachteten Vektor p umkehrt. Damit wäre jedoch die Flexibilität des benutzten Entscheidungsverfahrens erheblich eingeschränkt.

Diese Konsistenzbedingung entspricht in ihrer Struktur etwa der Dominanzbedingung für Entscheidungsverfahren bei mehrfacher Zielsetzung, bei denen dominierte Alternativen nicht als Lösungen auftreten dürfen. Sie ist allerdings nicht immer erfüllt, auch wenn das Attribut "Gruppen-Bewertung" formal gleich jedem anderen Attribut behandelt wird und das benutzte Entscheidungsverfahren die Dominanzbedingung selbst erfüllt. Ein entsprechendes Gegenbeispiel wird in Kapitel 5 anhand der Referenzpunkt-Methode vorgestellt werden.

3.3.4.2 Kontrollierbarkeit

Die im folgenden formulierten Kontrollierbarkeitsbedingungen behandeln den Fall, daß die individuelle Präferenzordnung vor der Modifikation und die Gruppen-Präferenzordnung nicht übereinstimmen. In diesem Fall soll es der Steuerung durch den Benutzer überlassen bleiben, welche der beiden Alternativen in der Präferenzordnung nach der Modifikation als besser ausgewiesen wird.

Im Fall der expliziten Modifikation soll der Parameter p_g zum Ausdruck bringen, welche Bedeutung dem Attribut "Gruppen-Bewertung" innerhalb des kombinierten Bewertungssystems zukommt. Um diese Funktion erfüllen zu können, muß für je zwei Alternativen, bezüglich derer die Bewertungen nicht übereinstimmen, ein eindeutiger Grenzwert existieren, ab dem die Gruppen-Bewertung die Gesamtbewertung determiniert:

$$X_1 \succ_g X_2, \quad X_2 \succ_m X_1 \Rightarrow \exists \overline{p_g} :$$

$$\begin{array}{l} p_g \geq \overline{p_g} \Rightarrow X_1 \succ_m^* X_2 \\ p_g < \overline{p_g} \Rightarrow X_2 \succ_m^* X_1 \end{array} \tag{3.10}$$

Wäre Bedingung (3.10) nicht erfüllt, so wäre das folgende Paradoxon möglich: für einen bestimmten Wert von p_g gelte bereits $X_1 \succ_m^* X_2$, die Reihung der Alternativen entspricht also bereits der Gruppen-Beurteilung. Wird nun der Wert von p_g erhöht und der Grenzwert $\overline{p_g}$ ist nicht eindeutig, so gelangt man wieder in einen Bereich, in dem $X_2 \succ_m^* X_1$ gilt. Eine Erhöhung der "Bedeutung" der Gruppen-Beurteilung könnte also ohne Eindeutigkeit des Grenzwertes dazu führen, daß die resultierende Beurteilung dieser wieder widerspricht. Dies wäre eine äußerst unplausible Reaktion des Entscheidungsverfahrens.

Neben der Eindeutigkeit des Grenzwertes garantiert die Bedingung auch die Existenz eines Parameterwertes, bei dem die Gruppen-Präferenzordnung reproduziert wird. Damit ist die Existenz einer Lösung der Modelle (3.4) bzw. (3.5) sichergestellt.

Eine weitere Kontrollierbarkeitsbedingung kann für die implizite Modifikation formuliert werden. Dabei ist jedoch zu berücksichtigen, daß ein bestimmter Wert der Abstandsgröße $d(p, p')$ durch unterschiedliche Vektoren p' erzielt werden kann, die zu verschiedenen Reihungen von Alternativen führen. Da sich $d(p, p')$ jedoch als Lösung eines Optimierungsproblems ergibt, reicht es aus, ab einem Grenzwert $\overline{d}$ die Existenz zumindest einer Lösung zu fordern, die zur Anpassung an die Gruppen-Präferenzordnung führt:

$$X_1 \succ_g X_2, \quad X_2 \succ_m X_1 \Rightarrow \exists \overline{d} :$$

$$\begin{array}{l} \forall d' \geq \overline{d} \quad \exists p' : d' = d(p, p'), X_1 \succ_m^* X_2 \\ \forall d(p, p') < \overline{d} : X_2 \succ_m^* X_1 \end{array} \tag{3.11}$$

Alle Parametervektoren p', die durch eine geringere Modifikation der Ausgangsparameter als $\overline{d}$ erzeugt werden, sollen also dazu führen, daß die Gesamtbewertung der ursprünglichen Präferenzordnung des Mitgliedes entspricht. Umgekehrt soll es bei einer größeren Modifikation als $\overline{d}$ immer möglich sein, die Gruppen-Präferenzordnung zu reproduzieren.

In den beiden nächsten Kapiteln werden für unterschiedliche Entscheidungsverfahren spezifische Modifikationsmodelle entwickelt. Dabei werden stets auch Erweiterungen des jeweiligen Entscheidungsverfahrens vorgenommen, die eine Einbeziehung der Gruppen-Bewertung in das individuelle Bewertungssystem ermöglichen. Anhand dieser konkreten Anwendungen wird ersichtlich werden, daß die soeben formulierten Bedingungen keineswegs von allen "plausiblen" Erweiterungen bestehender Entscheidungsverfahren erfüllt werden und deshalb erhebliche Bedeutung für die Konzeption rückkopplungsorientierter GDSS besitzen.

Kapitel 4

Modelle auf der Basis multiattributiver Nutzenfunktionen

Wie bereits im vorhergehenden Kapitel dargestellt wurde, umfaßt ein rückkopplungsorientiertes GDSS drei wesentliche Komponenten, in denen formale Modelle zum Einsatz kommen:

- Die *individuellen Bewertungssysteme.*
- Ein *Aggregationsverfahren,* das aus den individuellen Bewertungen eine Gruppen-Bewertung ermittelt.
- *Modifikationsmodelle* für die individuellen Bewertungen.

Sowohl das Aggregationsverfahren als auch die Modifikationsmodelle sind vom benutzten individuellen Bewertungsverfahren abhängig. In diesem und dem folgenden Kapitel werden daher, ausgehend von unterschiedlichen individuellen Entscheidungsverfahren, Aggregationsverfahren für die daraus resultierenden individuellen Bewertungen vorgestellt und Modifikationsmodelle entwickelt. Entsprechend der Zielsetzung dieser Arbeit liegt der Schwerpunkt der Darstellung auf den Modifikationsmodellen; Aggregationsverfahren wurden für sämtliche betrachteten Entscheidungsverfahren bereits in der Literatur entwickelt und werden daher hier nur kurz skizziert.

4.1 Darstellung des Entscheidungsverfahrens

Die multiattributive Nutzentheorie stellt einen in der Literatur weit verbreiteten und ausführlich beschriebenen Ansatz zur Entscheidung bei mehrfachen Zielsetzungen dar (Keeney/Raiffa, 1976; Strebel, 1972; Fishburn, 1977; Fischer, 1979; Isermann, 1979; Rischmüller, 1980; Farquhar, 1983; Rosenthal, 1985; Bell/Farquhar, 1986). Im Rahmen dieser Arbeit ist es daher ausreichend, nur kurz auf das Konzept additiver Nutzenfunktionen einzugehen und seine theoretischen Voraussetzungen zu erläutern. Für detailliertere Darstellungen sei auf die eingangs zitierte Literatur verwiesen.

Präferenzen können unter sehr allgemeinen Voraussetzungen durch (nicht notwendigerweise additive) Nutzenfunktionen repräsentiert werden. Eine Nutzenfunktion u repräsentiert eine Präferenzordnung über Handlungsalternativen X_n, wenn gilt:

$$\begin{aligned} X_1 \succ X_2 \Leftrightarrow u(X_1) > u(X_2) \quad & \text{und} \\ X_1 \sim X_2 \Leftrightarrow u(X_1) = u(X_2) \quad & \end{aligned} \tag{4.1}$$

Damit eine Nutzenfunktion u existiert, muß die Präferenzordnung die Voraussetzungen der

- Transitivität: $X_1 \succeq X_2, X_2 \succeq X_3 \Rightarrow X_1 \succeq X_3$
- Reflexivität: $X_1 \succeq X_1$
- Vollständigkeit: $\forall X_1, X_2 : X_1 \succeq X_2 \quad \text{oder/und} \quad X_2 \succeq X_1$

erfüllen (vgl. etwa Chankong/Haimes, 1983, S.64-67). Werden die Alternativen durch mehrdimensionale Attributvektoren charakterisiert, so ist eine allgemeine Nutzenfunktion jedoch nur schwer meßbar. Die theoretische Forschung auf dem Gebiet multiattributiver Nutzenfunktionen befaßt sich daher intensiv mit der Frage, unter welchen Voraussetzungen Präferenzordnungen über mehrdimensionale Ergebnisvektoren durch Nutzenfunktionen einfacher Struktur repräsentiert werden können (Farquhar, 1983).

Dabei kommt dem Begriff der Nutzenunabhängigkeit ("Preferential independence") zentrale Bedeutung zu. Anschaulich formuliert besteht zwischen zwei Attributmengen dann Nutzenunabhängigkeit, wenn die Präferenz zwischen zwei Alternativen, die in einer Teilmenge der Attribute identische Werte aufweisen, von der konkreten Höhe der identischen Werte unabhängig ist. Formal kann diese Bedingung wie folgt dargestellt werden (Keeney/Raiffa, 1976, S.101; Chankong/Haimes, 1983, S.73):

Attributmenge $\{1,\ldots,\bar{k}\}$ ist von Attributmenge $\{\bar{k}+1,\ldots,K\}$ nutzenunabhängig, falls aus

$$(x_1^1,\ldots,x_{\bar{k}}^1,x_{\bar{k}+1}^0,\ldots,x_K^0) \succ (x_1^2,\ldots,x_{\bar{k}}^2,x_{\bar{k}+1}^0,\ldots,x_K^0)$$

für beliebige $x_{\bar{k}+1},\ldots,x_K$ folgt:

$$(x_1^1,\ldots,x_{\bar{k}}^1,x_{\bar{k}+1},\ldots,x_K) \succ (x_1^2,\ldots,x_{\bar{k}}^2,x_{\bar{k}+1},\ldots,x_K)$$

Paarweise Nutzenunabhängigkeit zwischen sämtlichen betrachteten Attributen ist eine hinreichende (und bei mindestens 3 Attributen notwendige) Voraussetzung für die Existenz einer additiven Nutzenfunktion der Form

$$U(x_1,\ldots,x_K) = \sum_{k\in K_m} w_k u_k(x_k) \tag{4.2}$$

(Keeney/Raiffa, 1976, S.105; Chankong/Haimes, 1983, S.80). In (4.2) repräsentiert w_k das Zielgewicht und $u_k(.)$ die partielle Nutzenfunktion von Ziel k. Die Nutzenfunktion eines spezifischen Gruppenmitgliedes m soll in der Folge mit $U^m(X_n)$ bezeichnet werden.

In der Literatur werden neben (4.2) weitere Nutzenfunktionen, insbesondere multiplikative und multilineare Modelle, diskutiert (Green/Carmone, 1974; Farquhar, 1983). Sowohl für die Aggregation individueller Nutzenfunktionen als auch für die Entwicklung von Modifikationsmodellen ist jedoch die additive Funktion (4.2) besonders gut geeignet. In dieser Arbeit wird daher auf andere Formen von Nutzenfunktionen nicht weiter eingegangen werden.

4.2 Aggregation

Die multiattributive Nutzentheorie kann in mehrfacher Weise zur Unterstützung von Gruppenentscheidungen herangezogen werden (Seo, 1985). In der Literatur wurden einerseits Ansätze vorgestellt, die auf der direkten Ermittlung einer Gruppen-Nutzenfunktion beruhen (Findler, 1979; Weber, 1983). Überwiegend wurden jedoch Konzepte zur Aggregation individueller Nutzenfunktionen untersucht (Keeney/Raiffa, 1976; Keeney, 1976; Kirkwood, 1978; Dyer/Sarin, 1978; 1979). In Übereinstimmung mit dem im vorhergehenden Kapitel entwickelten Gesamtaufbau eines rückkopplungsorientierten GDSS soll in der Folge ebenfalls von einem hierarchischen Konzept ausgegangen werden, in dem individuelle Nutzenfunktionen ermittelt und anschließend aggregiert werden.

Keeney (1976, S.142) formuliert für die Aggregation multiattributiver Nutzenfunktionen (im hier ausschließlich betrachteten Fall sicherer Ergebnisse) die folgenden Bedingungen:

[K1] Die Gruppe umfaßt mindestens 2 Mitglieder, das Entscheidungsproblem mindestens 2 Alternativen und das Aggregationsverfahren soll es ermöglichen, beliebige individuelle Nutzenfunktionen zu aggregieren.

[K2] Wenn die Gruppe Alternative X_1 gegenüber Alternative X_2 bevorzugt, so soll Alternative X_1 weiterhin bevorzugt werden, wenn

- sämtliche individuellen Nutzenwerte für alle Alternativen außer X_1 unverändert bleiben und
- die individuellen Nutzenwerte für X_1 gleich bleiben oder erhöht werden.

[K3] Wenn eine Alternative eliminiert wird, so sollen sich die Gruppen-Nutzenwerte der verbleibenden Alternativen lediglich in Form einer linearen Transformation ändern.

[K4] Für jedes Paar von Alternativen X_1, X_2 existieren individuelle Nutzenwerte, so daß die Gruppe Alternative X_1 gegenüber Alternative X_2 bevorzugt.

[K5] Es existiert kein Gruppenmitglied m_d (Diktator), so daß die Gruppe stets eine Alternative X_1 einer Alternative X_2 vorzieht, wenn m_d X_1 gegenüber X_2 vorzieht.

Die Voraussetzungen [K1] bis [K5] werden von einer Gruppen-Nutzenfunktion U^g erfüllt, wenn

$$\frac{\partial U^g}{\partial U^m} \geq 0 \quad \forall m \tag{4.3}$$

gilt und für mindestens zwei m strikte Ungleichheit erfüllt ist.

Die Bedingungen [K1] bis [K5] erlauben daher noch ein weites Spektrum von Aggregationstechniken für individuelle Nutzenfunktionen, das von Keeney nur für den Fall der Unsicherheit weiter eingeschränkt wird. Dyer und Sarin (1979) geben Bedingungen an, die zu einer additiven Aggregation individueller Bewertungen im Fall sicherer Ergebnisse führen. Ein von Dyer/Sarin (1979) aufgestelltes Axiomensystem umfaßt die folgenden Axiome:

[DO1] Die individuellen Präferenzen sind vollständig und transitiv.

[DO2] Die Gruppen-Präferenzen sind vollständig und transitiv.

[DO3] Wenn eine Teilmenge $\overline{M} \subset \{1,\ldots,M\}$ der Gruppenmitglieder zwischen zwei Alternativen indifferent ist, so hängen die Präferenzen der Gruppe nur von den Präferenzen der anderen Mitglieder $m \notin \overline{M}$ ab.

Die Bedingungen [DO1] und [DO2] führen nur zu einer ordinalen Bewertung auf Individual- und Gruppenebene. Bedingung [DO3], die zur additiven Form der Gruppen-Nutzenfunktion führt, ähnelt der Bedingung der Nutzenunabhängigkeit, die zu additiven multiattributiven Nutzenfunktionen führt.

Ein ähnliches Axiomensystem läßt sich auch für die Aggregation kardinaler Bewertungsfunktionen formulieren (Dyer/Sarin, 1979, S.825-827):

[DK1] Die individuellen Präferenzen genügen den Axiomen für kardinale Bewertungsfunktionen.

[DK2] Die Gruppen-Bewertungen genügen den Axiomen für kardinale Bewertungsfunktionen.

[DK3] Sind sämtliche Gruppenmitglieder zwischen zwei Differenzen von Attributvektoren indifferent, so ist auch die Gruppe indifferent.

Ähnlich wie die Bewertung von Differenzen zwischen Attributvektoren im Fall der Sicherheit zu additiven kardinalen Bewertungsfunktionen führt, so führt hier die über Differenzen formulierte Bedingung [DK3] zu einer additiven kardinalen Bewertungsfunktion der Gruppe. Aus Bedingungen [DK1] bis [DK3] folgt für mindestens drei Gruppenmitglieder die Existenz einer Gruppen-Nutzenfunktion mit den folgenden Eigenschaften:

- Für alle Alternativen X_1 und X_2 gilt: $X_1 \succ_g X_2 \Leftrightarrow U^g(X_1) > U^g(X_2)$
- Für je vier Alternativen $X_1, \ldots, X_4$ zieht die Gruppe den Übergang von X_1 auf X_2 dem Übergang von X_3 auf X_4 genau dann vor, wenn $U^g(X_1) - U^g(X_2) > U^g(X_3) - U^g(X_4)$ gilt.
- U^g ist bis auf positiv lineare Transformationen eindeutig bestimmt.
- U^g hat die Form $U^g = \sum_{m=1}^{M} \alpha_m U^m$, wobei die α_m Gewichtungsfaktoren für die einzelnen Gruppenmitglieder darstellen.

Unter schwächeren Bedingungen können auch andere, insbesondere multiplikative, Aggregationsformen auftreten. Diese werden hier jedoch nicht weiter berücksichtigt, insbesondere wird in der in Kapitel 6 vorgestellten Implementierung die additive Aggregation der Form

$$U^g = \sum_{m=1}^{M} \alpha_m U^m \tag{4.4}$$

verwendet werden.

4.3 Integration von Gruppen-Informationen

4.3.1 Erweiterte Nutzenfunktion

In der Folge soll von kardinalen individuellen Nutzenfunktionen der Form (4.2) ausgegangen werden. Unter Verwendung derartiger Nutzenfunktionen zur Bewertung von Alternativen werden in diesem und den folgenden Abschnitten Modifikationsmodelle entsprechend den in Kapitel 3 angestellten allgemeinen Überlegungen entwickelt. Zunächst werden die beiden Fälle impliziter und expliziter Modifikation getrennt betrachtet, anschließend erfolgt eine Kombination der beiden Konzepte.

4.3.1.1 Implizite Modifikation

Im vorhergehenden Kapitel wurde die implizite Modifikation eines Bewertungssystems als eine Veränderung von Prozeßparametern definiert, die zu einer c-Übereinstimmung zwischen der betrachteten individuellen Präferenzordnung und der Gruppen-Präferenzordnung führt. Im Falle multiattributiver Nutzenfunktionen können sowohl die Zielgewichte w_k als auch die partiellen Nutzenfunktionen u_k als die zu modifizierenden Prozeßparameter angesehen werden. Auch Modelle mit einer Modifikation beider Komponenten sind denkbar, würden allerdings zu nichtlinearen Formulierungen führen. An dieser Stelle soll lediglich ein Modell zur Modifikation der Zielgewichte behandelt werden, ein Modell zur Modifikation der partiellen Nutzenfunktionen ist in Vetschera (1988a) beschrieben.

Formal kann die implizite Modifikation der Nutzenfunktion (4.2) durch Veränderung der Zielgewichte dadurch beschrieben werden, daß die bisherigen Zielgewichte w_k durch neue Zielgewichte w'_k ersetzt werden:

$$U(X_n) = \sum_{k \in K_m} w'_k u_k(x_{n,k}) \tag{4.5}$$

Für die Anwendung in einem Modifikationsmodell reicht diese bloß formale Substitution jedoch aus zwei Gründen nicht aus:

1) Es besteht keine Möglichkeit zur Messung der Veränderung in den Zielgewichten.

2) Es ist nicht sichergestellt, daß die Skalierung der Zielgewichte w_k bei der Modifikation zu w'_k erhalten bleibt.

Ad 1: Für die Formulierung eines Modifikationsmodells reicht es nicht aus, nur die modifizierten Zielgewichte zu kennen. Diese müssen vielmehr in der Distanzfunktion $d(p, p')$ den früheren Prozeßparametern (Zielgewichten) gegenübergestellt werden. Daher erweist es sich als zweckmäßig, nicht die neuen Zielgewichte selbst, sondern vielmehr die Differenz zwischen alten und neuen Zielgewichten als Variablen in die Modellformulierung einzubeziehen. Da Zielgewichte im Anpassungsprozeß erhöht oder reduziert werden können, muß für die Formulierung eines linearen Optimierungsmodells noch zwischen positiven und negativen Differenzen unterschieden werden. Daraus ergibt sich für die geänderten Zielgewichte w'_k unter Verwendung nichtnegativer Differenzgrößen δ_k^+ und δ_k^-:

$$w'_k = w_k + \delta_k^+ - \delta_k^- \qquad \delta_k^+, \delta_k^- \geq 0$$

Ad 2: In der Regel wird in multiattributiven Nutzenfunktionen eine konstante Skalierung der Zielgewichte, etwa in der Form $\sum w_k = 1$, unterstellt. Wird nicht explizit sichergestellt, daß auch für die modifizierten Gewichte eine entsprechende Skalierung gilt, so ergibt sich in einem Modifikationsmodell die Gefahr, daß der zulässige Lösungsbereich unbeschränkt ist. Aus der Forderung, die Summe der Zielgewichte konstant zu erhalten, folgt für die Differenzvariablen:

$$\sum_{k \in K_m} \delta_k^+ - \sum_{k \in K_m} \delta_k^- = 0$$

Wird ein Zielgewicht um einen bestimmten Betrag erhöht (bzw. reduziert), so müssen entsprechend andere Zielgewichte um den gleichen Betrag reduziert (bzw. erhöht) werden, um die Skalierung beizubehalten.

Insgesamt erfordert die implizite Modifikation von Zielgewichten daher die folgenden Nebenbedingungen für ein Modifikationsmodell:

$$\begin{aligned} &(a) \quad w'_k = w_k + \delta_k^+ - \delta_k^- \\ &(b) \quad \delta_k^+, \delta_k^- \geq 0 \\ &(c) \quad \sum_{k \in K_m} \delta_k^+ - \sum_{k \in K_m} \delta_k^- = 0 \end{aligned} \tag{4.6}$$

4.3.1.2 Explizite Modifikation

Die Funktion (4.2) kann in einfacher Form um die Gruppen-Bewertung erweitert werden, indem die Gruppen-Bewertung formal gleich den anderen Attributen behandelt wird:

$$U(X_n, U^g(X_n)) = \sum_{k \in K_m} w_k u_k(x_{n,k}) + w_g U^g(X_n) \tag{4.7}$$

Nutzenfunktion (4.7) enthält für die Gruppen-Bewertung im Gegensatz zu anderen Attributen keine partielle Nutzenfunktion. Eine partielle Nutzenfunktion könnte als eine Menge von bis zu N zusätzlichen Parametern interpretiert werden. Die im vorhergehenden Kapitel formulierten Konsistenzbedingungen sehen jedoch nur einen einzigen Parameter vor, anhand dessen die Berücksichtigung der Gruppenmeinung gesteuert wird. Eine partielle Nutzenfunktion für das Attribut der Gruppen-Bewertung würde also zusätzliche, hier unerwünschte und im Falle kardinaler Gruppen-Bewertungen nicht erforderliche Freiheitsgrade schaffen.

Auch im Falle der expliziten Berücksichtigung der Gruppen-Bewertung ergibt sich das Problem der Aufrechterhaltung der Skalierung der Zielgewichte. Das Gewicht w_g stellt ebenfalls ein Zielgewicht dar, durch das die Summe der Zielgewichte erhöht wird. Die anderen Gewichte w_k müssen daher entsprechend reduziert werden, um die Skalierung insgesamt aufrecht zu erhalten. Da die Nutzenfunktion gegenüber linearen Transformationen invariant ist, kann dies in proportionaler Weise erfolgen, ohne die durch die anderen Attribute induzierte Präferenzordnung zu verändern. Zusätzlich zu (4.7) ist also noch eine Transformation der Form

$$w'_k = (1 - w_g)w_k$$

erforderlich.

4.3.1.3 Kombination beider Modifikationsformen

Sowohl die implizite als auch die explizite Modifikation erfordern eine Veränderung der Zielgewichte w_k. Für eine kombinierte Modifikation ist es entscheidend, in welcher Folge die beiden Transformationen der Zielgewichte vorgenommen werden. Erfolgt zuerst die explizite Modifikation, so resultiert daraus eine Transformation der Form:

$$w'_k = (1 - w_g)w_k + \delta_k^+ - \delta_k^-$$

Wird zuerst die implizite Modifikation berücksichtigt, so lautet die Transformation:

$$w'_k = (1 - w_g)(w_k + \delta_k^+ - \delta_k^-)$$

Die zweite Form führt zu quadratischen Termen der Form $w_g\delta_k^+$ bzw. $w_g\delta_k^-$. Da in der Folge ein lineares Modifikationsmodell entwickelt werden soll, wird hier der ersten Form der Vorzug gegeben.

Insgesamt ergibt sich aus der gewählten Transformation der w_k, der Erweiterung der Nutzenfunktion um das Attribut der Gruppen-Bewertung sowie aus der Einhaltung der Skalierungsbedingung für die Zielgewichte:

$$\begin{aligned}
&\text{(a)} & U(X_n, U^g(X_n)) &= \sum_{k\in K_m} w_k' u_k(x_{n,k}) + w_g U^g(X_n) \\
&\text{(b)} & w_k' &= (1-w_g)w_k + \delta_k^+ - \delta_k^- \\
&\text{(c)} & \delta_k^+, \delta_k^- &\geq 0 \\
&\text{(d)} & \sum_{k\in K_m} \delta_k^+ - \sum_{k\in K_m} \delta_k^- &= 0
\end{aligned} \tag{4.8}$$

In der Folge soll nun untersucht werden, inwieweit die modifizierte Nutzenfunktion (4.8) den im dritten Kapitel formulierten Konsistenz- und Kontrollierbarkeitsbedingungen genügt.

4.3.2 Beurteilung in Hinblick auf die Bedingungen

4.3.2.1 Konsistenz

Aufgabe der im dritten Kapitel formulierten Konsistenzbedingung war es, sicherzustellen, daß die erweiterte Bewertungsfunktion in Fällen, in denen die individuelle Bewertung und die Gruppen-Bewertung übereinstimmen, ebenfalls zum gleichen Ergebnis führt. Für zwei Alternativen X_1 und X_2 mit $X_1 \succ_g X_2$ und $X_1 \succ_m X_2$ gilt:

$$\begin{aligned}
&\text{(a)} \quad U^g(X_1) > U^g(X_2) \\
&\text{(b)} \quad \sum w_k u_k(x_{1,k}) > \sum w_k u_k(x_{2,k})
\end{aligned} \tag{4.9}$$

Für beliebige w_g mit $0 \leq w_g < 1$ folgt daraus:

$$(1-w_g) \sum_{k\in K_m} w_k u_k(x_{1,k}) > (1-w_g) \sum_{k\in K_m} w_k u_k(x_{2,k})$$

und somit

$$\begin{aligned}
&\sum_{k\in K_m} (1-w_g) w_k u_k(x_{1,k}) + w_g U^g(X_1) > \\
&\qquad \sum_{k\in K_m} (1-w_g) w_k u_k(x_{2,k}) + w_g U^g(X_2)
\end{aligned} \tag{4.10}$$

so daß die Konsistenzbedingung für explizite Modifikation erfüllt ist.

4.3.2.2 Kontrollierbarkeit

4.3.2.2.1 Explizite Modifikation

Diese Bedingung besagt, daß im Fall unterschiedlicher Bewertungen durch einen Parameter festgelegt werden kann, ob die individuelle oder die Gruppen-Bewertung die Gesamtbewertung determiniert. Für die erweiterte Nutzenfunktion (4.8) erfüllt der Parameter w_g diese Bedingung. Im Fall ausschließlich expliziter Modifikation gilt stets $\delta_k^+ = \delta_k^- = 0$.

Es gelte $X_1 \succ_g X_2$ und $X_2 \succ_m X_1$ und somit

$$\begin{aligned} &(a) \quad U^g(X_1) > U^g(X_2) \\ &(b) \quad \sum w_k u_k(x_{1,k}) < \sum w_k u_k(x_{2,k}) \end{aligned} \tag{4.11}$$

In der Gesamtbewertung gilt Indifferenz zwischen Alternativen X_1 und X_2, wenn

$$\begin{aligned} &\sum_{k \in K_m} (1 - w_g) w_k u_k(x_{1,k}) + w_g U^g(X_1) = \\ &\qquad \sum_{k \in K_m} (1 - w_g) w_k u_k(x_{2,k}) + w_g U^g(X_2) \end{aligned} \tag{4.12}$$

Aus (4.12) läßt sich durch Umformung der kritische Wert für w_g als

$$\overline{w_g} = \frac{\sum w_k u_k(x_{2,k}) - \sum w_k u_k(x_{1,k})}{U^g(X_1) - U^g(X_2) + \sum w_k u_k(x_{2,k}) - \sum w_k u_k(x_{1,k})} \tag{4.13}$$

ermitteln. Da ferner aus den Voraussetzungen

$$\sum w_k u_k(x_{2,k}) - \sum w_k u_k(x_{1,k}) > 0$$

und

$$U^g(X_1) - U^g(X_2) > 0$$

folgt, gilt auch

$$0 < w_g < 1$$

Aus den Voraussetzungen ist ferner unmittelbar ersichtlich, daß die partielle Ableitung der linken Seite von (4.12) nach w_g größer ist als die der rechten Seite. Für $w_g < \overline{w_g}$ wird die Gesamtbewertung daher Alternative X_1 vor X_2 reihen, für $w_g > \overline{w_g}$ Alternative X_2 vor X_1. Damit ist die Kontrollierbarkeitsbedingung (3.10) erfüllt.

4.3.2.2.2 Implizite Modifikation

Für beliebige Gruppen-Präferenzordnungen können leicht numerische Gegenbeispiele konstruiert werden, in denen eine Modifikation der Zielgewichte allein nicht zur Anpassung an die Gruppen-Präferenzordnung führt. Im allgemeinsten Fall ist die zweite Kontrollierbarkeitsbedingung (3.11) daher nicht erfüllt. Auch in Fällen, in denen die Gruppen-Bewertung selbst aus einer multiattributiven Nutzenfunktion abgeleitet ist, kann eine Modifikation der Zielgewichte nicht ausreichen, sofern die partiellen Nutzenfunktionen auf Individual- und Gruppenebene unterschiedlich sind.

Kontrollierbarkeitsbedingung (3.11) ist jedoch (für plausible Abstandsfunktionen d) stets erfüllt, wenn die Gruppen-Präferenzordnung aus einer multiattributiven Nutzenfunktion mit den gleichen partiellen Nutzenfunktionen wie die individuelle Präferenzordnung resultiert. Bezüglich der Abstandsfunktion d muß dabei lediglich vorausgesetzt werden, daß

$$\frac{\partial d}{\partial \delta_k^+} > 0 \; \forall k$$

gilt, d.h. daß jede Erhöhung eines Zielgewichtes auch zu einer Vergrößerung des Abstandes zum ursprünglichen Parametervektor führt.

Sei $W^g = (w_1^g, \ldots, w_K^g)$ der der Gruppen-Präferenzordnung zugrunde liegende Vektor von Zielgewichten. Da vollständige Anpassung an diesen Vektor zur Reproduktion der Gruppen-Präferenzordnung führt, existiert stets eine Lösung für $\overline{d} = d(W, W^g)$. Damit existiert auch eine Lösung für jedes $d > \overline{d}$, die durch gleichzeitige Erhöhung von δ_k^+ und δ_k^- für ein beliebiges k erzeugt werden kann. Eine analoge Argumentation gilt für den Fall, daß eine andere Lösung als W^g mit geringerem d als $d(W, W^g)$ existiert.

4.4 Modifikationsmodell bei kardinaler Gruppen-Information

Aufbauend auf den im dritten Kapitel angestellten allgemeinen Überlegungen können nun konkrete Modifikationsmodelle für multiattributive Nutzenfunktionen formuliert werden. Die spezifischen Eigenschaften dieser Modelle werden anschließend anhand numerischer Beispiele illustriert. Dabei soll zunächst der Fall betrachtet werden, daß dem Gruppenmitglied kardinale Bewertungen auf der Gruppenebene zur Verfügung stehen. Diese können etwa auf einer Gruppen-Nutzenfunktion der Form (4.4) beruhen.

4.4.1 Modellformulierung

Die folgende Modellformulierung baut auf dem in Kapitel 3 vorgestellten allgemeinen Modell (3.4) auf. Für die meisten Komponenten dieses Modells wurden bereits konkrete Spezifikationen entwickelt. Insbesondere konnte im vorangehenden Abschnitt gezeigt werden, daß das Zielgewicht w_g die an den Kontrollparameter p_g gestellten Anforderungen erfüllt und die erweiterte Nutzenfunktion (4.8) der Konsistenzbedingung genügt.

Für die Modellformulierung ist noch eine Funktion $d(p, p')$ zu spezifizieren, die die Veränderungen der Zielgewichte bewertet. Unter Verwendung der Abstandsgrößen δ_k^+ und δ_k^- kann diese Funktion äquivalent auch als $d(\delta_k^+, \delta_k^-)$ formuliert werden.

Allgemein kann zur Beurteilung von Veränderungen der Zielgewichte jede ℓ_p-Norm herangezogen werden. Für die Formulierung eines linearen Modifikationsmodells eignen sich die ℓ_1 und die ℓ_∞ Norm.

Im Falle der l_1-Norm lautet die Abstandsfunktion

$$\begin{aligned} d(w, w') &= \sum_{k \in K_m} |w_k - w'_k| \\ &= \sum_{k \in K_m} \delta_k^+ + \sum_{k \in K_m} \delta_k^- \end{aligned} \tag{4.14}$$

Da ferner aufgrund der Skalierungsbedingung stets

$$\sum_{k \in K_m} \delta_k^+ = \sum_{k \in K_m} \delta_k^-$$

gilt, reicht es aus, die Summe der positiven Komponenten zur Messung des Abstandes heranzuziehen.

Für die ℓ_∞-Norm lautet die Distanzfunktion

$$\begin{aligned} d(w, w') &= \max_{k \in K_m} |w_k - w'_k| \\ &= \max \left\{ \max_k \delta_k^+, \max_k \delta_k^- \right\} \end{aligned} \tag{4.15}$$

In diesem Fall müssen sowohl positive als auch negative Komponenten berücksichtigt werden.

Die Minimierung der gewählten Distanzfunktion d sowie des Gruppenparameters w_g stellen die Zielfunktionen des zu formulierenden Modells dar. Die Nebenbedingungen ergeben sich einerseits aus der zu erzielenden c-Übereinstimmung mit der Gruppen-Präferenzordnung und andererseits aus den Eigenschaften von (4.8). Zur Vereinfachung der Notation wird im folgenden anstelle von $U^g(X_n)$ die Schreibweise U_n^g sowie anstelle von $u_k(x_{n,k})$ die Schreibweise $u_{n,k}$ verwendet.

Um c-Übereinstimmung mit der Gruppen-Präferenzordnung zu erzielen, müssen die Bedingungen

$$\begin{array}{lcll} U(X_n, U_n^g) & > & U(X_{n+1}, U_{n+1}^g) & n = 1, \ldots, c-1 \\ U(X_c, U_c^g) & > & U(X_{n+1}, U_{n+1}^g) & n = c, \ldots, N-1 \end{array} \tag{4.16}$$

erfüllt sein. Durch Substitution von (4.8 a) bzw. (4.8 b) ergeben sich daraus nach einigen Umformungen die folgenden linearen Nebenbedingungen:

$$\begin{array}{ll} \sum\limits_{k \in K_m} (u_{n,k} - u_{n+1,k})(\delta_k^+ - \delta_k^- - w_k w_g) + (U_n^g - U_{n+1}^g) w_g > & \\ \qquad - \sum\limits_{k \in K_m} (u_{n,k} - u_{n+1,k}) w_k & n = 1, \ldots, c-1 \\ & \\ \sum\limits_{k \in K_m} (u_{c,k} - u_{n+1,k})(\delta_k^+ - \delta_k^- - w_k w_g) + (U_c^g - U_{n+1}^g) w_g > & \\ \qquad - \sum\limits_{k \in K_m} (u_{c,k} - u_{n+1,k}) w_k & n = c, \ldots, N-1 \end{array} \tag{4.17}$$

Weitere Nebenbedingungen ergeben sich unmittelbar aus (4.8 c):

$$\sum_{k \in K_m} \delta_k^+ - \sum_{k \in K_m} \delta_k^- = 0$$

sowie der Vermeidung negativer Zielgewichte:

$$w_k(1 - w_g) + \delta_k^+ - \delta_k^- \geq 0 \quad \forall k$$

Die auf der ℓ_1-Norm beruhende Abstandsfunktion kann unmittelbar in ein lineares Optimierungsmodell einbezogen werden, so daß sich in diesem Fall die folgende Modellformulierung ergibt:

$$\sum_{k\in K_m} \delta_k^+ = \min! \tag{4.18}$$
$$w_g = \min!$$

$$\sum_{k\in K_m} (u_{n,k} - u_{n+1,k})(\delta_k^+ - \delta_k^- - w_k w_g) + (U_n^g - U_{n+1}^g)w_g > - \sum_{k\in K_m} (u_{n,k} - u_{n+1,k})w_k \qquad n = 1,\ldots,c-1$$

$$\sum_{k\in K_m} (u_{c,k} - u_{n+1,k})(\delta_k^+ - \delta_k^- - w_k w_g) + (U_c^g - U_{n+1}^g)w_g > - \sum_{k\in K_m} (u_{c,k} - u_{n+1,k})w_k \qquad n = c,\ldots,N-1$$

$$\sum_{k\in K_m} \delta_k^+ - \sum_{k\in K_m} \delta_k^- = 0$$
$$w_k(1-w_g) + \delta_k^+ - \delta_k^- \geq 0 \qquad \forall k$$

Die sich aus der ℓ_∞-Norm ergebende Distanzfunktion kann durch eine zusätzliche Variable ϕ sowie einige zusätzliche Nebenbedingungen in die Modellformulierung einbezogen werden:

$$\phi = \min! \tag{4.19}$$
$$w_g = \min!$$

$$\sum_{k\in K_m} (u_{n,k} - u_{n+1,k})(\delta_k^+ - \delta_k^- - w_k w_g) + (U_n^g - U_{n+1}^g)w_g > - \sum_{k\in K_m} (u_{n,k} - u_{n+1,k})w_k \qquad n = 1,\ldots,c-1$$

$$\sum_{k\in K_m} (u_{c,k} - u_{n+1,k})(\delta_k^+ - \delta_k^- - w_k w_g) + (U_c^g - U_{n+1}^g)w_g > - \sum_{k\in K_m} (u_{c,k} - u_{n+1,k})w_k \qquad n = c,\ldots,N-1$$

$$\sum_{k\in K_m} \delta_k^+ - \sum_{k\in K_m} \delta_k^- = 0$$
$$w_k(1-w_g) + \delta_k^+ - \delta_k^- \geq 0 \qquad \forall k$$

$$\phi \geq \delta_k^+ \qquad \forall k$$
$$\phi \geq \delta_k^- \qquad \forall k$$

Sowohl Modell (4.18) als auch Modell (4.19) stellt ein Optimierungsmodell unter mehrfacher Zielsetzung dar. Die Trade-Off-Kurven der effizienten Kombinationen der beiden Zielgrößen d und w_g können jedoch relativ einfach ermittelt werden.

Es läßt sich zeigen, daß die Trade-Off-Kurven für beide Modelle einen konvexen Verlauf aufweisen. Da es sich bei den Modellen (4.18) und (4.19) um lineare Optimierungsmodelle handelt, ist die Menge der zulässigen Lösungen des Modells (in den Strukturvariablen) konvex. Die Abbildung dieser Menge in die Zielgrößenebene erfolgt durch eine lineare Projektion, daher ist auch die Menge der zulässigen Zielgrößenvektoren konvex. Der effiziente Rand dieser Menge ist somit eine konvexe Kurve.

Die Trade-Off-Kurven können daher durch parametrische Variation des Gewichtungsfaktors G in einer aggregierten Zielfunktion der Form

$$d(w, w') + Gw_g$$

ermittelt werden. Wie anhand der in Kapitel 6 beschriebenen Implementierung noch gezeigt wird, läßt sich dieses parametrische lineare Optimierungsproblem rechentechnisch sehr effizient behandeln.

4.4.2 Numerisches Beispiel

Die zuvor entwickelten Modelle sowie die daraus abgeleiteten Trade-Off-Kurven und deren Eigenschaften sollen nun anhand eines numerischen Beispiels illustriert werden. Um eine möglichst weitgehende Vergleichsmöglichkeit zu schaffen, wird in der Folge für sämtliche in dieser Arbeit entwickelten Konzepte ein einheitliches Beispiel verwendet, das auch aus anderen Ansätzen der Literatur (Jarke et al., 1987) bekannt ist.

Die Gruppe hat über den Ankauf eines Personenwagens zu entscheiden. Es stehen 10 Alternativen zur Auswahl, die durch die in Tabelle 4-1 zusammengefaßten Daten gekennzeichnet sind (Jarke et al., 1987, S.318).

Die Darstellung des Beispiels umfaßt nun zwei Fälle, in denen sowohl gleiche als auch unterschiedliche partielle Nutzenfunktionen auf der Individual- und Gruppenebene betrachtet werden.

4.4.2.1 Identische partielle Nutzenfunktionen

Zur Vereinfachung sollen hier sowohl für die Individual- als auch die Gruppenebene partielle Nutzenfunktionen unterstellt werden, die in den Attributwerten linear sind. Bei Skalierung der partiellen Nutzenfunktionen auf das (0,1)-Intervall ergeben sich die in Tabelle 4-2 dargestellten Nutzenwerte.

Alter-native	Attribute			
	Verbrauch	Raum	Preis	Geschwin-digkeit
1	10.48	7.96	46.700	176
2	10.01	7.88	49.500	173
3	8.42	5.11	35.200	161
4	6.75	5.81	24.800	117
5	7.30	5.65	32.100	142
6	9.61	6.15	39.150	148
7	10.40	8.47	75.700	180
8	11.05	8.06	64.700	178
9	12.95	8.38	55.000	145
10	12.26	7.81	68.593	182

Tabelle 4-1: Ausgangsdaten des numerischen Beispiels

Alter-native	Attribute			
	Verbrauch	Raum	Preis	Geschw.
1	0.39839	0.84821	0.56974	0.90769
2	0.47419	0.82440	0.51473	0.86154
3	0.73065	0.00000	0.79568	0.67692
4	1.00000	0.20833	1.00000	0.00000
5	0.91129	0.16071	0.85658	0.38462
6	0.53871	0.30952	0.71807	0.47692
7	0.41129	1.00000	0.00000	0.96923
8	0.30645	0.87798	0.21611	0.93846
9	0.00000	0.97321	0.40668	0.43077
10	0.11129	0.80357	0.13963	1.00000

Tabelle 4-2: Partielle Nutzenwerte der Alternativen

Ferner sei angenommen, daß das betrachtete Gruppenmitglied die Zielgewichte $(0,15; 0,20; 0,50; 0,15)$ verwende. Auf der Gruppenebene lauten die Gewichte $(0,05; 0,75; 0,20; 0)$. Diese Gewichte entsprechen zwar möglicherweise keinem plausiblen Aggregationsverfahren für multiattributive Nutzenfunktionen, aus Gründen der Vergleichbarkeit wurden jedoch die Daten der Literatur übernommen.

Zunächst soll die auf der ℓ_1-Norm beruhende Distanzfunktion betrachtet werden. Für einen Modellparameter $c = 6$ und einen Anfangswert des parametrisch variierten Gewichtungsfaktors G von 0 ergibt sich das in Liste 4-1 dargestellte lineare Optimierungsmodell.

Für die Lösung eines linearen Optimierungsmodells mit dem Simplex-Verfahren können keine strengen Ungleichheitsbedingungen formuliert werden. Gleichheit der Nutzenwerte würde aber zu Indifferenz anstelle der geforderten strengen Präferenz führen. Daher wurden für die Lösung des Modells die in der allgemeinen Formulierung aufscheinenden "$>$"-Nebenbedingungen als "$\geq$"-Nebenbedingungen formuliert und die rechte Seite der Nebenbedingungen um einen Vergleichs-Toleranzparameter $\epsilon = 0.0001$ erhöht.

Die Lösung des Modells (für $G = 0$) führt zu den beiden Zielgrößenwerten $w_g = 0,99821$ und $d(w_k, w_k') = 0$. Tabelle 4-3 beschreibt die weiteren Lösungen bei parametrischer Variation des Gewichtungsfaktors G, woraus sich die Trade-Off-Kurve für $c = 6$ ergibt. Eine am Ende dieser Kurve liegende Lösung mit $w_g = 0$ existiert im Fall identischer partieller Nutzenfunktionen und identischer Attributmengen stets, da eine Übernahme der Zielgewichte der Gruppe die Gruppen-Präferenzordnung vollständig reproduziert.

G	w_g	Modifizierte Gewichte				$\sum \delta_k^+$
		w_1'	w_2'	w_3'	w_4'	
≤ 0.3380	0.99821	0.15000	0.20000	0.50000	0.1500	0.00000
- 0.5416	0.68980	0.15000	0.30424	0.39576	0.1500	0.10424
- 0.5500	0.12716	0.15000	0.60898	0.22195	0.0197	0.40898
> 0.5500	0.00000	0.13728	0.67891	0.18380	0.0000	0.47891

Tabelle 4-3: Lösungen bei parametrischer Variation von G

Abbildung 4-1 zeigt die Trade-Off-Kurven für sämtliche Werte von c. Wie die Abbildung zeigt, fallen die Kurven für $c = 2$ bis $c = 6$ und $c = 7$ bis $c = 10$ jeweils zusammen. Übereinstimmung bezüglich der ersten beiden Alternativen erfordert also eine Modifikation, die zugleich auch Übereinstimmung bezüglich der ersten 6 Alternativen bewirkt.

Eine vollständige Übernahme der Zielgewichte der Gruppe würde einem Zielfunktionswert von $d(w, w') = 0,55$ entsprechen. Die tatsächlich erforderliche Modifi-

```
The following model was read:
Maximize  - DP[1] - DP[2] - DP[3] - DP[4]
Subject to
  1.  - 0.4113 DP[1] - 0.0268 DP[2] + 0.4067 DP[3] - 0.5385 DP[4]
      + 0.4113 DM[1]  + 0.0268 DM[2] - 0.4067 DM[3] + 0.5385 DM[4]
      - 0.0148 WG  >= -0.0554
  2.  + 0.0129 DP[1] + 0.1518 DP[2] - 0.5697 DP[3] + 0.0615 DP[4]
      - 0.0129 DM[1]  - 0.1518 DM[2] + 0.5697 DM[3] - 0.0615 DM[4]
      + 0.2439 WG  >= 0.2434
  3.  - 0.0758 DP[1] + 0.0238 DP[2] + 0.055 DP[3] + 0.0462 DP[4]
      + 0.0758 DM[1]  - 0.0238 DM[2] - 0.055 DM[3] - 0.0462 DM[4]
      - 0.0027 WG  >= -0.0277
  4.  + 0.1677 DP[1] - 0.0536 DP[2] + 0.2986 DP[3] - 0.0769 DP[4]
      - 0.1677 DM[1]  + 0.0536 DM[2] - 0.2986 DM[3] + 0.0769 DM[4]
      - 0.1243 WG  >= -0.1521
  5.  + 0.1952 DP[1] + 0.0744 DP[2] + 0.0765 DP[3] - 0.0615 DP[4]
      - 0.1952 DM[1]  - 0.0744 DM[2] - 0.0765 DM[3] + 0.0615 DM[4]
      + 0.0077 WG  >= -0.0731
  6.  - 0.8887 DP[1] + 0.5952 DP[2] - 0.8604 DP[3] + DP[4]
      + 0.8887 DM[1  - 0.5952 DM[2]  + 0.8604 DM[3] - DM[4]
      + 0.5244 WG >= 0.2945
  7.  - 0.4274 DP[1] + 0.4941 DP[2] - 0.5784 DP[3] + 0.5231 DP[4]
      + 0.4274 DM[1]  - 0.4941 DM[2] + 0.5784 DM[3] - 0.5231 DM[4]
      + 0.1796 WG  >= 0.1762
  8.  - 0.8 DP[1] + 0.6429 DP[2] - 0.717 DP[3] + 0.6154 DP[4]
      + 0.8 DM[1] - 0.6429 DM[2]  + 0.717 DM[3] - 0.6154 DM[4]
      + 0.3229 WG >= 0.2577
  9.  - 0.6194 DP[1] + 0.8036 DP[2] - 0.6561 DP[3] + 0.3231 DP[4]
      + 0.6194 DM[1]  - 0.8036 DM[2] + 0.6561 DM[3] - 0.3231 DM[4]
      + 0.3535 WG  >= 0.2119
 10.  + DP[1] - DM[1] - 0.15 WG >= -0.15
 11.  + DP[2] - DM[2] - 0.2 WG >= -0.2
 12.  + DP[3] - DM[3] - 0.5 WG >= -0.5
 13.  + DP[4] - DM[4] - 0.15 WG >= -0.15
 14.  + DP[1] + DP[2] + DP[3] + DP[4] - DM[1] - DM[2] - DM[3]
      - DM[4] = 0
```

Liste 4-1: Optimierungsmodell für $c = 6$, $G = 0$, ℓ_1-Norm

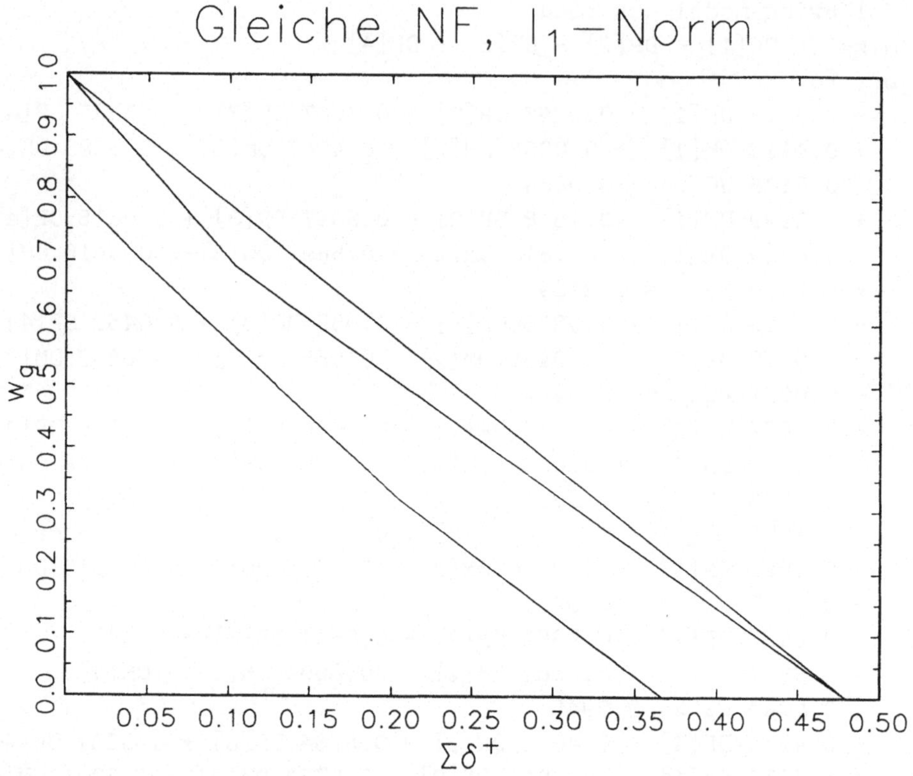

Abbildung 4-1: Trade-Off-Kurven, gleiche partielle Nutzenfunktionen, kardinale Gruppen-Information, ℓ_1-Norm

```
The following model was read:
Maximize  - PHI

Subject to
 1.  - 0.4113 DP[1] - 0.0268 DP[2] + 0.4067 DP[3] - 0.5385 DP[4]
     + 0.4113 DM[1]  + 0.0268 DM[2] - 0.4067 DM[3] + 0.5385 DM[4]
     - 0.0148 WG  >= -0.0554
 2.  + 0.0129 DP[1] + 0.1518 DP[2] - 0.5697 DP[3] + 0.0615 DP[4]
     - 0.0129 DM[1]  - 0.1518 DM[2] + 0.5697 DM[3] - 0.0615 DM[4]
     + 0.2439 WG  >= 0.2434
 3.  - 0.0758 DP[1] + 0.0238 DP[2] + 0.055 DP[3] + 0.0462 DP[4]
     + 0.0758 DM[1]  - 0.0238 DM[2] - 0.055 DM[3] - 0.0462 DM[4]
     - 0.0027 WG  >= -0.0277
 4.  + 0.1677 DP[1] - 0.0536 DP[2] + 0.2986 DP[3] - 0.0769 DP[4]
     - 0.1677 DM[1]  + 0.0536 DM[2] - 0.2986 DM[3] + 0.0769 DM[4]
     - 0.1243 WG  >= -0.1521
 5.  + 0.1952 DP[1] + 0.0744 DP[2] + 0.0765 DP[3] - 0.0615 DP[4]
     - 0.1952 DM[1]  - 0.0744 DM[2] - 0.0765 DM[3] + 0.0615 DM[4]
     + 0.0077 WG  >= -0.0731
 6.  - 0.8887 DP[1] + 0.5952 DP[2] - 0.8604 DP[3] + DP[4]
     + 0.8887 DM[1]  - 0.5952 DM[2]  + 0.8604 DM[3] - DM[4]
     + 0.5244 WG >= 0.2945
 7.  - 0.4274 DP[1] + 0.4941 DP[2] - 0.5784 DP[3] + 0.5231 DP[4]
     + 0.4274 DM[1]  - 0.4941 DM[2] + 0.5784 DM[3] - 0.5231 DM[4]
     + 0.1796 WG  >= 0.1762
 8.  - 0.8 DP[1] + 0.6429 DP[2] - 0.717 DP[3] + 0.6154 DP[4]
     + 0.8 DM[1] - 0.6429 DM[2]  + 0.717 DM[3] - 0.6154 DM[4]
     + 0.3229 WG >= 0.2577
 9.  - 0.6194 DP[1] + 0.8036 DP[2] - 0.6561 DP[3] + 0.3231 DP[4]
     + 0.6194 DM[1]  - 0.8036 DM[2] + 0.6561 DM[3] - 0.3231 DM[4]
     + 0.3535 WG  >= 0.2119
```

Liste 4-2: Optimierungsmodell für $c = 6$, $G = 0$, ℓ_∞-Norm (Teil 1)

```
10.  + DP[1] - DM[1] - 0.15 WG >= -0.15
11.  - DP[1] + PHI >= 0
12.  - DM[1] + PHI >= 0
13.  + DP[2] - DM[2] - 0.2 WG >= -0.2
14.  - DP[2] + PHI >= 0
15.  - DM[2] + PHI >= 0
16.  + DP[3] - DM[3] - 0.5 WG >= -0.5
17.  - DP[3] + PHI >= 0
18.  - DM[3] + PHI >= 0
19.  + DP[4] - DM[4] - 0.15 WG >= -0.15
20.  - DP[4] + PHI >= 0
21.  - DM[4] + PHI >= 0
22.  + DP[1] + DP[2] + DP[3] + DP[4] - DM[1] - DM[2] - DM[3]
     - DM[4] = 0
```

Liste 4-2: Optimierungsmodell für $c = 6$, $G = 0$, ℓ_∞-Norm (Teil 2)

kation der Zielgewichte ist jedoch selbst bei diesen deutlich verschieden strukturierten Zielgewichten geringer. Umfangreiche Simulationsstudien zu dieser Frage wurden in Vetschera (1988a) dargestellt und zeigen, daß im Durchschnitt sogar noch geringere Modifikationen als in diesem Beispiel erforderlich sind.

Wird die ℓ_∞-Norm als Abstandsmaß verwendet, so ergibt sich für den Fall $c = 6$, $G = 0$ das in Liste 4-2 dargestellte Modell.

Die sich aus diesem Modell ergebenden Trade-Off-Kurven sind in Abbildung 4-2 dargestellt. In diesem Fall führen $c = 2$ bis $c = 10$ zu annähernd gleichen Lösungen. Wie Abbildung 4-2 zeigt, stimmen die Lösungen, in denen keine Veränderung der bestehenden Zielgewichte erfolgt, in beiden Fällen notwendigerweise überein. Die Kurven beginnen daher jeweils am gleichen Punkt des linken Randes.

4.4.2.2 Unterschiedliche partielle Nutzenfunktionen

Die unterschiedlichen partiellen Nutzenfunktionen in diesem Teil des numerischen Beispiels wurden ebenfalls aus der Literatur entnommen (Jarke et al., 1987, S.322), um eine möglichst gute Vergleichsmöglichkeit zu anderen Ansätzen zu bieten. Die Nutzenfunktionen sind stückweise linear und können durch die in Tabelle 4-4 enthaltenen Datenpunkte charakterisiert werden.

Die Struktur der Optimierungsmodelle stimmt mit den zuvor beschriebenen Modellen weitgehend überein, so daß die Modelle hier nicht wiedergegeben werden.

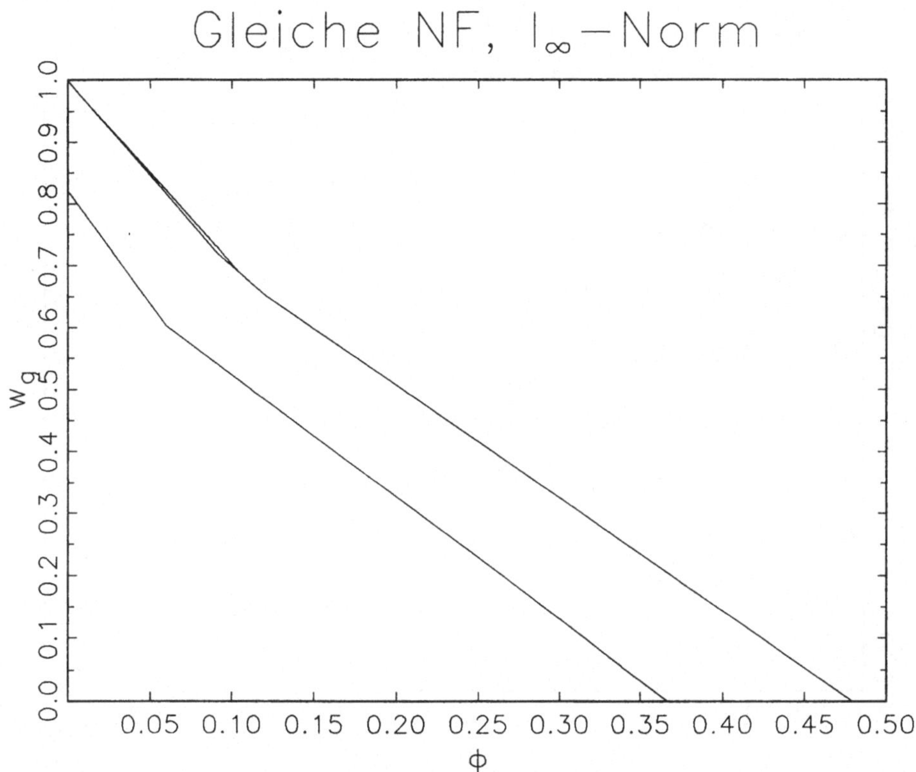

Abbildung 4-2: Trade-Off-Kurven, gleiche partielle Nutzenfunktionen, kardinale Gruppen-Information, ℓ_∞-Norm

Verbrauch			Raum			Preis			Geschw.		
x[1)]	m[1)]	g[1)]	x	m	g	x	m	g	x	m	g
13.00	0.00	0.00	5.1	0.00	0.00	63.0	0.00	0.00	117	0.00	0.00
10.90	0.10	0.01	6.2	0.00	0.10	50.3	0.25	0.05	139	0.00	0.00
8.80	0.15	0.03	7.3	0.20	0.30	37.5	0.40	0.10	160	0.15	0.00
6.75	0.15	0.05	8.5	0.20	0.75	24.8	0.50	0.20	180	0.15	0.00

[1)] x=Datenwert, m=Mitglied, g=Gruppe

Tabelle 4-4: Partielle Nutzenfunktionen

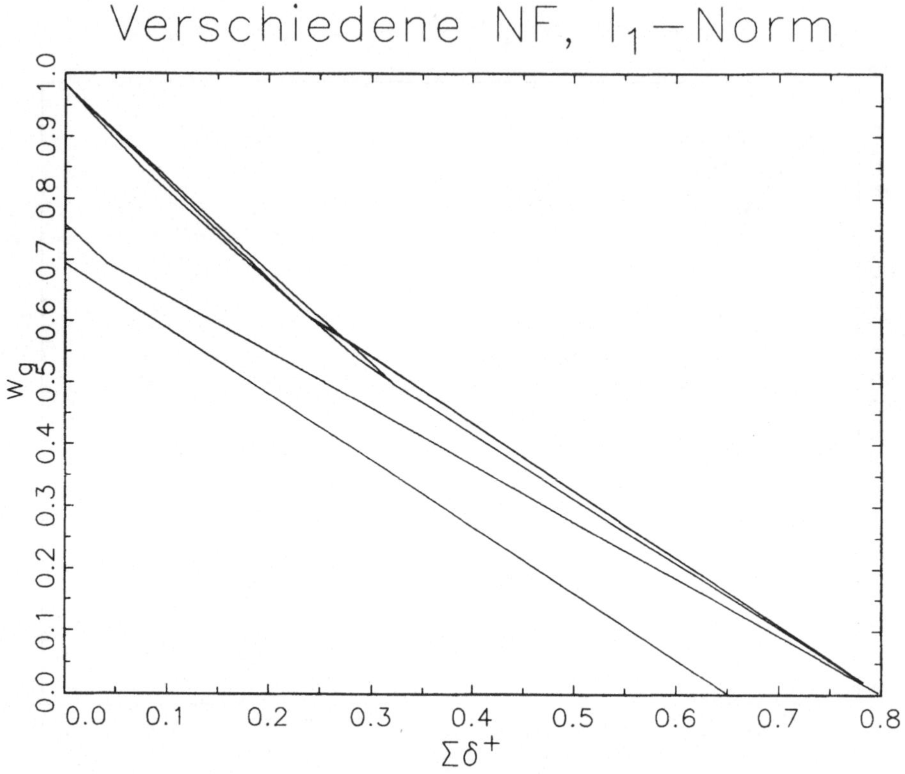

Abbildung 4-3: Trade-Off-Kurven, verschiedene partielle Nutzenfunktionen, kardinale Gruppen-Information, ℓ_1-Norm

Die sich ergebenden Trade-Off-Kurven sind in den Abbildungen 4-3 und 4-4 dargestellt. Wie die Abbildungen zeigen, führen unterschiedliche partielle Nutzenfunktionen nicht unbedingt dazu, daß die Anpassung an die Gruppenmeinung schwieriger wird. Die maximal erforderlichen Werte von w_g sind in einigen Fällen sogar geringer als bei identischen Nutzenfunktionen. Einige Kurven für höhere Werte von c enden knapp oberhalb der x-Achse. In diesem Fall existiert also keine Anpassungsmöglichkeit, bei der nur die Zielgewichte modifiziert werden.

Der Vergleich der Abbildungen 4-3 und 4-4 zeigt ferner wiederum die identischen Schnittpunkte mit der y-Achse. Die Abbildungen zeigen ferner, daß es sich bei den im vorhergehenden Fall aufgetretenen identischen Schnittpunkten mit der x-Achse um ein datenbedingt zufälliges Ergebnis handelte. Die Kurve für $c = 1$ weist in den hier betrachteten Fällen einen unterschiedlichen Verlauf auf.

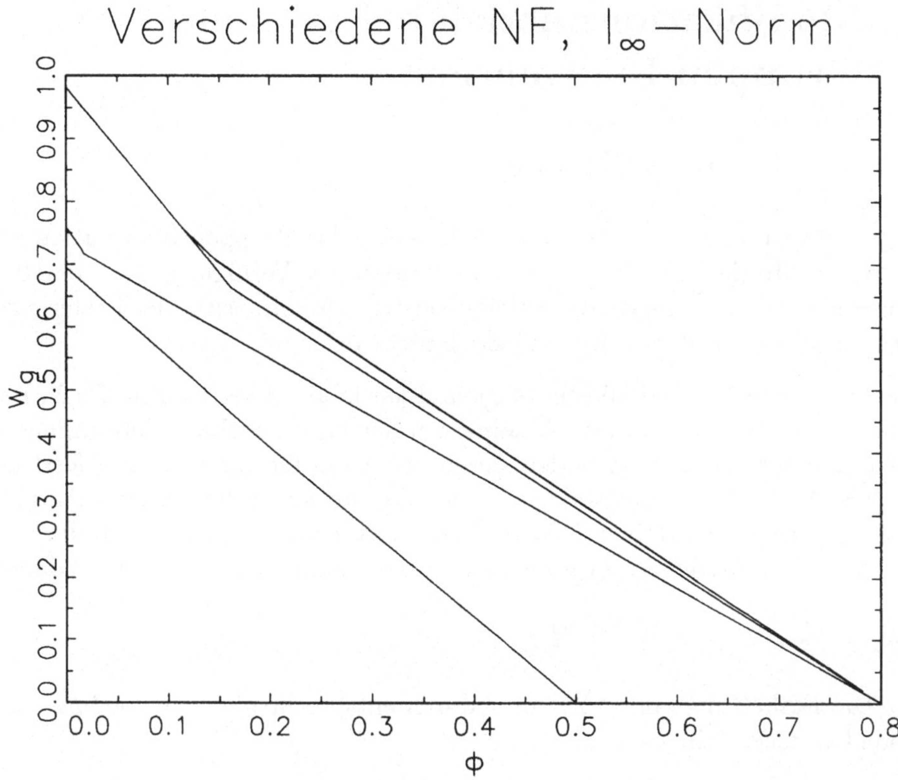

Abbildung 4-4: Trade-Off-Kurven, verschiedene partielle Nutzenfunktionen, kardinale Gruppen-Information, ℓ_∞-Norm

4.5 Modifikationsmodell bei ordinaler Gruppen-Information

4.5.1 Modellformulierung

Im Gegensatz zum zuvor betrachteten Fall kardinaler Gruppen-Information stehen hier dem Mitglied nur Informationen darüber zur Verfügung, wie die Alternativen von der Gruppe insgesamt gereiht werden. Die Intensität der Präferenzen auf Gruppenebene ist dem Mitglied jedoch nicht bekannt.

Für die erweiterte Nutzenfunktion (4.8) sind kardinale Bewertungen $U^g(X_n)$ erforderlich. Die U_n^g sind nun jedoch keine von der Gruppenebene determinierten Konstanten mehr, sondern Variablen, deren Werte das Gruppenmitglied festlegen kann. Diese Werte müssen allerdings der von der ordinalen Präferenzordnung der Gruppe determinierten Reihenfolge genügen. Unter der Annahme, daß die Indizierung der Alternativen der Gruppen-Präferenzordnung entspricht, muß daher

$$U_1^g > U_2^g > \ldots > U_{N-1}^g > U_N^g \tag{4.20}$$

gelten. Die Einhaltung von (4.20) muß durch entsprechende Nebenbedingungen im Modell sichergestellt werden.

Die erweiterte Nutzenfunktion (4.8) enthielt ferner einen Term der Form $w_g U_n^g$. Werden die U_n^g als Variablen des Modells betrachtet, so ist dieser Term nichtlinear in den Variablen. Andererseits aber dient w_g der Skalierung von Größen, die selbst Variable des Modells sind und deren Größenordnung a priori nicht determiniert ist. Unterstellt man, daß die Gruppen-Bewertung ebenso wie alle anderen Attribute auf das $(0,1)$-Intervall skaliert sein soll, so kann auf eine Unterscheidung zwischen der Skalierungsgröße w_g und den Werten U_n^g verzichtet werden. Für die Modellformulierung werden daher Variablen V_n benutzt, für die

$$V_n = w_g \cdot U_n^g$$

gilt. Um die Darstellung des Modells übersichtlicher zu gestalten, wird weiterhin eine Variable w_g verwendet, die stets gleich V_1 ist.

Für die Modifikation der Zielgewichte der anderen Attribute und deren Messung ergeben sich keine Unterschiede gegenüber dem bereits behandelten Fall kardinaler Gruppen-Information. Das Modifikationsmodell unter Verwendung der ℓ_1-Norm lautet für den Fall ordinaler Gruppen-Information daher

$$
\begin{aligned}
&\sum_{k \in K_m} \delta_k^+ = \min! \qquad\qquad (4.21)\\
&w_g = \min!\\
&\sum_{k \in K_m} (u_{n,k} - u_{n+1,k})(\delta_k^+ - \delta_k^- - w_k w_g) + (V_n - V_{n+1}) > \\
&\qquad - \sum_{k \in K_m} (u_{n,k} - u_{n+1,k}) w_k \qquad n = 1, \ldots, c-1\\
&\sum_{k \in K_m} (u_{c,k} - u_{n+1,k})(\delta_k^+ - \delta_k^- - w_k w_g) + (V_c - V_{n+1}) > \\
&\qquad - \sum_{k \in K_m} (u_{c,k} - u_{n+1,k}) w_k \qquad n = c, \ldots, N-1\\
&\sum_{k \in K_m} \delta_k^+ - \sum_{k \in K_m} \delta_k^- = 0\\
&w_k(1 - w_g) + \delta_k^+ - \delta_k^- \geq 0 \qquad \forall k\\
&V_1 = w_g\\
&V_n > V_{n+1} \qquad n = 1, \ldots, N-1
\end{aligned}
$$

In ähnlicher Weise kann das Modell für die ℓ_∞-Norm aus dem korrespondierenden Modell für den Fall kardinaler Gruppen-Information abgeleitet werden:

$$
\begin{aligned}
&\phi = \min! && (4.22)\\
&w_g = \min!\\
&\sum_{k\in K_m} (u_{n,k} - u_{n+1,k})(\delta_k^+ - \delta_k^- - w_k w_g) + (V_n - V_{n+1}) > \\
&\qquad - \sum_{k\in K_m} (u_{n,k} - u_{n+1,k}) w_k \quad n = 1,\ldots,c-1\\
&\sum_{k\in K_m} (u_{c,k} - u_{n+1,k})(\delta_k^+ - \delta_k^- - w_k w_g) + (V_c - V_{n+1}) > \\
&\qquad - \sum_{k\in K_m} (u_{c,k} - u_{n+1,k}) w_k \quad n = c,\ldots,N-1\\
&\sum_{k\in K_m} \delta_k^+ - \sum_{k\in K_m} \delta_k^- = 0\\
&w_k(1-w_g) + \delta_k^+ - \delta_k^- \geq 0 && \forall k\\
&\phi \geq \delta_k^+ && \forall k\\
&\phi \geq \delta_k^- && \forall k\\
&V_1 = w_g\\
&V_n > V_{n+1} && n = 1,\ldots,N-1
\end{aligned}
$$

Aus ähnlichen Überlegungen, wie sie zuvor über den Zusammenhang zwischen Trade-Off-Kurven für unterschiedliche Werte von c angestellt wurden, kann abgeleitet werden, daß die Trade-Off-Kurven für das Modell mit ordinaler Information die entsprechenden Kurven des Modells mit kardinaler Information dominieren. Das Modell für kardinale Gruppen-Information entspricht dem für ordinale Information mit zusätzlichen Nebenbedingungen der Form

$$
\begin{aligned}
V_1 &= w_g U_1^g\\
&\vdots\\
V_N &= w_g U_N^g
\end{aligned}
$$

wobei die U_n^g die von der Gruppenebene stammenden, konstanten kardinalen Bewertungen sind. Die im Modell für ordinale Information zusätzlich enthaltenen Nebenbedingungen der Form $V_n > V_{n+1}$ werden durch die Gruppen-Präferenzordnung trivialerweise erfüllt und sind damit redundant.

Das Modell mit kardinaler Information von der Gruppenebene enthält somit schärfere Nebenbedingungen als das mit ordinaler Information und kann daher keine besseren Zielfunktionswerte liefern. Die Auswirkungen des Überganges von kardinaler zu ordinaler Information (oder umgekehrt) können aus dem folgenden numerischen Beispiel ersehen werden.

4.5.2 Numerisches Beispiel

Aus Raumgründen soll in diesem Beispiel nur der Fall identischer partieller Nutzenfunktionen auf Individual- und Gruppenebene dargestellt werden. Die Anwendung von Modell (4.21) auf die Beispieldaten führt (für $c = 6$ und $G = 0$) zu dem in Liste 4-3 wiedergegebenen Optimierungsmodell. Auch in diesem Modell wurden die in der allgemeinen Formulierung auftretenden strikten Ungleichheitsbedingungen, die in diesem Fall sowohl die modifizierte Präferenzordnung als auch die kardinale Interpretation der Gruppen-Präferenzordnung betreffen, durch einen Toleranzparameter $\epsilon = 0.0001$ in Gleichheits- oder Ungleichheits-Nebenbedingungen transformiert.

Bei der parametrischen Lösung des Modells ist insbesondere die Entwicklung der Variablen V_n interessant, die in Tabelle 4-5 wiedergegeben ist.

	Intervall					
Variable	1	2	3	4	···	7
V_1	0.35030	0.28196	0.20639	0.10844		0.00090
V_2	0.35020	0.28186	0.20629	0.10834		0.00080
V_3	0.19200	0.13365	0.08641	0.00070		0.00070
V_4	0.19190	0.13355	0.08631	0.00060		0.00060
V_5	0.19180	0.13345	0.08621	0.00050	···	0.00050
V_6	0.19170	0.13335	0.08611	0.00040		0.00040
V_7	0.00030	0.00030	0.00030	0.00030		0.00030
V_8	0.00020	0.00020	0.00020	0.00020		0.00020
V_9	0.00010	0.00010	0.00010	0.00010		0.00010
V_{10}	0.00000	0.00000	0.00000	0.00000		0.00000

Tabelle 4-5: Entwicklung der V_n

Es bilden sich Gruppen von Variablen, innerhalb derer nur der in der Modellformulierung gewählte Mindestabstand auftritt. Im letzten Intervall der parametrischen Programmierung, das einer maximalen Gewichtung von w_g in der Zielfunktion entspricht, fallen sämtliche Variablen in eine einzige Gruppe. Dies entspricht einer Lösung mit $w_g = 0$ im Modell mit kardinaler Information von der Gruppenebene.

Wie die in Abbildung 4-5 dargestellten Trade-Off-Kurven zeigen, stimmen in diesem Punkt auch die Werte der anderen Zielfunktion mit der Lösung des Modells für kardinale Information überein. In den vorangehenden Intervallen liegen die Werte von w_g erwartungsgemäß deutlich unter denen des vorherigen Modells. Insbesondere ist für die vollständige Anpassung an die Präferenzordnung der Gruppe nur ein Gewicht w_g von weniger als 0.4 erforderlich, während bei Übernahme der kardinalen Gruppen-Bewertung ein Gewicht von fast 1 erforderlich war.

```
The following model was read:
Maximize  - DP[1] - DP[2] - DP[3] - DP[4] - 0.001 WG

Subject to
 1.  - 0.4113 DP[1] - 0.0268 DP[2] + 0.4067 DP[3] - 0.5385 DP[4]
     + 0.4113 DM[1]  + 0.0268 DM[2] - 0.4067 DM[3] + 0.5385 DM[4]
     - 0.0555 WG  + UG[1] - UG[2] >= -0.0554
 2.  + 0.0129 DP[1] + 0.1518 DP[2] - 0.5697 DP[3] + 0.0615 DP[4]
     - 0.0129 DM[1]  - 0.1518 DM[2] + 0.5697 DM[3] - 0.0615 DM[4]
     + 0.2433 WG  + UG[2] - UG[3] >= 0.2434
 3.  - 0.0758 DP[1] + 0.0238 DP[2] + 0.055 DP[3] + 0.0462 DP[4]
     + 0.0758 DM[1]  - 0.0238 DM[2] - 0.055 DM[3] - 0.0462 DM[4]
     - 0.0278 WG  + UG[3] - UG[4] >= -0.0277
 4.  + 0.1677 DP[1] - 0.0536 DP[2] + 0.2986 DP[3] - 0.0769 DP[4]
     - 0.1677 DM[1]  + 0.0536 DM[2] - 0.2986 DM[3] + 0.0769 DM[4]
     - 0.1522 WG  + UG[4] - UG[5] >= -0.1521
 5.  + 0.1952 DP[1] + 0.0744 DP[2] + 0.0765 DP[3] - 0.0615 DP[4]
     - 0.1952 DM[1]  - 0.0744 DM[2] - 0.0765 DM[3] + 0.0615 DM[4]
     - 0.0732 WG  + UG[5] - UG[6] >= -0.0731
 6.  - 0.8887 DP[1] + 0.5952 DP[2] - 0.8604 DP[3] + DP[4]
     + 0.8887 DM[1] - 0.5952 DM[2]  + 0.8604 DM[3] - DM[4]
     + 0.2944 WG  + UG[6] - UG[7] >= 0.2945 .
 7.  - 0.4274 DP[1] + 0.4941 DP[2] - 0.5784 DP[3] + 0.5231 DP[4]
     + 0.4274 DM[1]  - 0.4941 DM[2] + 0.5784 DM[3] - 0.5231 DM[4]
     + 0.1761 WG  + UG[6] - UG[8] >= 0.1762
 8.  - 0.8 DP[1] + 0.6429 DP[2] - 0.717 DP[3] + 0.6154 DP[4]
     + 0.8 DM[1] - 0.6429 DM[2]  + 0.717 DM[3] - 0.6154 DM[4]
     + 0.2576 WG + UG[6]  - UG[9] >= 0.2577
 9.  - 0.6194 DP[1] + 0.8036 DP[2] - 0.6561 DP[3] + 0.3231 DP[4]
     + 0.6194 DM[1]  - 0.8036 DM[2] + 0.6561 DM[3] - 0.3231 DM[4]
     + 0.2118 WG  + UG[6] - UG[10] >= 0.2119
```

Liste 4-3: Optimierungsmodell für $c = 6$, $G = 0.001$, ℓ_1-Norm (Teil 1)

```
10.  + DP[1] - DM[1] - 0.15 WG >= -0.15
11.  + DP[2] - DM[2] - 0.2 WG >= -0.2
12.  + DP[3] - DM[3] - 0.5 WG >= -0.5
13.  + DP[4] - DM[4] - 0.15 WG >= -0.15
14.  + DP[1] + DP[2] + DP[3] + DP[4]
     - DM[1] - DM[2] - DM[3] - DM[4] = 0
15.  + WG - UG[1] = 0
16.  + UG[1] - UG[2] >= 0.0001
17.  + UG[2] - UG[3] >= 0.0001
18.  + UG[3] - UG[4] >= 0.0001
19.  + UG[4] - UG[5] >= 0.0001
20.  + UG[5] - UG[6] >= 0.0001
21.  + UG[6] - UG[7] >= 0.0001
22.  + UG[7] - UG[8] >= 0.0001
23.  + UG[8] - UG[9] >= 0.0001
24.  + UG[9] - UG[10] >= 0.0001
```

Liste 4-3: Optimierungsmodell für $c = 6$, $G = 0.001$, ℓ_1-Norm (Teil 2)

Abbildung 4-6 zeigt die entsprechenden Kurven für die ℓ_∞-Norm. Wie bereits im vorhergehenden Modell stimmen auch hier die Schnittpunkte der Kurven mit der y-Achse in den beiden Fällen überein.

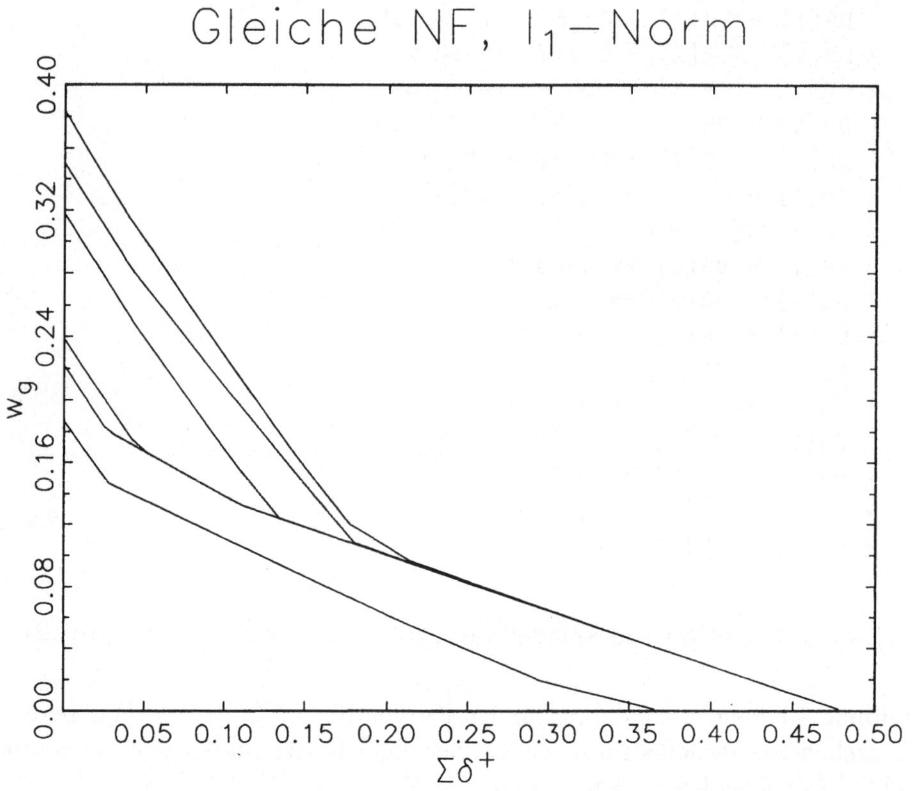

Abbildung 4-5: Trade-Off-Kurven, gleiche partielle Nutzenfunktionen, ordinale Gruppen-Information, ℓ_1-Norm

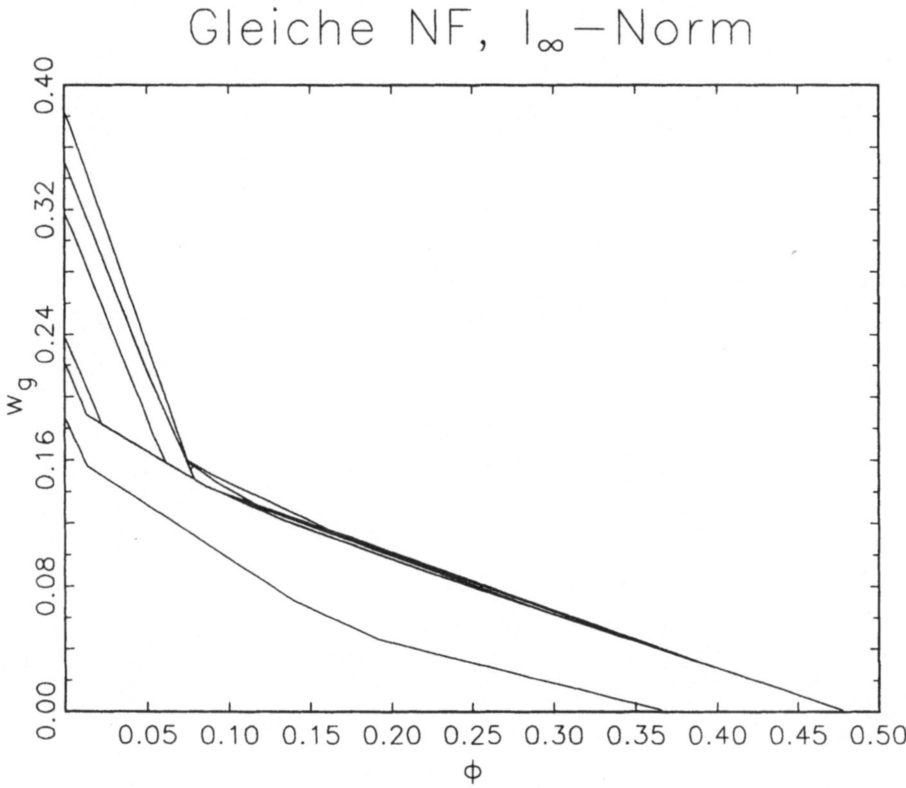

Abbildung 4-6: Trade-Off-Kurven, gleiche partielle Nutzenfunktionen, ordinale Gruppen-Information, ℓ_∞-Norm

Kapitel 5

Modelle auf der Basis alternativer Entscheidungsverfahren

5.1 Bedeutung alternativer Entscheidungsverfahren

Die Verwendung eines spezifischen Entscheidungsverfahrens wie etwa der multiattributiven Nutzentheorie kann nicht a priori vorausgesetzt werden, sondern stellt selbst wieder das Ergebnis eines (Meta-) Entscheidungsprozesses dar (Loitlsberger, 1972). In diesem Kapitel soll daher die Anwendbarkeit des im dritten Kapitel entwickelten allgemeinen Konzepts rückkopplungsorientierter GDSS auf weitere Entscheidungsverfahren neben der multiattributiven Nutzentheorie untersucht werden.

Die den Modellen des vorhergehenden Kapitels zugrunde liegende multiattributive Nutzentheorie stellt zwar ein bedeutendes und insbesondere in den USA auch im praktischen Einsatz verbreitetes Entscheidungsverfahren bei mehrfacher Zielsetzung dar. Dieses Verfahren wird allerdings in der Literatur auch vehement kritisiert und es werden zahlreiche alternative Konzepte zur Entscheidung bei mehrfacher Zielsetzung vorgeschlagen. Die Kritik an nutzentheoretischen Ansätzen bzw. die Begründung alternativer Konzepte stützt sich überwiegend auf drei Problemkreise:

- Die Problematik der *Akzeptanz* nutzentheoretischer Konzepte.
- Die Problematik der *Messung* von Nutzenfunktionen.

- Die *Interaktivität* alternativer Konzepte.

Bevor im weiteren Verlauf dieses Kapitels die Komponenten für rückkopplungsorientierte GDSS auf der Grundlage alternativer Entscheidungsverfahren vorgestellt werden, soll daher zunächst die allgemeine Bedeutung derartiger Ansätze anhand dieser drei Aspekte diskutiert werden.

5.1.1 Akzeptanzprobleme

Einzelne empirische Studien (Dickson, 1981) belegen zwar, daß Anwender, die vor ihrer Entscheidung Kenntnisse über die der Nutzentheorie entsprechende Lösung eines Entscheidungsproblems haben, diese Lösung signifikant häufiger wählen als Personen, die über derartige Informationen nicht verfügen. Wird man jedoch erst ex post mit der nutzentheoretisch fundierten Lösung konfrontiert, so besteht häufig die Tendenz, diese abzulehnen (Bell/Farquhar, 1986).

Die Akzeptanz oder Ablehnung nutzentheoretisch fundierter Lösungen steht in engem Zusammenhang mit den der (multiattributiven) Nutzentheorie zugrunde liegenden Axiomen. Wird eine der Nutzentheorie nicht entsprechende Lösung gewählt, so bedeutet dies ja, daß zumindest eines der Axiome (bewußt) verletzt wird. Empirisch betrifft dies vor allem das Transitivitätsaxiom (Bell/Farquhar, 1986; Malin, 1986). Auch von theoretischer Seite wurden die Axiome der multiattributiven Nutzentheorie als zu rigide kritisiert (Saaty, 1986a) und auf die sich daraus ergebenden Akzeptanzprobleme hingewiesen (Schoemaker, 1981). Dabei wurden auch Einwände gegen das Vollständigkeitsaxiom erhoben (Roy/Vincke, 1984; Roy, 1988): insbesondere bei Entscheidungsproblemen mit mehrfacher Zielsetzung sollte dem Benutzer auch die Möglichkeit eingeräumt werden, zwei Alternativen als unvergleichbar anzusehen. Auch die bei der Anwendung der multiattributiven Nutzentheorie üblichen Sensitivitätsanalysen können nicht dazu beitragen, die inhärente Rigidität des Konzeptes zu überwinden, da auch sie nur Parametervariationen innerhalb des durch die Axiome festgelegten Rahmens zulassen (Roy/Bouyssou, 1985).

Insgesamt wird der axiomatische Rationalitätsbegriff der multiattributiven Nutzentheorie häufig als kulturell spezifisch für die USA angesehen und seine Übertragbarkeit in andere Kulturkreise angezweifelt (Vincke, 1986; Lewandowski/Wierzbicki, 1988).

5.1.2 Meßprobleme

Sieht man von der grundsätzlichen Ablehnung der zugrunde liegenden Axiomatik ab, so stellt die Problematik der Nutzenmessung einen der schwerwiegendsten Nachteile der multiattributiven Nutzentheorie dar. Zwar haben empirische Untersuchungen einerseits eine relativ hohe Konsistenz gemessener Nutzenfunktionen mit holistischen Entscheidungen, auch über längere Zeiträume hinweg, ergeben (Green/Carmone, 1974; Blackmond Laskey/Fischer, 1987). Andererseits aber wurden erhebliche Unterschiede in den ermittelten Zielgewichten bei Verwendung unterschiedlicher Meßverfahren (Schoemaker, 1981; Schoemaker/Waid, 1982) sowie bei unterschiedlicher Problemstrukturierung (Stillwell et al., 1987; Weber et al., 1988) festgestellt. Für den Einsatz in entscheidungsunterstützenden Systemen wird daher gefordert, nutzentheoretische Konzepte um "De-Biasing"-Methoden zu ergänzen, die systematische Verzerrungen bei der Schätzung von Nutzenfunktionen korrigieren sollen (Jarke/Radermacher, 1988).

Eine Begründung für die Schwierigkeit der Messung von Nutzenfunktionen kann auch in der Verwendung von Zielgewichten an sich gesehen werden. Diese stellen zu den Zielgrößen duale Werte dar, die schwieriger interpretierbar sind als Zielgrößenwerte selbst (Wierzbicki, 1986). Dementsprechend können auch interaktive Ansätze, die auf ähnlichen Konzepten beruhen, wie etwa das Verfahren von Geoffrion et al. (1972) den Anwender überfordern (Fandel/Wilhelm, 1976). Diese Überlegungen führten unter anderem zur Entwicklung von Ansätzen, in denen Präferenzen in Form von Zielniveaus spezifiziert werden.

5.1.3 Interaktivität

Die Interaktivität wird häufig als weiterer Vorteil alternativer Entscheidungsverfahren angesehen. In interaktiven Ansätzen werden vom Anwender nur die für die Lösung des anstehenden Entscheidungsproblems wirklich benötigten Präferenzinformationen erhoben. Im Gegensatz dazu muß eine multikriterielle Nutzenfunktion über ihren gesamten Definitionsbereich bestimmt werden, was einen erheblichen Mehraufwand bedeuten kann (Roy, 1971; Isermann, 1979).

Der Interaktionsprozeß kann auch dazu beitragen, daß die Präferenzvorstellungen des Anwenders überhaupt erst gebildet bzw. konkretisiert werden (Isermann, 1979; Seo, 1984; Roy, 1990). Im Gegensatz dazu geht die multiattributive Nutzentheorie von einem a priori bestehenden Wertesystem aus, das nur noch erhoben werden muß. In interaktiven Ansätzen sind darüber hinaus auch Änderungen der Präferenzvorstellungen während des Verfahrensablaufes, also Lerneffekte, nicht ausgeschlossen (Schoemaker, 1981; Korhonen/Laakso, 1986). Diese würden im nutzentheoretischen Ansatz als Inkonsistenzen gelten.

Die Interaktivität eines Entscheidungsverfahrens stellt aber auch einen eigenständigen Wert dar (Ackoff, 1979). Interaktionen zwischen einem Entscheidungsträger und einem bei der Lösung des Modells beigezogenen Analytiker können das wechselseitige Verständnis und damit die Problemlösungsqualität erhöhen (Wierzbicki, 1983). Aber auch die Interaktion mit einem Entscheidungsmodell wird als ein Weg zur Verbesserung der Lösungsqualität gesehen (Winkels, 1980; Zeleny, 1980).

In den folgenden beiden Teilkapiteln wird gezeigt, wie zwei nicht nutzenorientierte Entscheidungsverfahren bei mehrfacher Zielsetzung in einen rückkopplungsorientierten Ansatz zur Unterstützung von Gruppenentscheidungen einbezogen werden können. Als relativ weit verbreitete Konzepte werden dabei einerseits der Referenzpunkt-Ansatz und andererseits das Konzept der Fuzzy-Programmierung behandelt.

5.2 Referenzpunkt-Ansatz

5.2.1 Darstellung des Entscheidungsverfahrens

Im Gegensatz zu nutzentheoretischen Konzepten werden beim Referenzpunkt-Ansatz die Präferenzvorstellungen des Entscheiders nicht durch Zielgewichte sondern durch Zielniveaus repräsentiert. Diese Form der Darstellung wird als für den Benutzer anschaulicher angesehen (Wierzbicki, 1986).

Die Vorgabe von Anspruchs- oder Idealniveaus von Zielgrößen wurde im Konzept des Goal-Programming bereits sehr früh in Entscheidungsverfahren bei mehrfacher Zielsetzung verwendet (Charnes et al., 1955; Charnes/Cooper 1961). Das ursprüngliche Konzept des Goal-Programming beruhte auf der Minimierung des Abstandes der ermittelten Lösung zu fest vorgegebenen Zielniveaus. Dieser Ansatz wurde in Richtung interaktiver Konzepte mit dynamischer Veränderung der Zielniveaus erweitert (z.B. Dyer, 1972; Masud/Hwang, 1981; Korhonen/Laakso, 1986; vgl. auch die Übersichten Hwang/Masud 1979; Ignizio, 1983; Romero, 1986).

Die meisten auf Erweiterungen des Goal-Programming Ansatzes beruhenden Entscheidungsverfahren bei mehrfacher Zielsetzung weisen zwei Probleme auf (Zeleny, 1981; Hannan, 1985):

- Die Messung des Abstandes zu den vorgegebenen Zielniveaus ist theoretisch nicht fundiert.

- Überschreitungen der vorgegebenen Niveaus werden nicht berücksichtigt, dadurch können bei Vorgabe zulässiger Anspruchsniveaus dominierte Lösungen auftreten.

Das Referenzpunkt-Konzept versucht insbesondere, eine theoretische Grundlage für die Bewertung von Abweichungen von den vorgegebenen Zielniveaus zu geben. Dabei werden sowohl Zielunter- als auch Zielüberschreitungen berücksichtigt. Die Messung der Abweichungen erfolgt durch sogenannte "Skalarisierungsfunktionen".

Wierzbicki (1980; 1986) formuliert zwei Bedingungen für Skalarisierungsfunktionen. Eine Skalarisierungsfunktion s soll die Eigenschaften der

- Ordnungs-Bewahrung und
- Ordnungs-Repräsentierung bzw. Approximation

aufweisen.

Die Anforderung der Ordnungs-Bewahrung entspricht in etwa dem Dominanzprinzip. Sei D ein positiver Kegel im R^K. Dann wird eine Funktion $s(X,\overline{X})$ als *strikt ordnungsbewahrend* (strictly order preserving) bezeichnet, falls gilt:

$$X_2 - X_1 \in \text{int } D \Rightarrow s(X_1,\overline{X}) < s(X_2,\overline{X}) \tag{5.1}$$

Die Funktion ist *stark ordnungsbewahrend* (strongly order preserving), falls

$$X_2 - X_1 \in D \setminus (D \cap -D) \Rightarrow s(X_1,\overline{X}) < s(X_2,\overline{X}) \tag{5.2}$$

Größere Werte von s bezeichnen dabei die jeweils bessere Alternative. Eine strikt ordnungsbewahrende Skalarisierungsfunktion weist eine Alternative X_2 also dann als besser als eine andere Alternative X_1 aus, wenn X_2 in allen Kriterien besser ist. Starke Ordnungs-Bewahrung entspricht dem herkömmlichen Dominanzprinzip, bei dem in einigen Kriterien Gleichheit herrschen kann.

Die Eigenschaften der Ordnungs-Repräsentierung bzw. Ordnungs-Approximation beziehen sich auf einen Referenzpunkt $\overline{X}$. Für eine *ordnungs-repräsentierende* Skalarisierungsfunktion muß gelten:

$$\begin{gathered} \left\{X : s(X,\overline{X}) \geq 0\right\} = \overline{X} + D \\ s(\overline{X},\overline{X}) = 0 \end{gathered} \tag{5.3}$$

d.h. die Skalarisierungsfunktion muß für alle Alternativen, die den Referenzpunkt dominieren oder ihm gleich sind, und nur für diese Alternativen, nichtnegative Werte ergeben. Für eine *ordnungs-approximierende* Funktion gilt die schwächere Bedingung

$$\begin{aligned} \left\{X : s(X,\overline{X}) \geq 0\right\} &= \overline{X} + D_\epsilon \\ s(\overline{X},\overline{X}) &= 0 \end{aligned} \tag{5.4}$$

wobei D_ϵ der um eine ϵ-Umgebung erweiterte Kegel ist. In diesem Fall weist die Skalarisierungsfunktion auch für Alternativen, die in einigen Kriterien etwas schlechter als der Referenzpunkt sind, positive Werte auf.

Es läßt sich zeigen, daß die Bedingungen der starken Ordnungs-Bewahrung und der Ordnungs-Repräsentierung miteinander nicht vereinbar sind (Wierzbicki, 1980). Dementsprechend können nur Skalarisierungsfunktionen definiert werden, die entweder strikt ordnungsbewahrend und ordnungsrepräsentierend oder stark ordnungsbewahrend und ordnungsapproximierend sind.

In praktischen Implementierungen der Referenzpunkt-Methode (Kallio et al., 1980; Lewandowski, 1982; Lewandowski/Grauer, 1982; Grauer/Brillet, 1982; Grauer et al., 1984; Rogowski et al., 1988; Kreglewski et al., 1988) werden überwiegend die beiden folgenden Skalarisierungsfunktionen benutzt:

$$\begin{aligned} &s(X,\overline{X}) = \\ &\min\left\{\rho w_k(x_k - \overline{x_k}), \sum_{k\in K_m} w_k(x_k - \overline{x_k})\right\} + \varepsilon \sum_{k\in K_m} w_k(x_k - \overline{x_k}) \end{aligned} \tag{5.5}$$

mit $\rho \geq K$ und

$$s(X,\overline{X}) = \min\left\{w_k(x_k - \overline{x_k})\right\} + \varepsilon \sum_{k\in K_m} w_k(x_k - \overline{x_k}) \tag{5.6}$$

Die Skalierungsfaktoren w_k sollen die Zielgrößenwerte in eine vergleichbare Größenordnung überführen. Zur Vereinfachung der Darstellung wird im folgenden angenommen, daß bereits die Werte in X entsprechend skaliert sind, so daß die Faktoren w_k weggelassen werden können.

Der Term $\varepsilon \sum w_k(x_k - \overline{x_k})$ dient in beiden Funktionen dazu, die Auswahl dominierter Lösungen zu verhindern und führt andererseits entsprechend der zuvor genannten Ausschließungsbedingung dazu, daß die Funktionen nur ordnungsapproximierend und nicht ordnungsrepräsentierend sind. In den folgenden Überlegungen wird dieser Term nicht weiter berücksichtigt, sämtliche Ergebnisse gelten jedoch bei ausreichend kleinem ε auch für die ursprünglichen Funktionen.

In der Folge werden daher die beiden vereinfachten Formen

$$s(X,\overline{X}) = \min\left\{\rho(x_k - \overline{x_k}),\ \sum_{k\in K_m}(x_k - \overline{x_k})\right\} \tag{5.7}$$

mit $\rho \geq K$ und

$$s(X,\overline{X}) = \min\{(x_k - \overline{x_k})\} \tag{5.8}$$

benutzt.

Die Funktionen (5.7) und (5.8) unterscheiden sich nur dadurch voneinander, daß in (5.7) die Summe aller Abweichungen in die Liste der Ausdrücke einbezogen wird, deren Minimum gesucht wird. Für $\rho \geq K$ wird diese Summe nur dann kleiner als das Minimum der ρ-fachen Abweichungen, wenn der Referenzpunkt in sämtlichen Kriterien überschritten wird. Die durch Funktion (5.7) implizierten Indifferenzkurven haben daher die in Abbildung 5-1 dargestellte Form.

Skalarisierungsfunktion (5.7) repräsentiert somit ein äußerst plausibles Verhalten: solange Unterschreitungen der Anspruchsniveaus vorliegen, orientiert man sich an der maximalen Unterschreitung. Erst wenn in allen Kriterien die Anspruchsniveaus erreicht sind, wird Kompensation zwischen den einzelnen Kriterien zugelassen. Wie in der Folge dieser Arbeit gezeigt wird, kann in Funktion (5.7) jedoch ein zusätzliches Attribut für die Gruppen-Bewertung nicht in einer Weise integriert werden, die den in Kapitel drei formulierten Konsistenzbedingungen genügt. Daher soll auch die andere Skalarisierungsfunktion (5.8) in die Überlegungen einbezogen werden, die eher dem üblichen Max-Min-Konzept entspricht.

5.2.2 Aggregation

In der Literatur wurden unterschiedliche Konzepte zur Aggregation individueller Bewertungen auf der Basis von Skalarisierungsfunktionen vorgeschlagen, die in der Folge kurz vorgestellt werden. Für eine detailliertere Darstellung sei auf die angegebenen Quellen verwiesen.

Eine Möglichkeit besteht darin, die Skalarisierungsfunktion als (kardinale) Nutzenfunktion zu interpretieren und Lösungskonzepte der kooperativen Spieltheorie zur Aggregation heranzuziehen. Ein derartiger Ansatz auf der Grundlage der Nash-Lösung wurde von Fortuna/Krus (1984) vorgeschlagen.

Die Verwendung spieltheoretischer Konzepte weist den Vorteil auf, axiomatisch begründbar zu sein. In dem von Fortuna und Krus betrachteten Fall stetiger

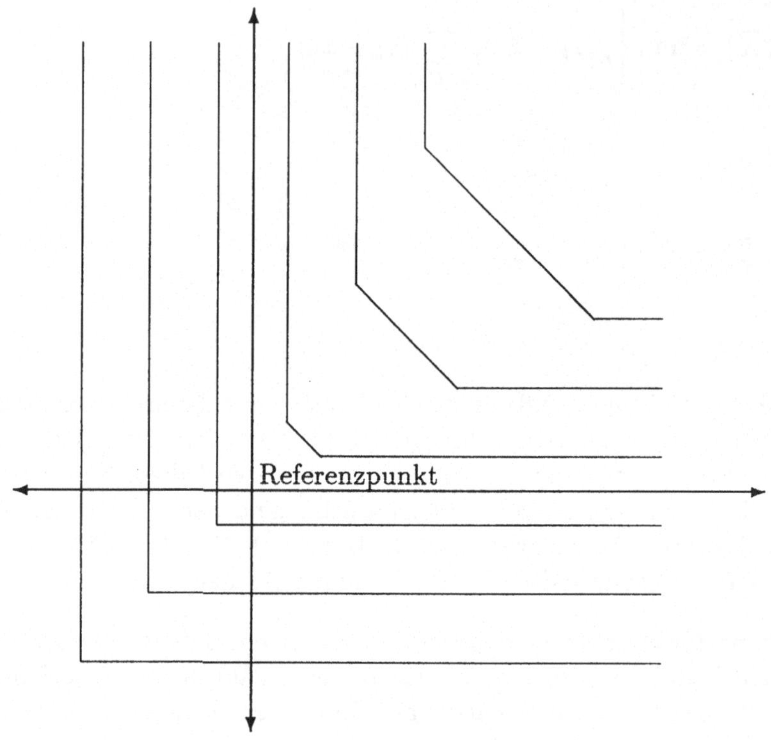

Abbildung 5-1: Indifferenzkurven für Skalarisierungsfunktion (5.7)

Entscheidungsvariabler führt allerdings die Berechnung der Nash-Lösung zu Problemen. Anstelle der etwa in (5.8) implizit verwendeten ℓ_∞-Norm wurde daher von Fortuna/Krus eine ℓ_p-Norm mit großem p benutzt, um die vom verwendeten Optimierungsverfahren geforderten Voraussetzungen der Differenzierbarkeit zu erfüllen. Selbst dann erforderte die Ermittlung der Nash-Lösung Interventionen des Benutzers, um die Konvergenz des Lösungsverfahrens sicherzustellen.

Für den hier betrachteten Fall diskreter Handlungsalternativen stellt die Ermittlung der Nash-Lösung kein wesentliches Problem dar. Ein Nachteil der spieltheoretischen Aggregation liegt jedoch auch in diesem Fall darin, daß die daraus resultierende Lösung (bzw. Präferenzordnung) nicht unbedingt der Maximierung einer Skalarisierungsfunktion entsprechen muß. Daher existiert möglicherweise kein (individueller) Referenzpunkt, der einer c-Anpassung an die Gruppen-Präferenzordnung entspricht.

Im System SCDAS (Lewandowski et al., 1986; 1987) wird sowohl auf Individual- als auch auf Gruppenebene eine erweiterte Form des Referenzpunkt-Ansatzes benutzt. Im Gegensatz zur hier vorgestellten Variante beruht diese auf zwei Zielniveaus: einem Reservationsniveau und einem Anspruchsniveau. Alternativen, die in mindestens einem Kriterium unterhalb des Reservationsniveaus liegen, werden als Lösungen nicht akzeptiert. Das Anspruchsniveau hat eine ähnliche Funktion wie in dem hier benutzten Konzept.

Zur Aggregation beider Niveaus wird das gewichtete arithmetische Mittel der individuellen Niveaus gebildet. Die Gewichtungsfaktoren für die Gruppenmitglieder sollen dabei deren Verantwortung, Interesse oder Kompetenz repräsentieren. Zur Vermeidung strategischer Verfälschungen der individuellen Präferenz-Informationen werden das jeweils höchste und geringste Anspruchsniveau in jedem Kriterium nicht in die Aggregation mit einbezogen.

Diese Vorgangsweise führt zwar auf der Gruppenebene zu einer mit dem Referenzpunkt-Ansatz kompatiblen Präferenzordnung. Die Aggregation durch Durchschnittsbildung ist allerdings eine ad hoc-Technik, für die keine theoretische Begründung gegeben wird. Abgesehen von den allgemein mit der Referenzpunkt-Methode verbundenen Lösungseigenschaften wie z.B. der Effizienz ist daher nicht klar, welche für das Gruppen-Entscheidungsproblem spezifischen Eigenschaften die so ermittelte Lösung aufweist.

Ein axiomatisch fundiertes Konzept für den Ablauf von Gruppenprozessen, das auch zur Aggregation individueller Bewertungen auf der Basis des Referenzpunkt-Ansatzes herangezogen werden kann, wurde von Bronisz/Krus/Wierzbicki (1988) bzw. Bronisz/Krus/Lopuch (1988b) entwickelt. Sie beschreiben ein Gruppen-Entscheidungsproblem (S, c) durch eine Menge zulässiger Ergebnisse S und einen Konflikt-Punkt c. Der Konflikt-Punkt beschreibt das Ergebnis, das realisiert wird, falls keine Einigung erzielt wird. Als Lösungsprozeß dieses Entscheidungsproblems wird eine Folge $c^t, (t = 0, \ldots, T)$ von Zielniveaus definiert, die die folgenden Bedingungen erfüllt:

[B1] $c^0 = c$, $c^t \in S$ für alle $t = 1, \ldots, T$, d.h. der Konfliktpunkt bildet den Ausgangspunkt der Verhandlungen und es werden stets nur zulässige Lösungen vorgeschlagen.

[B2] $c^t \geq c^{t-1}$. In keiner Verhandlungsrunde verschlechtern die Gruppenmitglieder ihre Position.

[B3] c^T ist ein Pareto-optimaler Punkt in S.

[B4] Sei α_m^t ein gegebener Konfidenz-Koeffizient für Mitglied m in Iteration t. Dann gilt: $c^t - c^{t-1} < \alpha_{\min}^t[X^u(c^{t-1}) - c^{t-1}]$ mit $\alpha_{\min}^t = \min\{\alpha_1^t, \ldots, \alpha_M^t\}$. $X^u(c^{t-1})$ ist dabei derjenige Lösungsvektor, den die Gruppenmitglieder jeweils maximal unter Einhaltung der Anspruchsniveaus der anderen Mitglieder erreichen können. In jeder Verhandlungsrunde dürfen die individuellen Anspruchsniveaus also nur um einen bestimmten Teil des Intervalles von den bisherigen Niveaus bis zu diesem Idealpunkt erhöht werden. Dies wird damit begründet, daß die Mitglieder eventuell über die noch möglichen Verbesserungen unsicher sind und vermeiden wollen, daß einzelne Mitglieder in einer Runde zu hohe Zuwächse erzielen.

[B5] In jeder Runde existiert kein $x \in S$, so daß x die Bedingung [B4] erfüllt und $x > c^t$. Die Mitglieder nutzen also den durch [B4] gegebenen Spielraum voll aus. Dieses Postulat wird als "Rekursive Rationalität" bezeichnet.

[B6] In jeder Verhandlungsrunde existiert eine Zahl β, so daß $c^t - c^{t-1} = \beta[X^u(c^{t-1}) - c^{t-1}]$ ("Prinzip der proportionalen Verbesserung").

Unter diesen Bedingungen existiert ein eindeutig bestimmter Verhandlungsprozeß $c^0, \ldots, c^T$. Dieser hat die Form

$$\begin{aligned} c^0 &= c \\ c^t &= c^{t-1} + \gamma^t[X^u(S, c^{t-1}, \nu^t) - c^{t-1}] \quad t = 1, \ldots, T \end{aligned} \tag{5.9}$$

mit

$$\gamma^t = \min(\alpha_1^t, \ldots, \alpha_M^t, \alpha_{\max}^t)$$

$\nu^t = (\nu_1^t, \ldots, \nu_M^t)$ ist der Vektor von Verbesserungsrichtungen, die von den einzelnen Gruppenmitgliedern spezifiziert werden. Orientieren sich die Mitglieder jeweils nur an einer einzelnen Zielgröße, so ist ν_m^t eindeutig determiniert. Im Fall mehrerer individueller Zielgrößen muß ν_m^t allerdings erst ermittelt werden. Dazu kann unter anderem der Referenzpunkt-Ansatz herangezogen werden. Damit kann der Prozeß (5.9) auch zur Aggregation individueller Bewertungen auf der Basis von Referenzpunkten dienen.

Für die folgenden Überlegungen ist es unerheblich, nach welchem der drei vorgestellten Ansätze eine aggregierte Gruppen-Bewertung ermittelt wird. Selbst wenn diese nicht mit dem Referenzpunkt-Ansatz kompatibel ist, so kann doch durch das Konzept der expliziten Modifikation eine Übereinstimmung der individuellen Bewertungen mit der Gruppen-Bewertung erzielt werden. In der Folge soll daher davon ausgegangen werden, daß eine (kardinale oder ordinale) Gruppen-Bewertung der Alternativen vorliegt, ohne auf deren Zustandekommen näher einzugehen.

5.2.3 Integration von Gruppen-Informationen

Im folgenden werden die Grundlagen für ein Modifikationsmodell im Sinne des in Kapitel drei formulierten Konzeptes auf der Grundlage des Referenzpunkt-Ansatzes entwickelt. Diese Darstellung baut auf Überlegungen in Vetschera (1988c) auf. Dabei werden zunächst erweiterte Skalarisierungsfunktionen auf der Grundlage der Funktionen (5.7) und (5.8) definiert. Anschließend wird deren Übereinstimmung mit den in Kapitel drei formulierten Anforderungen untersucht.

5.2.3.1 Erweiterte Skalarisierungsfunktionen

Für das Konzept der impliziten Modifikation kann eine zu der in Kapitel vier für Nutzenfunktionen benutzten Methode ähnliche Vorgangsweise gewählt werden. Im Rahmen der Referenzpunkt-Methode ist die Veränderung der Präferenzstruktur gleichbedeutend mit einer Verschiebung des Referenzpunktes $\overline{X}$ zu einem neuen Punkt $\overline{X}'$. Die Distanz zwischen $\overline{X}$ und $\overline{X}'$ kann komponentenweise durch nichtnegative Differenzvariablen δ_k^+ und δ_k^- beschrieben werden:

$$\begin{aligned} \overline{x_k}' &= \overline{x_k} + \delta_k^+ - \delta_k^- \\ \delta_k^+, \delta_k^- &\geq 0 \end{aligned} \tag{5.10}$$

Im Gegensatz zu den Gewichten multiattributiver Nutzenfunktionen unterliegen die Komponenten des Referenzpunktes keinen Skalierungsbedingungen. Daher sind auch keine weiteren Nebenbedingungen über die δ_k^+ bzw. δ_k^- erforderlich.

Für den Fall impliziter Modifikation und damit auch für die Kombination beider Formen muß die Gruppen-Bewertung in die Skalarisierungsfunktion mit einbezogen werden. Für Funktion (5.7) ergibt sich dabei:

$$\begin{aligned} & s'(X, \overline{X}, x_g, \overline{x_g}) = \\ & \min \left\{ \rho(x_k - \overline{x_k}), \rho(x_g - \overline{x_g}), \sum_{k \in K_m} (x_k - \overline{x_k}) + (x_g - \overline{x_g}) \right\} \end{aligned} \tag{5.11}$$

Für Funktion (5.8) lautet die entsprechende Erweiterung:

$$s'(X, \overline{X}, x_g, \overline{x_g}) = \min \{(x_k - \overline{x_k}), (x_g - \overline{x_g})\} \tag{5.12}$$

Die Einbeziehung des Attributes "Gruppen-Bewertung" erfordert, im Gegensatz zum Fall multiattributiver Nutzenfunktionen, keine Änderung des Referenzpunktes bezüglich der anderen Attribute. Die Verbindung der beiden Formen kann daher unmittelbar durch Verwendung des gemäß (5.10) modifizierten Referenzpunktes in (5.11) bzw. (5.12) erfolgen.

5.2.3.2 Konsistenz und Kontrollierbarkeit

Wie sich anhand eines Gegenbeispiels leicht zeigen läßt, genügt (5.11) nicht den in Kapitel drei formulierten Konsistenz- und Kontrollierbarkeitsbedingungen. Es seien zwei Alternativen durch die Attributvektoren $X_1 = (2,10)$ und $X_2 = (4,4)$ charakterisiert. Der Referenzpunkt sei $\overline{X} = (0,0)$. Die Gruppen-Bewertungen der beiden Alternativen seien $x_{1,g} = 4$ und $x_{2,g} = 3$. Für einen Parameter $\rho = 5$ ergibt sich

$$s(X_1, \overline{X}) = \min\{10, 50, 12\} = 10$$

und

$$s(X_2, \overline{X}) = \min\{20, 20, 8\} = 8$$

Ohne Berücksichtigung der Gruppen-Bewertung gilt also $X_1 \succ_m X_2$. Da X_1 in der Gruppen-Bewertung einen höheren Wert als X_2 aufweist, gilt auch $X_1 \succ_g X_2$. Durch Einsetzen in (5.11) erhält man jedoch

$$s'(X_1, \overline{X}, x_{1,g}, \overline{x_g}) = \min\{10, 50, 20, 16\} = 10$$

und

$$s'(X_2, \overline{X}, x_{2,g}, \overline{x_g}) = \min\{20, 20, 15, 11\} = 11$$

und somit $X_2 \succ_m^* X_1$. Es kann gezeigt werden (Vetschera, 1988c), daß derartige Verletzungen der Konsistenzbedingung nur auftreten, wenn die Bewertung einer Alternative nicht durch die Summe, sondern durch ein einzelnes Kriterium determiniert wird, obwohl die Alternative in allen Kriterien den Referenzpunkt übersteigt. Im obigen Beispiel ist die bei Alternative X_1 der Fall. Durch geeignete Wahl des Parameters ρ können diese Probleme beseitigt werden. Im obigen Beispiel wäre etwa ein Wert von $\rho = 6$ ausreichend.

Parameter $\overline{x_g}$ ist auch nicht in der Lage, die Kontrollierbarkeitsbedingung (3.10) zu erfüllen. Abbildung 5-2 zeigt die Entwicklung der Bewertung zweier Alternativen X_1 und X_2 in Abhängigkeit von $\overline{x_g}$. Dabei können drei Bereiche unterschieden werden. Im ersten Bereich wird die Bewertung durch $\min \rho(x_{i,k} - \overline{x_k})$ determiniert. Das Attribut, in dem das Minimum auftritt, sei k^*. Wird $\overline{x_g}$ hinreichend groß, so wird $\sum(x_{i,k} - \overline{x_k}) + (x_{i,g} - \overline{x_g})$ kleiner als $\rho(x_{i,k^*} - \overline{x_{k^*}})$ und determiniert die Bewertung. In Abbildung 5-2 ist dies für Alternative X_1 in Punkt A, für X_2

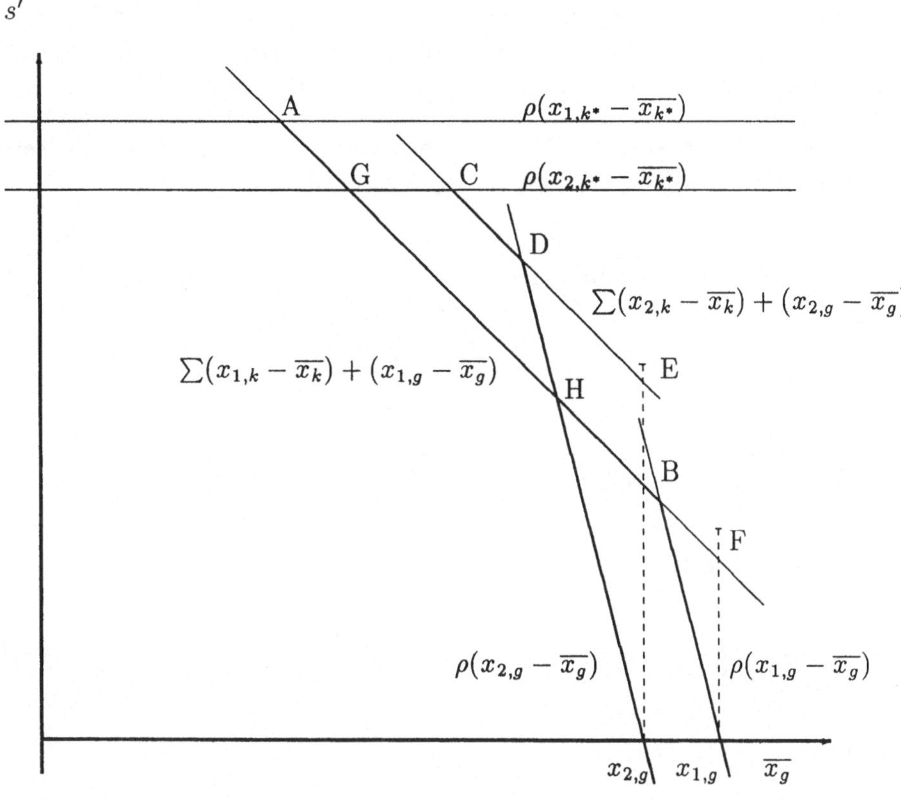

Abbildung 5-2: Kontrollierbarkeitsbedingung für Funktion (5.11)

in Punkt C der Fall. Wird $\overline{x_g}$ weiter erhöht, so wird die Bewertung schließlich von $\rho(x_{i,g} - \overline{x_g})$ als der kleinsten Komponente bestimmt (Punkt B bzw. D).

Ohne Berücksichtigung der Gruppen-Bewertung wird die Bewertung beider Alternativen durch $\sum(x_{i,k} - \overline{x_k})$ determiniert (Punkte F und E), es gilt also $s(X_2, \overline{X}) > s(X_1, \overline{X})$ und somit $X_2 \succ_m X_1$. Da $x_{2,g} < x_{1,g}$, gilt andererseits $X_1 \succ_g X_2$. Nach der Kontrollierbarkeitsbedingung sollte es einen kritischen Wert für $\overline{x_g}$ geben, unterhalb dessen X_2 als bessere Alternative ausgewiesen wird, oberhalb dessen X_1. Wie aus der Abbildung ersichtlich ist, wird aber X_2 im Bereich zwischen den Punkten G und H gegenüber X_1 vorgezogen, sowohl unter- als auch oberhalb dieses Bereiches ist jedoch $s'(X_1, \overline{X}, x_{1,g}, \overline{x_g})$ größer als $s'(X_2, \overline{X}, x_{2,g}, \overline{x_g})$. Damit existiert kein eindeutiger Grenzwert für den Übergang und die Kontrollierbarkeitsbedingung (3.10) ist verletzt.

Kontrollierbarkeitsbedingung (3.11) kann im Gegensatz dazu ähnlich wie im Fall der Nutzenfunktionen stets erfüllt werden, indem die Abweichungsvariablen δ_k^+ und δ_k^- für ein Kriterium k simultan erhöht werden.

Für Funktion (5.12) sind die Bedingungen hingegen erfüllt. Für zwei Alternativen X_1 und X_2 gelte $X_1 \succ_m X_2$ und $X_1 \succ_g X_2$ und damit

$$\min_k(x_{1,k} - \overline{x_k}) > \min_k(x_{2,k} - \overline{x_k})$$

und

$$(x_{1,g} - \overline{x_g}) > (x_{2,g} - \overline{x_g})$$

Daraus folgt unmittelbar

$$\min\left\{\min_k(x_{1,k} - \overline{x_k}), (x_{1,g} - \overline{x_g})\right\} > \min\left\{\min_k(x_{2,k} - \overline{x_k}), (x_{2,g} - \overline{x_g})\right\}$$

also $X_1 \succ_m^* X_2$.

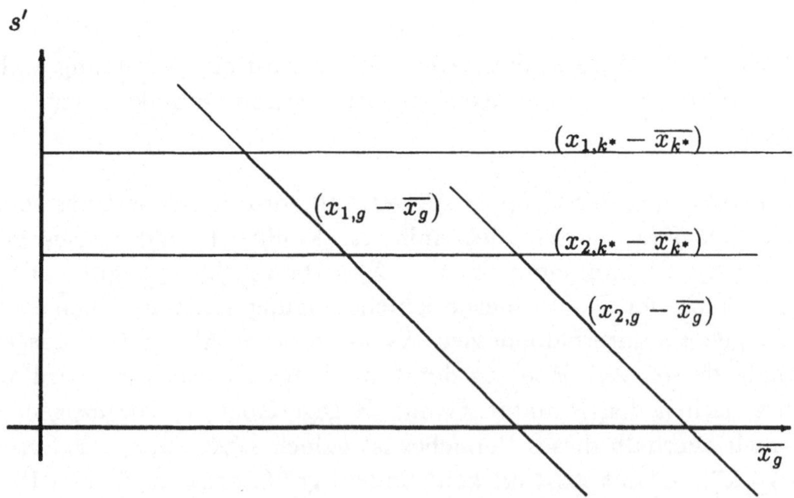

Abbildung 5-3: Kontrollierbarkeitsbedingung für Funktion (5.12)

Die Kontrollierbarkeitsbedingung (3.10) kann anhand von Abbildung 5-3 in ähnlicher Weise wie zuvor untersucht werden. Wie die Abbildung zeigt, bestehen die Kurven, die $s(X,\overline{X},x_g,\overline{x_g})$ in Abhängigkeit von $\overline{x_g}$ repräsentieren, aus jeweils zwei Geradenstücken. Der erste Teil verläuft waagrecht, der zweite hat einen Anstieg von -1. Da zwei Geraden einander nur schneiden können, wenn sie unterschiedliche Anstiege haben, kann maximal ein eindeutiger Schnittpunkt existieren.

Kontrollierbarkeitsbedingung (3.11) kann in Analogie zur bisherigen Vorgangsweise sichergestellt werden.

5.2.4 Modelle bei kardinaler Gruppen-Information

Wie im vorhergehenden Abschnitt gezeigt werden konnte, erfüllt Skalarisierungsfunktion (5.12) die in Kapitel drei gestellten Anforderungen, während Funktion (5.11) diese verletzt. Im folgenden soll daher nur mehr Funktion (5.12) betrachtet werden. Für diese Funktion wird zunächst ein Modifikationsmodell entwickelt. Da dieses Modell die Verwendung binärer Variabler erfordert und somit seine Lösung erheblichen Rechenaufwand verursacht, werden anschließend einige Überlegungen zur Verringerung dieses Rechenaufwandes angestellt.

5.2.4.1 Modellformulierung

5.2.4.1.1 Explizite Modifikation

Wie bereits gezeigt wurde, erfüllt $\overline{x_g}$ die an einen Kontrollparameter für explizite Modifikation gestellte Kontrollierbarkeitsbedingung. Damit kann $\overline{x_g}$ auch als Zielgröße zur Minimierung der expliziten Modifikation herangezogen werden.

5.2.4.1.2 Implizite Modifikation

Die Definitionsgleichungen für den modifizierten Referenzpunkt

$$\overline{x_k}' = \overline{x_k} + \delta_k^+ - \delta_k^-$$

können unmittelbar als Nebenbedingungen in das Modell übernommen werden. Zur Messung der insgesamt durchgeführten Modifikation können, ähnlich wie im nutzentheoretischen Modell, die ℓ_1- oder die ℓ_∞-Norm herangezogen werden.

5.2.4.1.3 c-Anpassung

Die allgemein formulierten Nebenbedingungen des Modells (3.4) haben unter Verwendung der Skalarisierungsfunktion (5.11) die Form

$$s'(X_n, \overline{X}, x_{n,g}, \overline{x_g}) > s'(X_{n+1}, \overline{X}, x_{n+1,g}, \overline{x_g}) \qquad n = 1, \ldots, c-1 \tag{5.13}$$

bzw.

$$s'(X_c, \overline{X}, x_{c,g}, \overline{x_g}) > s'(X_{n+1}, \overline{X}, x_{n+1,g}, \overline{x_g}) \qquad n = c, \ldots, N-1 \tag{5.14}$$

Die Formulierung dieser Nebenbedingungen in einem gemischt-ganzzahligen Optimierungsmodell soll im Detail für (5.13) dargestellt werden, die Nebenbedingungen (5.14) können in analoger Weise transformiert werden.

Durch Einsetzen von (5.12) in (5.13) erhält man unter Berücksichtigung des modifizierten Referenzpunktes $\overline{X}'$:

$$\begin{aligned} &\min\left\{\min_k(x_{n,k} - \overline{x_k}'), (x_{n,g} - \overline{x_g})\right\} > \\ &\quad \min\left\{\min_k(x_{n+1,k} - \overline{x_k}'), (x_{n+1,g} - \overline{x_g})\right\} \end{aligned} \tag{5.15}$$

oder, in äquivalenter Darstellung

$$\begin{aligned} &\max\left\{\max_k -(x_{n,k} - \overline{x_k}'), -(x_{n,g} - \overline{x_g})\right\} < \\ &\quad \max\left\{\max_k -(x_{n+1,k} - \overline{x_k}'), -(x_{n+1,g} - \overline{x_g})\right\} \end{aligned} \tag{5.16}$$

Bedingung (5.16) ist erfüllt, wenn ein z_n existiert, so daß

$$\begin{aligned} z_n &\geq -(x_{n,1} - \overline{x_1}') \\ &\vdots \\ z_n &\geq -(x_{n,K} - \overline{x_K}') \\ z_n &\geq -(x_{n,g} - \overline{x_g}) \end{aligned} \tag{5.17}$$

und

$$z_n < \max\left\{\max_k -(x_{n+1,k} - \overline{x_k}'), -(x_{n+1,g} - \overline{x_g})\right\} \tag{5.18}$$

Die Bedingung (5.18) kann nun durch die folgenden Nebenbedingungen ersetzt werden:

$$\begin{array}{rcll} z_n & < & -(x_{n+1,1} - \overline{x_1}') + \lambda_{n,1} M & (a) \\ & \vdots & & \\ z_n & < & -(x_{n+1,K} - \overline{x_K}') + \lambda_{n,K} M & \\ z_n & < & -(x_{n+1,g} - \overline{x_g}) + \lambda_{n,g} M & \\ & & & \\ K & \geq & \sum\limits_{k \in K_m} \lambda_{n,k} + \lambda_{n,g} & (b) \end{array} \tag{5.19}$$

wobei $\lambda_{n,k}, \lambda_{n,g} \in \{0, 1\}$ und M eine hinreichend große Zahl ist. Die Variablen $\lambda_{n,k}$ bzw. $\lambda_{n,g}$ haben durch die Nebenbedingungen (5.19 a) die Funktion von Indikatorvariablen: ist z_n größer als der erste Term der rechten Seite, so muß das entsprechende λ den Wert 1 aufweisen, damit die Nebenbedingung erfüllt ist. Ist z_n kleiner, so kann das entsprechende λ auch den Wert null haben. Die Nebenbedingung (5.19 b) stellt sicher, daß für jedes z_n zumindest ein λ null ist und somit z_n kleiner als mindestens einer der Werte der rechten Seite ist. Damit ist z_n kleiner als das Maximum der Werte auf der rechten Seite und Bedingung (5.16) ist erfüllt.

5.2.4.1.4 Modelle

Die drei zuvor entwickelten Komponenten können nun in den folgenden Modifikationsmodellen zusammengefaßt werden. Für die Verwendung der ℓ_1-Norm ergibt sich Modell (5.20):

$$\sum_{k \in K_m} \delta_k^+ + \sum_{k \in K_m} \delta_k^- = \min! \tag{5.20}$$

$$\overline{x_g} = \min!$$

$$\overline{x_k}' = \overline{x_k} + \delta_k^+ - \delta_k^- \qquad \forall k$$

$$z_n \geq -(x_{n,k} - \overline{x_k}') \qquad n = 1, \ldots, c-1;\ \forall k$$

$$z_n \geq -(x_{n,g} - \overline{x_g}) \qquad n = 1, \ldots, c-1$$

$$z_n < -(x_{n+1,k} - \overline{x_k}') + \lambda_{n,k} M \qquad n = 1, \ldots, c-1;\ \forall k$$

$$z_n < -(x_{n+1,g} - \overline{x_g}) + \lambda_{n,g} M \qquad n = 1, \ldots, c-1$$

$$K \geq \sum_{k \in K_m} \lambda_{n,k} + \lambda_{n,g} \qquad n = 1, \ldots, c-1$$

$$z_n \geq -(x_{c,k} - \overline{x_k}') \qquad n = c, \ldots, N-1;\ \forall k$$

$$z_n \geq -(x_{c,g} - \overline{x_g}) \qquad n = c, \ldots, N-1$$

$$z_n < -(x_{n+1,k} - \overline{x_k}') + \lambda_{n,k} M \qquad n = c, \ldots, N-1;\ \forall k$$

$$z_n < -(x_{n+1,g} - \overline{x_g}) + \lambda_{n,g} M \qquad n = c, \ldots, N-1$$

$$K \geq \sum_{k \in K_m} \lambda_{n,k} + \lambda_{n,g} \qquad n = c, \ldots, N-1$$

$$\lambda_{n,k} \in \{0,1\} \qquad n = 1, \ldots, N-1;\ \forall k$$

$$\lambda_{n,g} \in \{0,1\} \qquad n = 1, \ldots, N-1$$

Bei Verwendung der ℓ_∞-Norm ergibt sich Modell (5.21):

$$
\begin{array}{ll}
\phi = \min! & (5.21) \\
\overline{x_g} = \min! & \\
\overline{x_k}' = \overline{x_k} + \delta_k^+ - \delta_k^- & \forall k \\
\phi \geq \delta_k^+ & \forall k \\
\phi \geq \delta_k^- & \forall k \\
z_n \geq -(x_{n,k} - \overline{x_k}') & n = 1, \ldots, c-1;\ \forall k \\
z_n \geq -(x_{n,g} - \overline{x_g}) & n = 1, \ldots, c-1 \\
z_n < -(x_{n+1,k} - \overline{x_k}') + \lambda_{n,k} M & n = 1, \ldots, c-1;\ \forall k \\
z_n < -(x_{n+1,g} - \overline{x_g}) + \lambda_{n,g} M & n = 1, \ldots, c-1 \\
K \geq \sum_{k \in K_m} \lambda_{n,k} + \lambda_{n,g} & n = 1, \ldots, c-1 \\
z_n \geq -(x_{c,k} - \overline{x_k}') & n = c, \ldots, N-1;\ \forall k \\
z_n \geq -(x_{c,g} - \overline{x_g}) & n = c, \ldots, N-1 \\
z_n < -(x_{n+1,k} - \overline{x_k}') + \lambda_{n,k} M & n = c, \ldots, N-1;\ \forall k \\
z_n < -(x_{n+1,g} - \overline{x_g}) + \lambda_{n,g} M & n = c, \ldots, N-1 \\
K \geq \sum_{k \in K_m} \lambda_{n,k} + \lambda_{n,g} & n = c, \ldots, N-1 \\
\lambda_{n,k} \in \{0, 1\} & n = 1, \ldots, N-1;\ \forall k \\
\lambda_{n,g} \in \{0, 1\} & n = 1, \ldots, N-1
\end{array}
$$

5.2.4.2 Optimierungstechnische Überlegungen

Die Modelle (5.20) und (5.21) sind gemischt-ganzzahlige Optimierungsmodelle mit $(N-1) \cdot (K+1)$ binären Variablen. Die Lösung eines derartigen Modells kann bei umfangreicheren Problemen erheblichen Rechenaufwand verursachen.

Dieses Problem betrifft insbesondere die Berechnung von Trade-Off-Kurven. Die Menge der zulässigen Lösungen eines gemischt-ganzzahligen Optimierungsproblemes ist in der Regel nicht konvex. Daher können die effizienten Kombinationen der beiden Zielgrößen $\overline{x_g}$ und $d(\overline{X}, \overline{X}')$ auch nicht durch Minimierung einer gewichteten Summe der beiden Werte unter parametrischer Variation des Gewichtungsfaktors ermittelt werden, wie dies beim Modell für Nutzenfunktionen der Fall war. Einzelne Punkte der Trade-Off-Kurve können ermittelt werden, indem eine Zielgröße (etwa $\overline{x_g}$) minimiert wird, während die andere Zielgröße auf einen vorgegebenen Wert fixiert wird. Durch schrittweise Variation des Vorgabewertes der zweiten Zielgröße können die Kurven dann punktweise berechnet werden. Diese Vorgangsweise erfordert die Lösung einer größeren Zahl gemischt-ganzzahliger Optimierungsmodelle und erhöht damit die Bedeutung, die der Reduktion des Rechenaufwandes zukommt. Allerdings bestehen zwischen den Lösungen der einzelnen Modelle Abhängigkeiten, die zur Beschleunigung der Berechnungen benutzt werden können.

Die Trade-Off-Kurven verlaufen monoton fallend. Bei schrittweiser Erhöhung der Vorgabewerte für $d(\overline{X}, \overline{X}')$ kann daher der zuvor ermittelte Wert von $\overline{x_g}$ als Obergrenze des Zielfunktionswertes vorgegeben werden. Die Verwendung einer (möglichst nahe am Optimum liegenden) Obergrenze für den Zielfunktionswert ist insbesondere bei Anwendung des Branch-and-Bound-Verfahrens der gemischt-ganzzahligen Optimierung äußerst vorteilhaft, da dadurch ungünstige Zweige des Suchbaumes sehr früh eliminiert werden können (Greenberg, 1971; Wagner, 1975; Foulds, 1981).

Wie das numerische Beispiel des nächsten Abschnittes zeigt, verlaufen die Trade-Off-Kurven stückweise linear. Dieser Umstand kann zur Ermittlung einer (vorläufigen) Untergrenze des Zielfunktionswertes durch lineare Extrapolation benutzt werden. Abbildung 5-4 veranschaulicht die zur Berechnung der Trade-Off-Kurven im nachfolgenden Beispiel verwendete Heuristik.

Zunächst wird der Zielfunktionswert im Modell auf ein Intervall zwischen dem vorhergehenden Zielfunktionswert und einem Wert knapp unterhalb der linearen Extrapolation der beiden vorhergehenden Werte beschränkt. Verläuft die Kurve weiterhin linear oder konvex, so kann die optimale Lösung innerhalb dieses Intervalls relativ rasch ermittelt werden. Liegt die optimale Lösung dieses Modells jedoch an der vorgegebenen Untergrenze, so wird eine erneute Optimierung durchgeführt. Dabei wird die bisherige Untergrenze als neue Obergrenze festgesetzt und keine untere Schranke benutzt. So können auch nicht konvexe Stellen der Trade-Off-Kurven berechnet werden.

Die Anwendung dieser Heuristik setzt allerdings voraus, daß im ersten Optimierungslauf stets der Wert der Untergrenze als optimale Lösung aufscheint, falls das Problem insgesamt eine Lösung besitzt, die kleiner oder gleich diesem Wert ist. Wie man sich leicht überzeugt, sind für eine zulässige Lösung $\overline{x_g}$ der beiden Modelle auch alle Werte $\overline{\overline{x_g}} \geq \overline{x_g}$ zulässige Lösungen, so daß diese Voraussetzung erfüllt ist.

Unabhängig von der Berechnung der Trade-Off-Kurven können auch die Modelle selbst zur Vereinfachung der Berechnungen modifiziert werden. Insbesondere können die Nebenbedingungen der Form

$$K \geq \sum_{k \in K_m} \lambda_{n,k} + \lambda_{n,g}$$

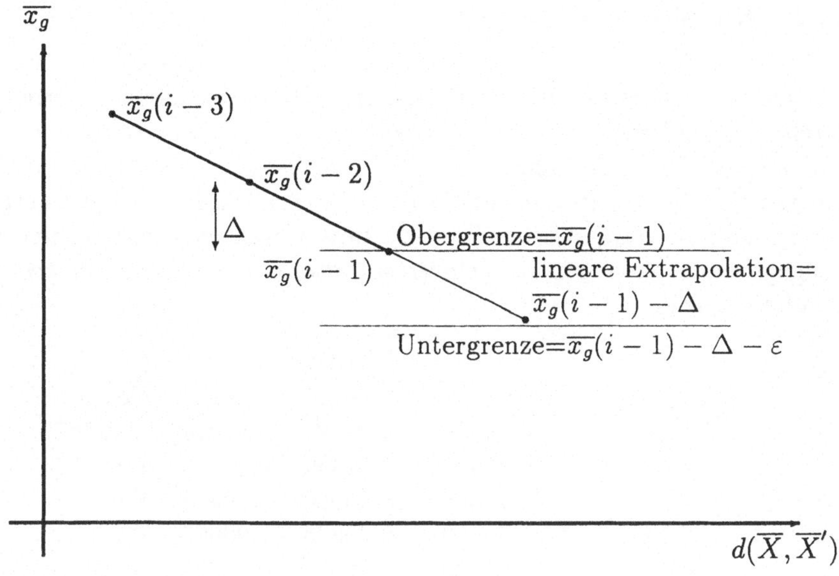

Abbildung 5-4: Heuristische Vorgangsweise bei der Berechnung von Trade-Off-Kurven

durch Nebenbedingungen

$$K = \sum_{k \in K_m} \lambda_{n,k} + \lambda_{n,g}$$

ersetzt werden. Dadurch wird zwar der Wert von z_n auf das Intervall zwischen dem größten und dem zweitgrößten Wert der rechten Seite beschränkt. Da dieser Wert jedoch größer oder gleich den Werten der linken Seite von (5.16) ist, bleibt (5.16) weiterhin erfüllt. Durch die Verwendung der Gleichheits- anstelle der Ungleichheits-Nebenbedingung muß eine der Variablen der rechten Seite dieser Nebenbedingungen nicht mehr explizit als binäre Variable deklariert werden. Damit kann die Anzahl der binären Variablen um $N-1$ auf $(N-1) \cdot K$ verringert werden.

Durch die Anwendung der dargestellten Maßnahmen konnte der Rechenzeitbedarf bei der Ermittlung der Trade-Off-Kurven des nachfolgenden numerischen Beispiels etwa um einen Faktor von drei reduziert werden.

5.2.4.3 Numerisches Beispiel

Das folgende Beispiel beruht auf den gleichen Daten wie das des vorhergehenden Kapitels, um die Vergleichbarkeit der beiden Ansätze zu gewährleisten. Entsprechend den getroffenen Annahmen werden zunächst sämtliche Daten der Alternativen in den einzelnen Kriterien auf das (0,1)-Intervall skaliert. Daraus ergeben sich die in Tabelle 5-1 dargestellten Werte. Diese Daten entsprechen den in Tabelle 4-2 angegebenen partiellen Nutzenwerten unter der Annahme linearer partieller Nutzenfunktionen.

	Attribute			
Alternative	Verbrauch	Raum	Preis	Geschw.
1	0.39839	0.84821	0.56974	0.90769
2	0.47419	0.82440	0.51473	0.86154
3	0.73065	0.00000	0.79568	0.67692
4	1.00000	0.20833	1.00000	0.00000
5	0.91129	0.16071	0.85658	0.38462
6	0.53871	0.30952	0.71807	0.47692
7	0.41129	1.00000	0.00000	0.96923
8	0.30645	0.87798	0.21611	0.93846
9	0.00000	0.97321	0.40668	0.43077
10	0.11129	0.80357	0.13963	1.00000

Tabelle 5-1: Normalisierte Daten

Ferner sei angenommen, daß das Gruppenmitglied bisher einen Referenzpunkt von $(0.7, 0.3, 0.3, 0.7)$ benutzte. Die Gruppen-Bewertung beruhe auf einem Referenzpunkt (0.3, 0.7, 0.7, 0.3). Daraus ergeben sich die in Tabelle 5-2 dargestellten Werte der Skalarisierungsfunktion und Rangziffern der einzelnen Alternativen.

In der letzten Spalte von Tabelle 5-2 ist die Gruppen-Bewertung ebenfalls auf das (0,1)-Intervall skaliert, um sie für die Verwendung in der erweiterten Skalarisierungsfunktion den anderen Attributen vergleichbar zu machen.

Alternative	Mitglied		Gruppe		
	Rang	$-s(X)$	Rang	$-s(X)$	Normalisiert
1	5	0.301613	1	0.130255	1.000000
2	2	0.225806	2	0.185265	0.903448
3	3	0.300000	9	0.700000	0.000000
4	9	0.700000	6	0.491667	0.365661
5	6	0.315385	7	0.539286	0.282081
6	1	0.223077	4	0.390476	0.543268
7	3	0.300000	9	0.700000	0.000000
8	7	0.393548	5	0.483890	0.379310
9	9	0.700000	3	0.300000	0.702069
10	8	0.588710	8	0.560373	0.245069

Tabelle 5-2: Individuelle Bewertung und Gruppen-Bewertung

```
The following model was read:
Maximize  - XGQ

Subject to
  1.  + DP[1] + DP[2] + DP[3] + DP[4] + DM[1] + DM[2] + DM[3]
      + DM[4] = 1.1
  2.  - XQ[1] + ZP[1] - ZM[1] >= -0.3974
  3.  - XQ[1] + ZP[1] - ZM[1] - 100 L[1,1] <= -0.4742
  4.  - XQ[2] + ZP[1] - ZM[1] >= -0.8472
  5.  - XQ[2] + ZP[1] - ZM[1] - 100 L[1,2] <= -0.8244
  6.  - XQ[3] + ZP[1] - ZM[1] >= -0.5687
  7.  - XQ[3] + ZP[1] - ZM[1] - 100 L[1,3] <= -0.5147
  8.  - XQ[4] + ZP[1] - ZM[1] >= -0.9067
  9.  - XQ[4] + ZP[1] - ZM[1] - 100 L[1,4] <= -0.8615
 10.  + ZP[1] - ZM[1] - XGQ >= -0.999
 11.  + ZP[1] - ZM[1] - 100 LG[1] - XGQ <= -0.9034
 12.  + L[1,1] + L[1,2] + L[1,3] + L[1,4] + LG[1] = 4
 13.  - XQ[1] + ZP[2] - ZM[2] >= -0.4732
 14.  - XQ[1] + ZP[2] - ZM[2] - 100 L[2,1] <= 0
 15.  - XQ[2] + ZP[2] - ZM[2] >= -0.8234
 16.  - XQ[2] + ZP[2] - ZM[2] - 100 L[2,2] <= -0.9732
 17.  - XQ[3] + ZP[2] - ZM[2] >= -0.5137
 18.  - XQ[3] + ZP[2] - ZM[2] - 100 L[2,3] <= -0.4067
 19.  - XQ[4] + ZP[2] - ZM[2] >= -0.8605
 20.  - XQ[4] + ZP[2] - ZM[2] - 100 L[2,4] <= -0.4308
 21.  + ZP[2] - ZM[2] - XGQ >= -0.9024
 22.  + ZP[2] - ZM[2] - 100 LG[2] - XGQ <= -0.7021
 23.  + L[2,1] + L[2,2] + L[2,3] + L[2,4] + LG[2] = 4
 24.  - XQ[1] + ZP[3] - ZM[3] >= 0.001
 25.  - XQ[1] + ZP[3] - ZM[3] - 100 L[3,1] <= -0.5387
 26.  - XQ[2] + ZP[3] - ZM[3] >= -0.9722
 27.  - XQ[2] + ZP[3] - ZM[3] - 100 L[3,2] <= -0.3095
 28.  - XQ[3] + ZP[3] - ZM[3] >= -0.4057
 29.  - XQ[3] + ZP[3] - ZM[3] - 100 L[3,3] <= -0.7181
 30.  - XQ[4] + ZP[3] - ZM[3] >= -0.4298
 31.  - XQ[4] + ZP[3] - ZM[3] - 100 L[3,4] <= -0.4769
 32.  + ZP[3] - ZM[3] - XGQ >= -0.7011
 33.  + ZP[3] - ZM[3] - 100 LG[3] - XGQ <= -0.5433
 34.  + L[3,1] + L[3,2] + L[3,3] + L[3,4] + LG[3] = 4
 35.  - XQ[1] + ZP[4] - ZM[4] >= -0.5377
 36.  - XQ[1] + ZP[4] - ZM[4] - 100 L[4,1] <= -0.3065
 37.  - XQ[2] + ZP[4] - ZM[4] >= -0.3085
 38.  - XQ[2] + ZP[4] - ZM[4] - 100 L[4,2] <= -0.878
```

```
39.  - XQ[3] + ZP[4] - ZM[4] >= -0.7171
40.  - XQ[3] + ZP[4] - ZM[4] - 100 L[4,3] <= -0.2161
41.  - XQ[4] + ZP[4] - ZM[4] >= -0.4759
42.  - XQ[4] + ZP[4] - ZM[4] - 100 L[4,4] <= -0.9385
43.  + ZP[4] - ZM[4] - XGQ >= -0.5423
44.  + ZP[4] - ZM[4] - 100 LG[4] - XGQ <= -0.3793
45.  + L[4,1] + L[4,2] + L[4,3] + L[4,4] + LG[4] = 4
46.  - XQ[1] + ZP[5] - ZM[5] >= -0.3055
47.  - XQ[1] + ZP[5] - ZM[5] - 100 L[5,1] <= -1
48.  - XQ[2] + ZP[5] - ZM[5] >= -0.877
49.  - XQ[2] + ZP[5] - ZM[5] - 100 L[5,2] <= -0.2083
50.  - XQ[3] + ZP[5] - ZM[5] >= -0.2151
51.  - XQ[3] + ZP[5] - ZM[5] - 100 L[5,3] <= -1
52.  - XQ[4] + ZP[5] - ZM[5] >= -0.9375
53.  - XQ[4] + ZP[5] - ZM[5] - 100 L[5,4] <= 0
54.  + ZP[5] - ZM[5] - XGQ >= -0.3783
55.  + ZP[5] - ZM[5] - 100 LG[5] - XGQ <= -0.3657
56.  + L[5,1] + L[5,2] + L[5,3] + L[5,4] + LG[5] = 4
57.  - XQ[1] + ZP[6] - ZM[6] >= -0.999
58.  - XQ[1] + ZP[6] - ZM[6] - 100 L[6,1] <= -0.9113
59.  - XQ[2] + ZP[6] - ZM[6] >= -0.2073
60.  - XQ[2] + ZP[6] - ZM[6] - 100 L[6,2] <= -0.1607
61.  - XQ[3] + ZP[6] - ZM[6] >= -0.999
62.  - XQ[3] + ZP[6] - ZM[6] - 100 L[6,3] <= -0.8566
63.  - XQ[4] + ZP[6] - ZM[6] >= 0.001
64.  - XQ[4] + ZP[6] - ZM[6] - 100 L[6,4] <= -0.3846
65.  + ZP[6] - ZM[6] - XGQ >= -0.3647
66.  + ZP[6] - ZM[6] - 100 LG[6] - XGQ <= -0.2821
67.  + L[6,1] + L[6,2] + L[6,3] + L[6,4] + LG[6] = 4
68.  - XQ[1] + ZP[7] - ZM[7] >= -0.9103
69.  - XQ[1] + ZP[7] - ZM[7] - 100 L[7,1] <= -0.1113
70.  - XQ[2] + ZP[7] - ZM[7] >= -0.1597
71.  - XQ[2] + ZP[7] - ZM[7] - 100 L[7,2] <= -0.8036
72.  - XQ[3] + ZP[7] - ZM[7] >= -0.8556
73.  - XQ[3] + ZP[7] - ZM[7] - 100 L[7,3] <= -0.1396
74.  - XQ[4] + ZP[7] - ZM[7] >= -0.3836
75.  - XQ[4] + ZP[7] - ZM[7] - 100 L[7,4] <= -1
76.  + ZP[7] - ZM[7] - XGQ >= -0.2811
77.  + ZP[7] - ZM[7] - 100 LG[7] - XGQ <= -0.2451
78.  + L[7,1] + L[7,2] + L[7,3] + L[7,4] + LG[7] = 4
79.  - XQ[1] + ZP[8] - ZM[8] >= -0.1103
80.  - XQ[1] + ZP[8] - ZM[8] - 100 L[8,1] <= -0.4113
81.  - XQ[2] + ZP[8] - ZM[8] >= -0.8026
```

```
 82.  - XQ[2] + ZP[8] - ZM[8] - 100 L[8,2] <= -1
 83.  - XQ[3] + ZP[8] - ZM[8] >= -0.1386
 84.  - XQ[3] + ZP[8] - ZM[8] - 100 L[8,3] <= 0
 85.  - XQ[4] + ZP[8] - ZM[8] >= -0.999
 86.  - XQ[4] + ZP[8] - ZM[8] - 100 L[8,4] <= -0.9692
 87.  + ZP[8] - ZM[8] - XGQ >= -0.2441
 88.  + ZP[8] - ZM[8] - 100 LG[8] - XGQ <= -0.001
 89.  + L[8,1] + L[8,2] + L[8,3] + L[8,4] + LG[8] = 4
 90.  - XQ[1] + ZP[9] - ZM[9] >= -0.4103
 91.  - XQ[1] + ZP[9] - ZM[9] - 100 L[9,1] <= -0.7306
 92.  - XQ[2] + ZP[9] - ZM[9] >= -0.999
 93.  - XQ[2] + ZP[9] - ZM[9] - 100 L[9,2] <= 0
 94.  - XQ[3] + ZP[9] - ZM[9] >= 0.001
 95.  - XQ[3] + ZP[9] - ZM[9] - 100 L[9,3] <= -0.7957
 96.  - XQ[4] + ZP[9] - ZM[9] >= -0.9682
 97.  - XQ[4] + ZP[9] - ZM[9] - 100 L[9,4] <= -0.6769
 98.  + ZP[9] - ZM[9] - XGQ >= 0
 99.  + ZP[9] - ZM[9] - 100 LG[9] - XGQ <= 0
100.  + L[9,1] + L[9,2] + L[9,3] + L[9,4] + LG[9] = 4
101.  + XQ[1] - DP[1] + DM[1] = 0.7
102.  + XQ[2] - DP[2] + DM[2] = 0.3
103.  + XQ[3] - DP[3] + DM[3] = 0.3
104.  + XQ[4] - DP[4] + DM[4] = 0.7
```

Variable	Bound	Variable	Bound	Variable	Bound
L[1,1]	1	L[1,2]	1	L[1,3]	1
L[1,4]	1	L[2,1]	1	L[2,2]	1
L[2,3]	1	L[2,4]	1	L[3,1]	1
L[3,2]	1	L[3,3]	1	L[3,4]	1
L[4,1]	1	L[4,2]	1	L[4,3]	1
L[4,4]	1	L[5,1]	1	L[5,2]	1
L[5,3]	1	L[5,4]	1	L[6,1]	1
L[6,2]	1	L[6,3]	1	L[6,4]	1
L[7,1]	1	L[7,2]	1	L[7,3]	1
L[7,4]	1	L[8,1]	1	L[8,2]	1
L[8,3]	1	L[8,4]	1	L[9,1]	1
L[9,2]	1	L[9,3]	1	L[9,4]	1
LG[1]	1	LG[2]	1	LG[3]	1
LG[4]	1	LG[5]	1	LG[6]	1
LG[7]	1	LG[8]	1	LG[9]	1

```
   Integer variables :
L[1,1]    L[1,2]    L[1,3]    L[1,4]    L[2,1]    L[2,2]    L[2,3]
L[2,4]    L[3,1]    L[3,2]    L[3,3]    L[3,4]    L[4,1]    L[4,2]
L[4,3]    L[4,4]    L[5,1]    L[5,2]    L[5,3]    L[5,4]    L[6,1]
L[6,2]    L[6,3]    L[6,4]    L[7,1]    L[7,2]    L[7,3]    L[7,4]
L[8,1]    L[8,2]    L[8,3]    L[8,4]    L[9,1]    L[9,2]    L[9,3]
L[9,4]
```

Liste 5-1: Modifikationsmodell, Referenzpunkt, kardinale Gruppen-Information, ℓ_1-Norm, $c = 6$

Die Übertragung des allgemeinen Modells (5.20) auf diese Daten führt zu dem in Liste 5-1 dargestellten Modell. Auch in diesem Fall wurden, ähnlich wie bei den Modellen des vorhergehenden Kapitels, strikte Ungleichheits-Nebenbedingungen durch Addition eines Toleranzparameters $\epsilon = 0.001$ in Gleichheits- oder Ungleichheits-Nebenbedingungen transformiert. Da die verwendeten Optimierungsprogramme nur nichtnegative Variablen zulassen, wurden ferner die Variablen z_n in positive Komponenten $\mathtt{ZP}_n \geq 0$ und negative Komponenten $\mathtt{ZN}_n \geq 0$ zerlegt.

Wie der Vergleich mit den für den Fall multiattributiver Nutzenfunktionen formulierten Modellen zeigt, ist das dargestellte Modell für den Referenzpunktansatz nicht nur aufgrund der Verwendung ganzzahliger Variablen komplexer, sondern auch wesentlich umfangreicher.

Die Lösung des Modells für unterschiedliche Vorgabewerte der Zielfunktion $\sum \delta_k^+ + \delta_k^-$ (vgl. Nebenbedingung 1. in Liste 5-1) führt beispielsweise für $c = 6$ zu den in Tabelle 5-3 zusammengefaßten Ergebnissen. Die letzte Zeile dieser Tabelle repräsentiert den kleinsten Wert der ersten Zielfunktion, für den die zweite Zielfunktion den Wert null annimmt. Dieser wurde durch Minimierung von $\sum \delta_k^+ + \sum \delta_k^-$ unter der Bedingung $\overline{x_g} = 0$ ermittelt.

Wie die Tabelle zeigt, entspricht eine Annäherung an die Gruppen-Präferenzordnung nicht unbedingt einer Annäherung an den Referenzpunkt der Gruppe. In Zielgröße 1 etwa wird der Wert des Gruppen-Referenzpunktes von 0.3 sogar deutlich unterschritten. Die Referenzniveaus der zweiten und dritten Zielgröße werden hingegen nur wenig, in vielen Fällen sogar überhaupt nicht modifiziert. Die nicht kontinuierliche Entwicklung einiger Größen deutet ferner auf die Existenz mehrerer ganzzahliger Optima hin.

Die Lösung des Modells für unterschiedliche Werte von c ergibt die in Abbildung 5-5 dargestellten Trade-Off-Kurven. Die Abbildung zeigt deutlich den teilweise nicht konvexen Verlauf dieser Kurven. Ähnlich wie im Modell des vorhergehenden Kapitels führen auch hier unterschiedliche Werte von c zum Teil zu den gleichen

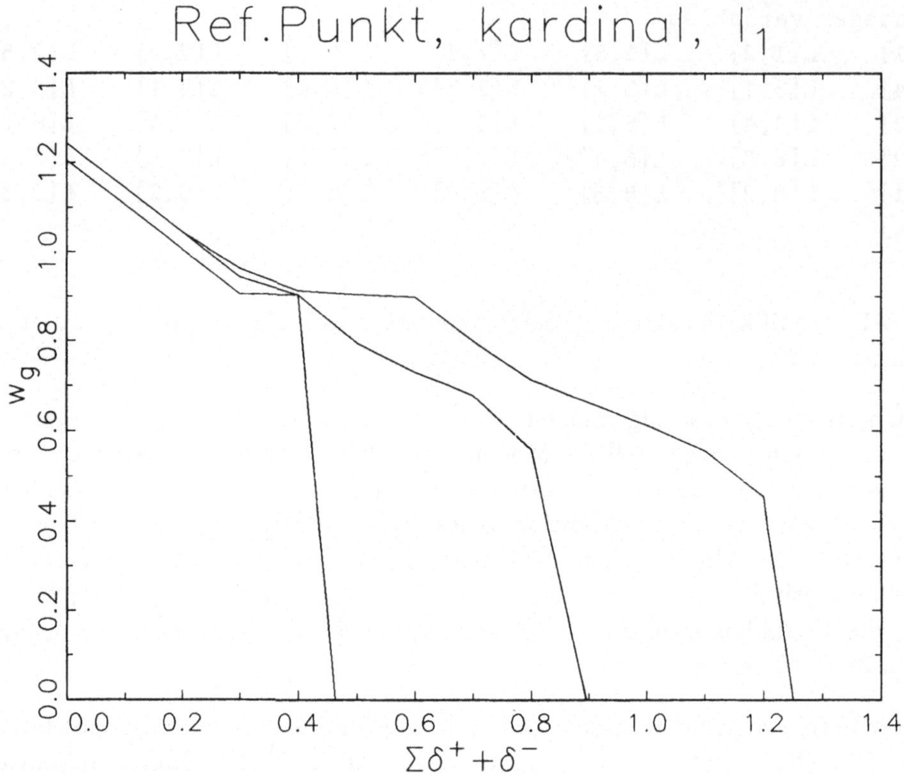

Abbildung 5-5: Trade-Off-Kurven, Referenzpunkt, kardinale Gruppen-Information, ℓ_1-Norm

$\sum \delta_k^+ + \delta_k^-$	$\overline{x_g}$	$\overline{x_1}'$	$\overline{x_2}'$	$\overline{x_3}'$	$\overline{x_4}'$
0.00000	1.24346	0.70000	0.30000	0.30000	0.70000
0.10000	1.14346	0.60000	0.30000	0.30000	0.70000
0.20000	1.04346	0.50000	0.30000	0.30000	0.70000
0.30000	0.96287	0.41941	0.30000	0.30000	0.68059
0.40000	0.91287	0.36941	0.30000	0.30000	0.63059
0.50000	0.90344	0.35998	0.30000	0.28970	0.55032
0.60000	0.89884	0.18344	0.30000	0.30000	0.61656
0.70000	0.79884	0.19100	0.30000	0.30756	0.51656
0.80000	0.71287	0.16941	0.30000	0.30000	0.43059
0.90000	0.66287	0.11941	0.30000	0.30000	0.38059
1.00000	0.61287	0.06941	0.30000	0.30000	0.33059
1.10000	0.55498	0.17528	0.48500	0.30000	0.30972
1.20000	0.45498	0.08350	0.39322	0.30000	0.20972
1.24955	0.00000	0.27329	0.58301	0.51455	0.37469

Tabelle 5-3: Werte von $\overline{x_g}$ und modifizierte Referenzpunkte an der Trade-Off-Kurve, kardinale Gruppen-Information, $c = 6$, ℓ_1-Norm

Kurven. In diesem Fall sind dies die Werte $c = 1$ und $c = 2$, $c = 3$ bis $= 6$ sowie $c = 7$ bis $c = 10$.

Die Ergebnisse des auf der ℓ_∞-Norm beruhenden Modells sind (ebenfalls für $c = 6$) in Tabelle 5-4 zusammengefaßt. Aufgrund der spezifischen Form des Distanzmaßes erfolgt hier die Anpassung gleichmäßiger in allen Kriterien.

ϕ	$\overline{x_g}$	$\overline{x_1}'$	$\overline{x_2}'$	$\overline{x_3}'$	$\overline{x_4}'$
0.00000	1.24346	0.70000	0.30000	0.30000	0.70000
0.10000	1.14346	0.60000	0.20000	0.20000	0.60000
0.20000	1.04346	0.50000	0.10000	0.10000	0.50000
0.30000	0.94346	0.40000	0.00000	0.57046	0.57026
0.35484	0.00000	0.34514	0.65486	0.58635	0.44652

Tabelle 5-4: Werte von $\overline{x_g}$ und modifizierte Referenzpunkte an der Trade-Off-Kurve, kardinale Gruppen-Information, $c = 6$, ℓ_∞-Norm

Die entsprechenden Trade-Off-Kurven sind in Abbildung 5-6 dargestellt. In diesem Fall führen die Werte $c = 1$ und $c = 2$ sowie $c = 3$ bis $c = 10$ jeweils zu identischen Kurven. Die maximale Distanz zwischen zwei korrespondierenden Komponenten des individuellen Referenzpunktes und des Gruppen-Referenzpunktes beträgt 0.4. Damit stellt $\phi = 0.4$ eine Obergrenze für den rechten Rand der Kurven dar. Wie auch Tabelle 5-4 zeigt, reicht bereits eine geringere Modifikation von $\phi \approx 0.35$ aus, um die gewünschte Anpassung zu erzielen.

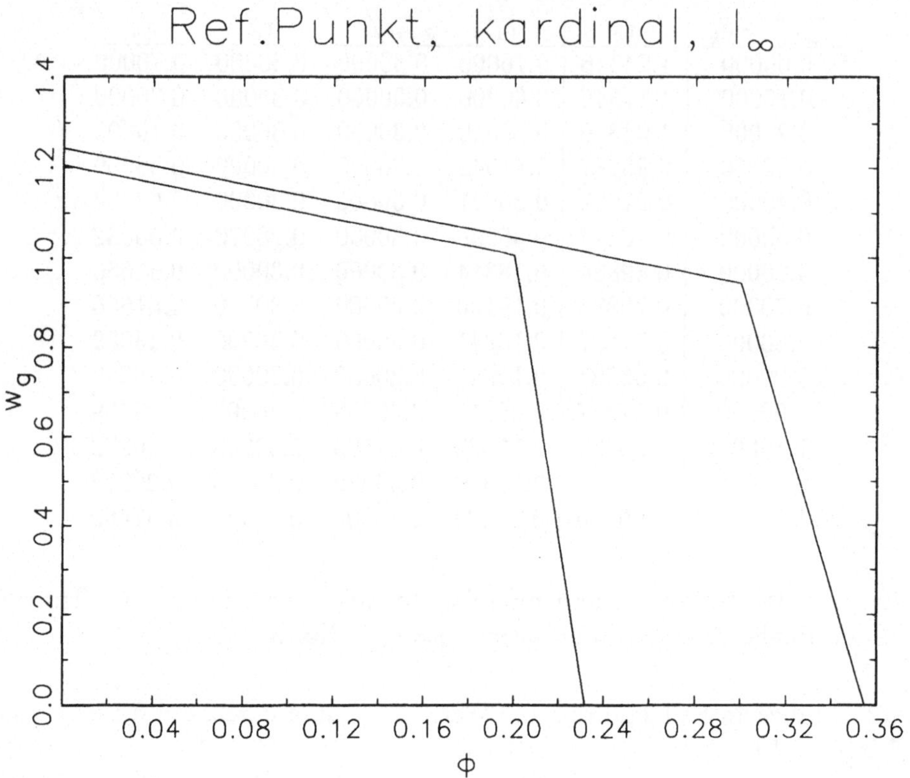

Abbildung 5-6: Trade-Off-Kurven, Referenzpunkt, kardinale Gruppen-Information, ℓ_∞-Norm

5.2.5 Modelle bei ordinaler Gruppen-Information

5.2.5.1 Modellformulierung

Auch im Fall der Referenzpunkt-Methode kann ordinale Information über die Gruppen-Präferenzordnung ähnlich wie bei den Modellen für Nutzenfunktionen in die individuellen Bewertungen integriert werden. Dabei werden die kardinalen Bewertungen, hier die Größen $x_{n,g}$, als Variablen interpretiert. Die ordinale Präferenzordnung der Gruppe wird im Modell durch Nebenbedingungen der Form

$$\begin{aligned} x_{1,g} &> x_{2,g} \\ &\vdots \\ x_{N-1,g} &> x_{n,g} \end{aligned} \tag{5.22}$$

über diese Variablen repräsentiert.

Die Verbindung zu dem Modellparameter, der den Einfluß der Gruppen-Bewertung auf die individuelle Bewertung repräsentiert, erfolgt hier jedoch anders als im nutzentheoretischen Modell. In der Referenzpunkt-Methode ist es möglich, Referenzniveaus zu verwenden, die von einigen Alternativen überschritten und von anderen Alternativen unterschritten werden. Parameter $\overline{x_g}$ muß daher nicht unbedingt der kardinalen Gruppen-Bewertung der von der Gruppe an erster (oder letzter) Stelle gereihten Alternative entsprechen, sondern $\overline{x_g}$ stellt weiterhin eine eigenständige Variable des Modells dar. Dies ist auch in einem linearen Modell möglich, da $\overline{x_g}$ und $x_{n,g}$ nur additiv (in der Form $x_{n,g} - \overline{x_g}$) und nicht wie im nutzentheoretischen Modell multiplikativ verknüpft sind.

Allerdings stellt sich damit das Problem der Skalierung der $x_{n,g}$. Wären diese nicht auf ein vorgegebenes Intervall skaliert, so könnte $\overline{x_g}$ durch entsprechende Skalierung der $x_{n,g}$ beliebig nahe an null reduziert werden. Entsprechend der Skalierung der anderen Kriterien wird daher zusätzlich

$$\begin{aligned} x_{1,g} &= 1 \\ x_{N,g} &= 0 \end{aligned} \tag{5.23}$$

gefordert.

Für die ℓ_1-Norm als Abstandsmaß ergibt sich im Fall ordinaler Gruppen-Information daher Modell (5.24):

$$
\begin{aligned}
&\sum_{k\in K_m} \delta_k^+ + \sum_{k\in K_m} \delta_k^- = \min! \qquad\qquad (5.24)\\
&\overline{x_g} = \min!\\
&\overline{x_k}' = \overline{x_k} + \delta_k^+ - \delta_k^- && \forall k\\
&z_n \geq -(x_{n,k} - \overline{x_k}') && n = 1,\dots,c-1;\ \forall k\\
&z_n \geq -(x_{n,g} - \overline{x_g}) && n = 1,\dots,c-1\\
&z_n < -(x_{n+1,k} - \overline{x_k}') + \lambda_{n,k} M && n = 1,\dots,c-1;\ \forall k\\
&z_n < -(x_{n+1,g} - \overline{x_g}) + \lambda_{n,g} M && n = 1,\dots,c-1\\
&K \geq \sum_{k\in K_m} \lambda_{n,k} + \lambda_{n,g} && n = 1,\dots,c-1\\
&z_n \geq -(x_{c,k} - \overline{x_k}') && n = c,\dots,N-1;\ \forall k\\
&z_n \geq -(x_{c,g} - \overline{x_g}) && n = c,\dots,N-1\\
&z_n < -(x_{n+1,k} - \overline{x_k}') + \lambda_{n,k} M && n = c,\dots,N-1;\ \forall k\\
&z_n < -(x_{n+1,g} - \overline{x_g}) + \lambda_{n,g} M && n = c,\dots,N-1\\
&K \geq \sum_{k\in K_m} \lambda_{n,k} + \lambda_{n,g} && n = c,\dots,N-1\\
&x_{1,g} = 1\\
&x_{n,g} > x_{n+1,g} && n = 1,\dots,N-1\\
&x_{N,g} = 0\\
&\lambda_{n,k} \in \{0,1\} && n = 1,\dots,N-1;\ \forall k\\
&\lambda_{n,g} \in \{0,1\} && n = 1,\dots,N-1
\end{aligned}
$$

In ähnlicher Weise kann auch das Modell für die ℓ_∞-Norm (5.25) entwickelt werden:

$$
\begin{array}{lr}
\phi = \min! & (5.25) \\
\overline{x_g} = \min! & \\
& \\
\overline{x_k}' = \overline{x_k} + \delta_k^+ - \delta_k^- & \forall k \\
& \\
\phi \geq \delta_k^+ & \forall k \\
\phi \geq \delta_k^- & \forall k \\
& \\
z_n \geq -(x_{n,k} - \overline{x_k}') & n = 1, \dots, c-1;\ \forall k \\
z_n \geq -(x_{n,g} - \overline{x_g}) & n = 1, \dots, c-1 \\
& \\
z_n < -(x_{n+1,k} - \overline{x_k}') + \lambda_{n,k} M & n = 1, \dots, c-1;\ \forall k \\
z_n < -(x_{n+1,g} - \overline{x_g}) + \lambda_{n,g} M & n = 1, \dots, c-1 \\
& \\
K \geq \sum\limits_{k \in K_m} \lambda_{n,k} + \lambda_{n,g} & n = 1, \dots, c-1 \\
& \\
z_n \geq -(x_{c,k} - \overline{x_k}') & n = c, \dots, N-1;\ \forall k \\
z_n \geq -(x_{c,g} - \overline{x_g}) & n = c, \dots, N-1 \\
& \\
z_n < -(x_{n+1,k} - \overline{x_k}') + \lambda_{n,k} M & n = c, \dots, N-1;\ \forall k \\
z_n < -(x_{n+1,g} - \overline{x_g}) + \lambda_{n,g} M & n = c, \dots, N-1 \\
& \\
K \geq \sum\limits_{k \in K_m} \lambda_{n,k} + \lambda_{n,g} & n = c, \dots, N-1 \\
x_{1,g} = 1 & \\
x_{n,g} > x_{n+1,g} & n = 1, \dots, N-1 \\
x_{N,g} = 0 & \\
& \\
\lambda_{n,k} \in \{0,1\} & n = 1, \dots, N-1;\ \forall k \\
\lambda_{n,g} \in \{0,1\} & n = 1, \dots, N-1
\end{array}
$$

5.2.5.2 Numerisches Beispiel

Aufgrund der großen Ähnlichkeit zwischen den Modellen für kardinale und ordinale Gruppen-Information kann hier auf eine Wiedergabe des Modells verzichtet werden. Die Tabellen 5-5 und 5-6 zeigen, jeweils für $c = 6$, die Ergebnisse für die ℓ_1-Norm und die ℓ_∞-Norm als Abstandsmaß. Dabei ist wiederum deutlich die gleichmäßigere Veränderung sämtlicher Referenzniveaus bei Verwendung der ℓ_∞-Norm zu erkennen.

Der Vergleich zu den Daten bei kardinaler Gruppen-Information (Tabellen 5-3 und 5-4) zeigt ferner, daß der Übergang zu ordinaler Information eine erhebliche

Vereinfachung des Problems bedeutet: bei gleichem Wert der Zielfunktion der impliziten Modifikation liegen die Werte für $\overline{x_g}$ etwa bei der Hälfte der entsprechenden Werte der vorhergehenden Modelle.

$\sum \delta_k^+ + \delta_k^-$	$\overline{x_g}$	$\overline{x_1}'$	$\overline{x_2}'$	$\overline{x_3}'$	$\overline{x_4}'$
0.00000	0.70700	0.70000	0.30000	0.30000	0.70000
0.10000	0.65550	0.64850	0.30000	0.30000	0.65150
0.20000	0.60550	0.59850	0.30000	0.30000	0.60150
0.30000	0.55550	0.54850	0.30000	0.30000	0.55150
0.40000	0.50550	0.49850	0.30000	0.30000	0.50150
0.50000	0.45550	0.44850	0.30000	0.30000	0.45150
0.60000	0.40550	0.39850	0.30000	0.30000	0.40150
0.70000	0.35550	0.34850	0.30000	0.30000	0.35150
0.80000	0.30550	0.29850	0.30000	0.30000	0.30150
0.90000	0.25550	0.24850	0.30000	0.30000	0.25150
1.00000	0.20550	0.19850	0.30000	0.30000	0.20150
1.10000	0.15550	0.14850	0.30000	0.30000	0.15150
1.20000	0.06871	0.06171	0.32108	0.30000	0.15937
1.25115	0.00000	0.05718	0.36770	0.30000	0.15937

Tabelle 5-5: Werte von $\overline{x_g}$ und modifizierte Referenzpunkte an der Trade-Off-Kurve, ordinale Gruppen-Information, $c = 6$, ℓ_1-Norm

ϕ	$\overline{x_g}$	$\overline{x_1}'$	$\overline{x_2}'$	$\overline{x_3}'$	$\overline{x_4}'$
0.00000	0.70699	0.70000	0.30000	0.30000	0.70000
0.10000	0.60699	0.60000	0.20000	0.20000	0.60000
0.20000	0.50699	0.50000	0.10000	0.10000	0.50000
0.30000	0.40699	0.40000	0.00000	0.00000	0.40000
0.35526	0.00000	0.34473	0.65525	0.58754	0.37244

Tabelle 5-6: Werte von $\overline{x_g}$ und modifizierte Referenzpunkte an der Trade-Off-Kurve, ordinale Gruppen-Information, $c = 6$, ℓ_∞-Norm

Die Trade-Off-Kurven für die beiden Fälle sind in Abbildungen 5-7 und 5-8 dargestellt.

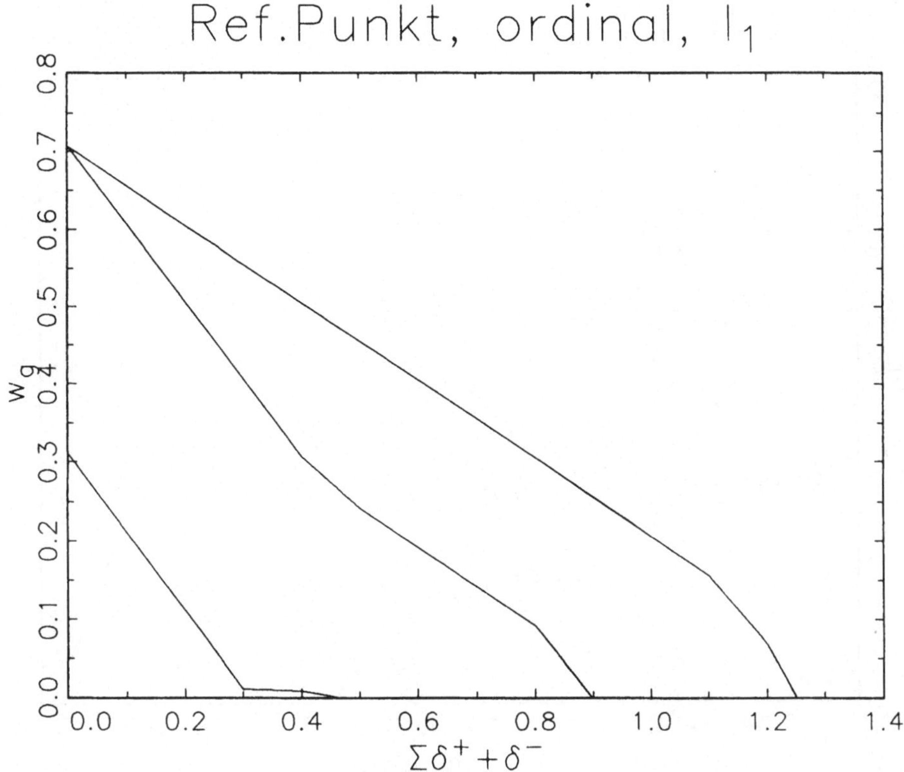

Abbildung 5-7: Trade-Off-Kurven, Referenzpunkt, ordinale Gruppen-Information, ℓ_1-Norm

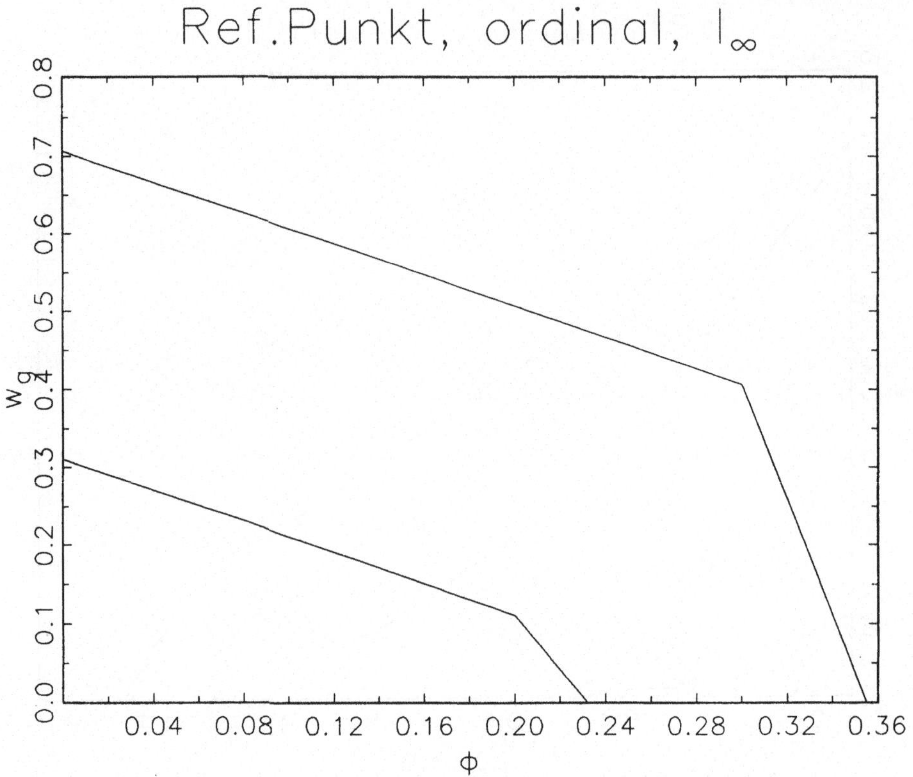

Abbildung 5-8: Trade-Off-Kurven, Referenzpunkt, ordinale Gruppen-Information, ℓ_∞-Norm

5.3 Fuzzy-Programmierung

5.3.1 Darstellung des Entscheidungsverfahrens

Die von Zadeh entwickelte Theorie der unscharfen Mengen (Fuzzy Sets) stellt ein bedeutendes Werkzeug in vielen Bereichen des Operations Research dar (Van Gigch/Pipino, 1980; Milling, 1982; Zimmermann, 1983b). Auf der Grundlage dieser Theorie wurden auch mehrere Ansätze zur Entscheidung bei mehrfacher Zielsetzung entwickelt (z.B. Baptistella/Ollero, 1980; Sakawa/Yano, 1985; Östermark, 1988a, 1988b). Unter dieses Ansätzen hat insbesondere das Konzept der Fuzzy-Programmierung von Zimmermann (Zimmermann, 1978; 1983a) Bedeutung erlangt (Dyson, 1980; Leberling, 1983; Werners, 1984; Llena, 1985). Die folgenden Ausführungen bauen daher auf diesem Konzept auf.

Zentrales Element jedes Entscheidungsverfahrens, das auf der Theorie unscharfer Mengen beruht, ist eine Zugehörigkeitsfunktion μ. Diese Zugehörigkeitsfunktion gibt für potentielle Elemente einer unscharfen Menge den zwischen null und eins liegenden Grad der Zugehörigkeit des Elementes zur Menge an. Die Bedeutung der Zugehörigkeitsfunktion kann am besten durch die Vorstellung veranschaulicht werden, daß eine unscharfe Menge durch eine nicht genau feststellbare Eigenschaft der potentiellen Elemente definiert ist. Ein Zugehörigkeitswert von null bedeutet, daß das Element diese Eigenschaft überhaupt nicht aufweist und daher in der Menge sicher nicht enthalten ist. Ein Wert von eins bedeutet, daß das Element die Eigenschaft vollständig aufweist, Werte zwischen null und eins drücken teilweise oder nicht genau bestimmbare Erfüllung der Eigenschaft aus. Unscharfe Mengen eignen sich daher besonders zur Formalisierung nicht exakt definierter, umgangssprachlicher Begriffe.

In der Anwendung der Theorie unscharfer Mengen auf die Entscheidung bei mehrfacher Zielsetzung wird für jedes Kriterium eine Zugehörigkeitsfunktion formuliert, die den Grad der Zufriedenheit mit dem entsprechenden Wert in diesem Kriterium repräsentiert. Der Grad der Zufriedenheit mit einer Alternative insgesamt wird durch Aggregation der einzelnen Zugehörigkeitswerte ermittelt. Diese Aggregation soll der mengentheoretischen Durchschnittsbildung und somit der logischen Konjunktion entsprechen: eine Alternative wird insgesamt nur dann als (vollständig) zufriedenstellend betrachtet, wenn sie in allen Kriterien (vollständig) zufriedenstellend ist. Alternativen werden als umso besser angesehen, je höher der Grad ihrer Zugehörigkeit zur Menge der zufriedenstellenden Alternativen ist.

Formal läßt sich dieser Ansatz allgemein wie folgt darstellen: Die Zugehörigkeitsfunktion zur Menge der in Kriterium k zufriedenstellenden Alternativen sei $\mu_k(.)$. Die Gesamtbewertung einer Alternative X_n entspricht der Zugehörigkeit zur Menge der insgesamt zufriedenstellenden Alternativen. Diese hat die Zugehörigkeitsfunktion $\mu(.)$, wobei

$$\mu(X_n) = \mathbf{Agg}\left\{\mu_1(x_{n,1}), \ldots, \mu_K(x_{n,K})\right\} \tag{5.26}$$

Agg stellt dabei einen noch näher zu spezifizierenden Aggregationsoperator dar.

Sowohl für die Zugehörigkeitsfunktionen in den einzelnen Kriterien als auch für den Aggregationsoperator wurden in der Literatur unterschiedliche Spezifikationen vorgeschlagen. Die verbreiteten Zugehörigkeitsfunktionen können in

- *lineare Zugehörigkeitsfunktionen* und
- *nichtlineare Zugehörigkeitsfunktionen*

gegliedert werden. Als Aggregationsoperatoren sind insbesondere der

- *Minimum-Operator* und der
- *Produkt-Operator*

verbreitet.

Aus rechentechnischen Gründen werden dabei häufig gewisse Kombinationen von Zugehörigkeitsfunktionen und Aggregationsoperatoren bevorzugt. Die häufigste Darstellung der Fuzzy-Programmierung beruht auf einer Kombination der stückweise linearen Zugehörigkeitsfunktion

$$\mu_k(x_{n,k}) = \begin{cases} 0 & \text{für } x_{n,k} < x_k^u \\ \frac{x_{n,k} - x_k^u}{x_k^o - x_k^u} & \text{für } x_k^u \leq x_{n,k} \leq x_k^o \\ 1 & \text{für } x_{n,k} > x_k^o \end{cases} \tag{5.27}$$

mit dem Minimum-Operator

$$\mu(X_n) = \min_k \left\{\mu_k(x_{n,k})\right\} \tag{5.28}$$

Für Entscheidungsprobleme, in denen die Handlungsalternativen implizit durch lineare Nebenbedingungen charakterisiert sind, können für diese Kombination von Zugehörigkeitsfunktion und Aggregationsoperator lineare Ersatzmodelle formuliert werden (Zimmermann, 1978; Werners, 1984).

Als nichtlineare Zugehörigkeitsfunktionen wurden unter anderem eine hyperbolische Funktion (Leberling, 1983):

$$\mu_k(x_{n,k}) = \frac{1}{2} \cdot \frac{e^{\left[x_{n,k} - \frac{(x_k^o + x_k^u)}{2}\right]\xi_k} - e^{-\left[x_{n,k} - \frac{(x_k^o + x_k^u)}{2}\right]\xi_k}}{e^{\left[x_{n,k} - \frac{(x_k^o + x_k^u)}{2}\right]\xi_k} + e^{-\left[x_{n,k} - \frac{(x_k^o + x_k^u)}{2}\right]\xi_k}} \tag{5.29}$$

sowie eine logistische Funktion (Werners, 1984):

$$\mu_k(x_{n,k}) = \frac{1}{1 + e^{-a_k(x_{n,k} - b_k)}} \tag{5.30}$$

vorgeschlagen. Beide Funktionen lassen sich durch geeignete Wahl der Parameter ineinander überführen (Werners, 1984, S.147). In Verbindung mit diesen Zugehörigkeitsfunktionen wird auch der Produkt-Operator

$$\mu(X_n) = \prod_k \{\mu_k(x_{n,k})\} \tag{5.31}$$

zur Aggregation benutzt.

Beide Formen der Fuzzy-Programmierung können als individuelles Entscheidungsverfahren in einem rückkopplungsorientierten GDSS benutzt werden. Die Verwendung linearer Zugehörigkeitsfunktionen und des Minimum-Operators führt zu Modifikationsmodellen, die konzeptionell den bereits vorgestellten Modellen für das Referenzpunkt-Verfahren ähnlich sind. In beiden Fällen erfolgt die Aggregation über die Kriterien nach einer Max-Min-Regel. Für ein Modifikationsmodell können daher ähnliche gemischt-ganzzahlige Formulierungen entwickelt werden, wie sie bereits im vorhergehenden Teilkapitel vorgestellt wurden.

Zusätzliche Probleme ergeben sich dabei aus den Knickstellen der Zugehörigkeitsfunktion (5.27). In den üblichen Modellen der Fuzzy-Programmierung wird die obere Schranke dieser Funktion durch lineare Nebenbedingungen der Form

$$\begin{aligned} \mu_k(x_k^o - x_k^u) &\leq x_{n,k} - x_k^u \\ \mu_k &\leq 1 \end{aligned}$$

spezifiziert (Werners, 1984, S.26f.). Diese Vorgangsweise ist zulässig, sofern die Zielfunktion eine Maximierung der Variablen μ_k umfaßt. In einem Modifikationsmodell ist dies jedoch nicht der Fall, so daß auch hier gemischt-ganzzahlige Formulierungen benutzt werden müßten. Damit verdoppelt sich die Anzahl der binären Variablen gegenüber Modellen auf der Grundlage der Referenzpunkt-Methode.

Die Verwendung stückweise linearer Zugehörigkeitsfunktionen in Verbindung mit dem Minimum-Operator führt also zu sehr rechenaufwendigen Modellen, die konzeptionell gegenüber den bisher vorgestellten Ansätzen wenig Neues bieten. Auf diese Form der Fuzzy-Programmierung wird daher nicht weiter eingegangen.

Im Gegensatz dazu bietet die Zugehörigkeitsfunktion (5.30) in Verbindung mit dem Produkt-Operator aufgrund ihrer Nichtlinearität neue Aspekte. Im letzten Teil dieses Kapitels soll daher ein rückkopplungsorientiertes Konzept auf der Grundlage dieses Entscheidungsverfahrens vorgestellt werden.

5.3.2 Aggregation

Für die Aggregation individueller Bewertungen auf der Grundlage der Theorie unscharfer Mengen wurden, ähnlich wie für den Referenzpunkt-Ansatz, unterschiedliche Verfahren in der Literatur vorgeschlagen. An dieser Stelle werden nur kurz einige Ansätze dargestellt, die selbst wieder auf der Theorie unscharfer Mengen aufbauen.

Als Ausgangspunkt dienen dabei häufig unscharfe individuelle Präferenzordnungen (Kacprzyk/Fedrizzi, 1988; Fedrizzi et al., 1988). Eine unscharfe Präferenzordnung über N Handlungsalternativen kann durch eine $N \times N$-Matrix dargestellt werden. Das Element (i, j) dieser Matrix repräsentiert den Grad der Präferenz für Alternative X_i gegenüber Alternative X_j. Diese Ansätze entsprechen daher nicht unmittelbar dem hier betrachteten individuellen Entscheidungsverfahren und sollen nicht weiter erläutert werden.

Andere Ansätze versuchen, auf der Grundlage der individuell ermittelten Zugehörigkeit der Alternativen zur unscharfen Menge zufriedenstellender Alternativen durch Anwendung eines geeigneten Aggregations-Operators eine Zugehörigkeitsfunktion zur Menge der für die Gruppe insgesamt zufriedenstellenden Alternativen zu konstruieren. Leberling (1983) diskutiert die Anwendung des Minimum-Operators für diese Aggregation. Die Gruppen-Zugehörigkeitsfunktion $\mu_g$bei Leberling lautet daher

$$\mu_g(X_n) = \min_m \mu_m(X_n)$$

wobei μ_m die individuelle Zugehörigkeitsfunktion zur Menge der für Gruppenmitglied m zufriedenstellenden Handlungsalternativen darstellt. Diese Vorgangsweise entspricht der Anwendung eines Max-Min-Prinzips auf Gruppenebene, bei dem sich die Bewertung in der Gruppe am jeweils am schlechtesten gestellten Mitglied orientiert.

Das Konzept von Leung (1982) verbindet Ansätze der Theorie unscharfer Mengen mit dem Begriff der idealen Lösung. Eine unscharfe ideale Lösung wird als eine Alternative definiert, die in allen Kriterien einen Mindestwert der Zugehörigkeitsfunktion zur Menge der in diesem Kriterium zufriedenstellenden Alternativen aufweist. Im Gegensatz zum üblichen Konzept einer idealen Lösung, die in jedem Kriterium den besten möglichen Wert aufweist, ist eine unscharfe ideale Lösung daher nicht eindeutig bestimmt.

Auf Gruppenebene wird im Ansatz von Leung eine unscharfe Gruppen-Ideallösung als Menge jener Handlungsalternativen konstruiert, die für jedes Gruppenmitglied ein bestimmtes Mindestmaß an Zugehörigkeit zur Menge der (individuell) zufriedenstellenden Handlungsalternativen aufweisen. Diese Ideallösung hat hypothetischen Charakter und muß keiner real existierenden Handlungsalternative entsprechen. Das tatsächliche Gruppenergebnis wird durch Minimierung des Abstandes zu dieser Ideallösung ermittelt. Die Zielfunktion dieser Minimierung beruht auf der ℓ_p-Norm und lautet

$$\left\{\sum_m [1 - \mu_k^{nahe}(X)]^p\right\}^{\frac{1}{p}}$$

Die Funktionen μ_k^{nahe} drücken dabei die Nähe einer Alternative zum individuellen unscharfen Idealpunkt aus.

Beide Ansätze können, ebenso wie z.B. spieltheoretische Konzepte, dazu benutzt werden, auf Gruppenebene eine kardinale Bewertung der Alternativen zu ermitteln. Damit stehen die Voraussetzungen für die Formulierung von Modifikationsmodellen zur Verfügung.

5.3.3 Integration von Gruppen-Informationen

Im folgenden Abschnitt werden die Grundlagen für Modelle zur optimalen Modifikation individueller Bewertungen auf der Grundlage der Fuzzy-Programmierung entwickelt und in Hinblick auf die Konsistenzbedingungen des dritten Kapitels untersucht. Dabei wird die logistische Zugehörigkeitsfunktion (5.30) in Verbindung mit dem Produkt-Operator (5.31) benutzt. Die darauf folgenden beiden Abschnitte stellen die Modellformulierungen für den Fall kardinaler und ordinaler Präferenzinformationen von der Gruppenebene sowohl in allgemeiner Form als auch anhand des bereits bisher benutzten numerischen Beispiels vor.

5.3.3.1 Implizite Modifikation

Implizite Modifikation bedeutet im Konzept der Fuzzy-Programmierung eine Modifikation der Zugehörigkeitsfunktionen für die einzelnen Kriterien. Funktion (5.30) weist die beiden Parameter a_k und b_k auf. Parameter b_k kann dabei als ein Lagemaß interpretiert werden und gibt denjenigen Wert des Kriteriums an, in dem die Zugehörigkeitsfunktion den Wert 0.5 aufweist. Parameter a_k bestimmt den weiteren Verlauf, insbesondere den Anstieg der Funktion, wie Abbildung 5-9 zeigt.

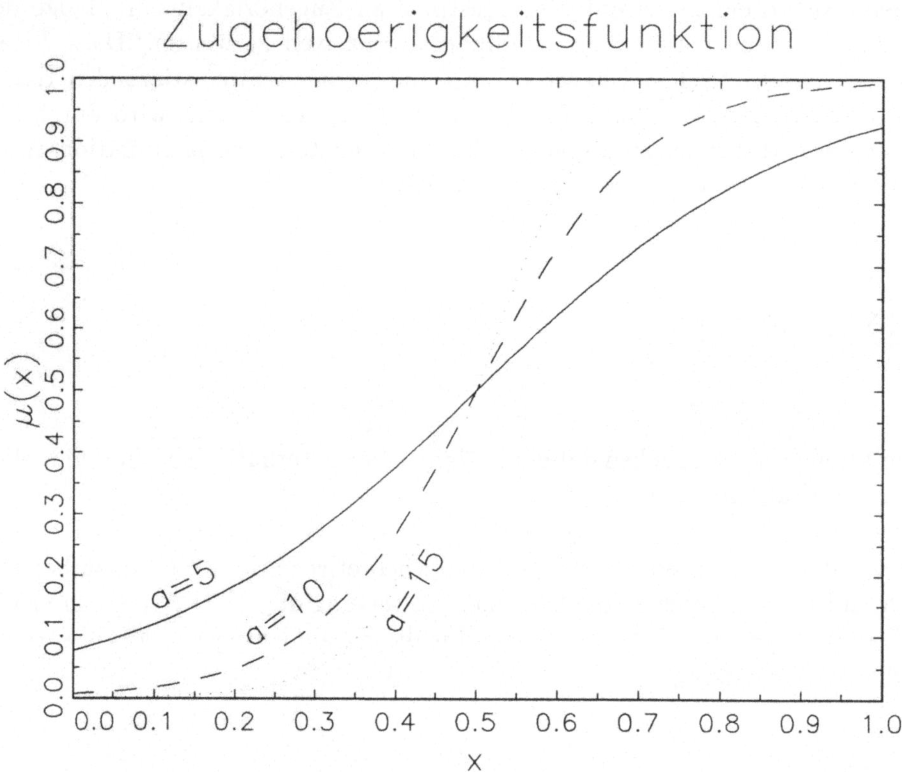

Abbildung 5-9: Logistische Zugehörigkeitsfunktion (5.30) für unterschiedliche Werte des Parameters a

Für die Formulierung eines Modifikationsmodells ergibt sich daraus das Problem, daß Modifikationen der beiden Parameter nicht unmittelbar miteinander vergleichbar sind. Damit müßten bereits für die implizite Modifikation zwei getrennte Zielgrößen für die beiden Parameter benutzt werden.

Die Parameter a_k und b_k können jedoch eindeutig in zwei untereinander leichter vergleichbare Parameter transformiert werden. Dazu dienen zwei Zielniveaus des

Kriteriums, an denen die Zugehörigkeitsfunktion bestimmte vorgegebene Werte erreicht.

Es seien μ_k^u und μ_k^o ein unterer und ein oberer kritischer Zugehörigkeitswert für das Kriterium k (z.B. $\mu_k^u = 0.01$ und $\mu_k^o = 0.99$). Die Parameter a_k und b_k können eindeutig durch zwei Zielniveaus x_k^o und x_k^u mit

$$\mu_k(x_k^o) = \mu_k^o$$

$$\mu_k(x_k^u) = \mu_k^u$$

bestimmt werden:

Es gilt

$$\mu_k^o = \frac{1}{1 + e^{-a_k(x_k^o - b_k)}}$$

und

$$\mu_k^u = \frac{1}{1 + e^{-a_k(x_k^u - b_k)}}$$

und damit

$$-a_k(x_k^o - b_k) = \ln\left[\frac{1 - \mu_k^o}{\mu_k^o}\right] = c_k^o$$

Daraus folgt

$$a_k = \frac{c_k^o}{b_k - x_k^o} = \frac{c_k^u}{b_k - x_k^u} \tag{5.32}$$

wobei c_k^u analog zu c_k^o definiert ist. Für b_k gilt

$$b_k = \frac{c_k^u x_k^o - c_k^o x_k^u}{c_k^u - c_k^o} \tag{5.33}$$

Werden μ_k^o und μ_k^u symmetrisch gewählt, so daß $\mu_k^o = 1 - \mu_k^u$ gilt, so vereinfacht sich (5.33) zu

$$b_k = \frac{x_k^o + x_k^u}{2} \tag{5.34}$$

Die beiden Parameter x_k^o und x_k^u stellen Zielniveaus dar. Verschiebungen dieser Zielniveaus können leicht interpretiert und zwischen den beiden Parametern verglichen werden. Damit läßt sich die Veränderung aufgrund impliziter Modifikation ähnlich wie bei den bisher betrachteten Entscheidungsverfahren durch ein einziges Kriterium messen.

Dazu werden Differenzvariablen $\delta_k^{o+}, \delta_k^{o-}, \delta_k^{u+}, \delta_k^{u-} \geq 0$ definiert, die die Verschiebung der beiden Zielniveaus x_k^u und x_k^o beschreiben:

$$\begin{aligned} x_k^{o\prime} &= x_k^o + \delta_k^{o+} - \delta_k^{o-} \\ x_k^{u\prime} &= x_k^u + \delta_k^{u+} - \delta_k^{u-} \end{aligned} \tag{5.35}$$

Die Aggregation der Differenzvariablen kann wiederum durch die ℓ_1- oder die ℓ_∞-Norm erfolgen.

5.3.3.2 Explizite Modifikation

Entsprechend der zugrunde liegenden Entscheidungslogik existiert in der Fuzzy-Programmierung kein Parameter, der die Bedeutung eines Kriteriums zum Ausdruck bringt. Die Aggregation über Kriterien erfolgt vielmehr in Form einer fuzzy-logischen Konjunktion, die ähnlich der Konjunktion der binären Logik alle Kriterien als gleichwertig behandelt. Die Bedeutung einzelner Kriterien geht nur implizit, durch die Form und Lage der Zugehörigkeitsfunktion für das Kriterium, in die Entscheidung ein. Im Falle der logistischen Zugehörigkeitsfunktion werden diese durch das Zusammenwirken der beiden Parameter a_k und b_k (bzw. x_k^u und x_k^o) bestimmt.

Der Einfluß eines Kriteriums auf die Entscheidung kann jedoch nur schwer aus diesen Parametern ersehen werden. Damit ist es nicht möglich, das Attribut "Gruppen-Bewertung" in ähnlicher Form wie die anderen Attribute in die Bewertung einzubeziehen. Statt dessen muß eine Form gewählt werden, die die Bedeutung dieses Attributes durch einen eindeutigen Parameter zum Ausdruck bringt. Als mit dem Produkt-Operator konsistente Formulierung bietet sich eine Funktion der Form

$$\left[\prod_k \mu_k(x_{n,k})\right] \cdot (x_{n,g})^\theta \tag{5.36}$$

an. Der Parameter θ bestimmt dabei die Bedeutung, die dem Attribut "Gruppen-Bewertung" zukommt. Wie noch zu zeigen sein wird, erfüllt Funktion (5.36) die in Kapitel drei formulierten Konsistenz- und Kontrollierbarkeitsbedingungen.

5.3.3.3 Verbindung

Ähnlich wie beim Referenzpunkt-Ansatz kann auch hier die Verbindung der beiden Anpassungsformen unmittelbar erfolgen. Dazu werden die modifizierten Parameterwerte der impliziten Modifikation in die erweiterte Bewertung der expliziten Modifikation einbezogen. Insgesamt ergibt sich somit die Bewertung von Alternative X_n aus

$$\begin{aligned}\mu(X_n) &= x_{n,g}^{\theta} \cdot \prod_k \frac{1}{1 + e^{-a'_k(x_{n,k} - b'_k)}} \\ a'_k &= \frac{c_k^o}{b_k - x_k^o + \delta_k^{o+} - \delta_k^{o-}} \\ b'_k &= \frac{c_k^u(x_k^o + \delta_k^{o+} - \delta_k^{o-}) - c_k^o(x_k^u + \delta_k^{u+} - \delta_k^{u-})}{c_k^u - c_k^o}\end{aligned} \tag{5.37}$$

wobei die Konstanten c_k^u und c_k^o der oben gegebenen Definition entsprechen.

5.3.3.4 Beurteilung

5.3.3.4.1 Konsistenzbedingung

Für zwei Alternativen X_1 und X_2 gelte $X_1 \succ_m X_2$ und $X_1 \succ_g X_2$. Aus

$$\prod_k \mu_k(x_{1,k}) > \prod_k \mu_k(x_{2,k})$$

und

$$x_{1,g} > x_{2,g}$$

folgt unmittelbar

$$\prod_k \mu_k(x_{1,k}) \cdot x_{1,g}^{\theta} > \prod_k \mu_k(x_{2,k}) \cdot x_{2,g}^{\theta}$$

für beliebiges $\theta > 0$. Damit ist die Konsistenzbedingung erfüllt.

5.3.3.4.2 Kontrollierbarkeitsbedingung

Für zwei Alternativen gelte

$$\prod_k \mu(x_{1,k}) = \pi_1$$

$$\prod_k \mu(x_{2,k}) = \pi_2$$

mit $\pi_1 > \pi_2$ sowie $x_{2,g} > x_{1,g}$. Die Gesamtbewertung nach Funktion (5.36) entspricht der Gruppen-Bewertung, falls gilt:

$$\pi_1 \cdot x_{1,g}^{\theta} < \pi_2 \cdot x_{2,g}^{\theta}$$

Daraus kann ein eindeutiger kritischer Wert für den Parameter θ ermittelt werden:

$$\frac{\pi_1}{\pi_2} < \left[\frac{x_{2,g}}{x_{1,g}}\right]^{\theta}$$

$$\ln\frac{\pi_1}{\pi_2} < \theta \ln\frac{x_{2,g}}{x_{1,g}}$$

und somit, da voraussetzungsgemäß $\ln\frac{x_{2,g}}{x_{1,g}} > 0$:

$$\theta > \frac{\ln \pi_1 - \ln \pi_2}{\ln x_{2,g} - \ln x_{1,g}}$$

Somit existiert ein eindeutiger Grenzwert für den Parameter θ, ab dem die Gruppen-Bewertung das Gesamtergebnis determiniert. Die Kontrollierbarkeitsbedingung (3.10) ist daher erfüllt.

Für Kontrollierbarkeitsbedingung (3.11) gilt eine ähnliche Argumentation wie bei der Referenzpunkt-Methode. Durch gleichzeitige Erhöhung zweier Differenzvariablen δ_k^{o+} und δ_k^{o-} (oder δ_k^{u+} und δ_k^{u-}) kann für jede zulässige Lösung sichergestellt werden, daß auch eine Lösung mit höherem Wert der Zielfunktion für implizite Modifikation existiert. Diese Bedingung wird daher von (5.36) ebenfalls erfüllt.

5.3.4 Modelle bei kardinaler Gruppen-Information

5.3.4.1 Modellformulierung

Die Komponenten eines Modifikationsmodells ergeben sich unmittelbar aus den Überlegungen des vorhergehenden Abschnittes. Als Zielfunktionen dienen Parameter θ zur Messung der expliziten Modifikation und die durch die ℓ_1- oder ℓ_∞-Norm aggregierten Differenzvariablen zur Messung der impliziten Modifikation.

Die Bedingungen des allgemeinen Modells (3.4) zur Erreichung der c-Anpassung können unter Verwendung der Funktion (5.36) unmittelbar als Nebenbedingungen des Modells herangezogen werden. Weitere Nebenbedingungen ergeben sich aus der Transformation der Parameter a_k und b_k in die Zielgrößenwerte x_k^o und x_k^u. Um die Interpretation der Parameter x_k^u und x_k^o zu erleichtern, sollte auch deren Reihenfolge durch geeignete Nebenbedingungen der Form $x_k^o \geq x_k^u$ aufrechterhalten werden.

Bei Verwendung der ℓ_1-Norm zur Aggregation der Differenzvariablen ergibt sich insgesamt Modell (5.38).

$$
\begin{array}{lcll}
\sum_k \delta_k^{u+} + \sum_k \delta_k^{u-} + \sum_k \delta_k^{o+} + \sum_k \delta_k^{o-} & = & \text{min!} & \\
\theta & = & \text{min!} & \\
x_k^{o\prime} & = & x_k^o + \delta_k^{o+} - \delta_k^{o-} & \forall k \\
x_k^{u\prime} & = & x_k^u + \delta_k^{u+} - \delta_k^{u-} & \forall k \\
a_k & = & c_k^o/(b_k - x_k^{o\prime}) & \forall k \\
b_k & = & (c_k^u x_k^{o\prime} - c_k^o x_k^{u\prime})/(c_k^u - c_k^o) & \forall k \\
\mu_n & = & x_{n,g}^{\theta} \cdot \prod_k \frac{1}{1+e^{-a_k(x_{n,k}-b_k)}} & n = 1,\ldots,N \\
\mu_n & > & \mu_{n+1} & n = 1,\ldots,c-1 \\
\mu_c & > & \mu_{n+1} & n = c,\ldots,N-1 \\
x_k^{u\prime} & \leq & x_k^{o\prime} & \forall k
\end{array}
\tag{5.38}
$$

Bei Verwendung der ℓ_∞-Norm ergibt sich Modell (5.39):

$$
\begin{array}{lcll}
\phi & = & \min! & \\
\theta & = & \min! & \\
\\
\phi & \geq & \delta_k^{u+} & \forall k \\
\phi & \geq & \delta_k^{u-} & \forall k \\
\phi & \geq & \delta_k^{o+} & \forall k \\
\phi & \geq & \delta_k^{o-} & \forall k \\
\\
x_k^{o\prime} & = & x_k^o + \delta_k^{o+} - \delta_k^{o-} & \forall k \\
x_k^{u\prime} & = & x_k^u + \delta_k^{u+} - \delta_k^{u-} & \forall k \\
\\
a_k & = & c_k^o/(b_k - x_k^{o\prime}) & \forall k \\
b_k & = & (c_k^u x_k^{o\prime} - c_k^o x_k^{u\prime})/(c_k^u - c_k^o) & \forall k \\
\\
\mu_n & = & x_{n,g}^{\theta} \cdot \prod_k \frac{1}{1+e^{-a_k(x_{n,k}-b_k)}} & n = 1, \ldots, N \\
\\
\mu_n & > & \mu_{n+1} & n = 1, \ldots, c-1 \\
\mu_c & > & \mu_{n+1} & n = c, \ldots, N-1 \\
\\
x_k^{u\prime} & \leq & x_k^{o\prime} & \forall k
\end{array}
\tag{5.39}
$$

5.3.4.2 Numerisches Beispiel

Das folgende numerische Beispiel beruht ebenfalls auf den bereits in Kapitel vier verwendeten Daten. Für das Entscheidungsverfahren der Fuzzy-Programmierung ist, ebenso wie beim Referenzpunkt-Verfahren, eine Skalierung der Daten nicht erforderlich. Um die Vergleichbarkeit der Ansätze untereinander zu gewährleisten, werden hier dennoch auf das (0,1)-Intervall skalierten Daten benutzt.

Das Gruppenmitglied verwende Zugehörigkeitsfunktionen, die durch die in Tabelle 5-7 enthaltenen Parameter charakterisiert sind. Die daraus resultierenden Werte der Zugehörigkeitsfunktionen sind in Tabelle 5-8 dargestellt.

Parameter	Verbrauch	Raum	Preis	Geschwindigkeit
x_k^u	0.0	0.0	0.0	0.0
x_k^o	0.9	0.5	0.5	0.9
a_k	10.211	18.380	18.380	10.211
b_k	0.450	0.250	0.250	0.450

Tabelle 5-7: Parameter der Zugehörigkeitsfunktionen des Mitgliedes

	Attribute				
Alternative	Verbrauch	Raum	Preis	Geschw.	Gesamt
1	0.37121	0.99998	0.99720	0.99075	0.36674
2	0.56145	0.99997	0.99235	0.98526	0.54893
3	0.71215	0.74915	0.99982	0.56830	0.30314
4	0.18758	0.99999	0.34912	0.99323	0.06504
5	0.99108	0.16231	0.99999	0.33902	0.05454
6	0.94613	0.01000	0.99996	0.91029	0.00861
7	0.40245	1.00000	0.01000	0.99504	0.00400
8	0.01000	1.00000	0.94684	0.45106	0.00427
9	0.03051	0.99996	0.11622	0.99637	0.00353
10	0.31738	1.00000	0.01000	0.00316	0.00078

Tabelle 5-8: Werte der Zugehörigkeitsfunktionen

Die Gruppen-Bewertung beruhe auf Zugehörigkeitsfunktionen mit den in Tabelle 5-9 zusammengefaßten Parametern. Die sich daraus ergebenden Bewertungen sind in Tabelle 5-10 dargestellt.

Parameter	Verbrauch	Raum	Preis	Geschwindigkeit
x_k^u	0.0	0.0	0.0	0.0
x_k^o	0.5	0.9	0.9	0.5
a_k	18.380	10.211	10.211	18.380
b_k	0.250	0.450	0.450	0.250

Tabelle 5-9: Parameter der Zugehörigkeitsfunktionen auf Gruppenebene

	Attribute				
Alt.	Verbrauch	Raum	Preis	Geschw.	Gesamt
1	0.93863	0.98315	0.77255	0.99999	0.71291
2	0.98403	0.97861	0.65949	0.99999	0.63507
3	0.99507	0.19241	0.93920	0.98480	0.17708
4	0.73839	0.98751	0.08407	1.00000	0.06130
5	0.99999	0.04955	0.98451	0.92232	0.04499
6	0.99985	0.01000	0.97153	0.99961	0.00971
7	0.95095	0.99637	0.01000	1.00000	0.00948
8	0.01000	0.99524	0.39118	0.96520	0.00376
9	0.07246	0.97367	0.04034	1.00000	0.00285
10	1.00000	0.07815	0.99637	0.01000	0.00078

Tabelle 5-10: Werte der Zugehörigkeitsfunktionen auf Gruppenebene

Tabelle 5-11 beschreibt die Lösungen des Modells für unterschiedliche Vorgabewerte der Zielfunktion $\sum \delta_k^{u+} + \delta_k^{o+} + \delta_k^{u-} + \delta_k^{o-}$ und $c = 6$.

$\sum \delta_k$	θ	$x_1^{u\prime}$	$x_2^{u\prime}$	$x_3^{u\prime}$	$x_4^{u\prime}$	$x_1^{o\prime}$	$x_2^{o\prime}$	$x_3^{o\prime}$	$x_4^{o\prime}$
0.000	3.497	0.000	0.000	0.000	0.000	0.900	0.500	0.900	0.500
0.050				nicht konvergiert					
0.100				nicht konvergiert					
0.150	2.042	-0.15	0.000	0.000	0.000	0.900	0.500	0.900	0.500
0.200	1.717	-0.20	0.000	0.000	0.000	0.900	0.500	0.900	0.500
0.250	1.451	-0.25	0.000	0.000	0.000	0.900	0.500	0.900	0.500
0.300	1.263	-0.23	0.000	0.000	0.000	0.830	0.500	0.900	0.500
0.350	0.650	0.000	0.000	0.000	0.000	0.550	0.500	0.500	0.900
0.400	0.336	0.000	0.000	0.002	0.000	0.502	0.500	0.500	0.900
0.450	0.124	0.000	0.000	0.003	0.000	0.453	0.500	0.500	0.900
0.500	0.021	0.000	-0.015	0.003	0.000	0.415	0.500	0.500	0.900

Tabelle 5-11: Modell-Lösungen, kardinale Gruppen-Information, ℓ_1-Norm, $c = 6$, Minimierung von θ

Dabei ist ein deutlicher Strukturbruch bei Unterschreiten des Wertes $\theta = 1$ zu erkennen. Bei der Lösung des Modells für niedrige Vorgabewerte der Zielfunktion $\sum \delta_k^{u+} + \delta_k^{o+} + \delta_k^{u-} + \delta_k^{o-}$ traten zum Teil erhebliche Konvergenzprobleme auf. Daher wurden zusätzliche Punkte der Trade-Off-Kurve durch Minimierung dieser Zielfunktion für unterschiedliche Vorgabewerte von θ berechnet. Diese Ergebnisse sind in Tabelle 5-12 dargestellt.

$\sum \delta_k$	θ	$x_1^{u\prime}$	$x_2^{u\prime}$	$x_3^{u\prime}$	$x_4^{u\prime}$	$x_1^{o\prime}$	$x_2^{o\prime}$	$x_3^{o\prime}$	$x_4^{o\prime}$
0.516	0.000	0.000	-0.021	0.000	0.000	0.404	0.500	0.500	0.900
0.371	0.500	0.000	0.000	0.0002	0.000	0.529	0.500	0.500	0.900
0.308	1.000	0.000	0.000	0.000	0.000	0.592	0.500	0.500	0.900
0.255	1.500	0.000	0.000	0.000	0.000	0.645	0.500	0.500	0.900
0.156	2.000	-0.156	0.000	0.000	0.000	0.900	0.500	0.500	0.900
0.093	2.500	-0.093	0.000	0.000	0.000	0.900	0.500	0.500	0.900
0.042	3.000	-0.042	0.000	0.000	0.000	0.900	0.500	0.500	0.900

Tabelle 5-12: Modell-Lösungen, kardinale Gruppen-Information, ℓ_1-Norm, $c = 6$, Minimierung von $\sum \delta_k$

Abbildung 5-10 stellt die beiden so ermittelten Trade-Off-Kurven einander gegenüber. Wie die Abbildung zeigt, kann es aufgrund numerischer Ungenauigkeiten bei der Lösung des Modells zur Ermittlung einzelner dominierter Lösungen kommen. Für die Darstellung der Trade-Off-Kurven sämtlicher Werte von c in Abbildung 5-11 wurden derartige Fälle ausgeschieden.

Wie die Abbildung zeigt, existieren abgesehen von numerischen Unschärfen in diesem Modell drei Trade-Off-Kurven für die Werte $c = 1$ bis $c = 5$, $c = 6$ sowie $c = 7$ bis $c = 10$. Die Kurve für $c = 6$ unterscheidet sich nur für sehr geringe Werte von θ von der vohergehenden Kurve.

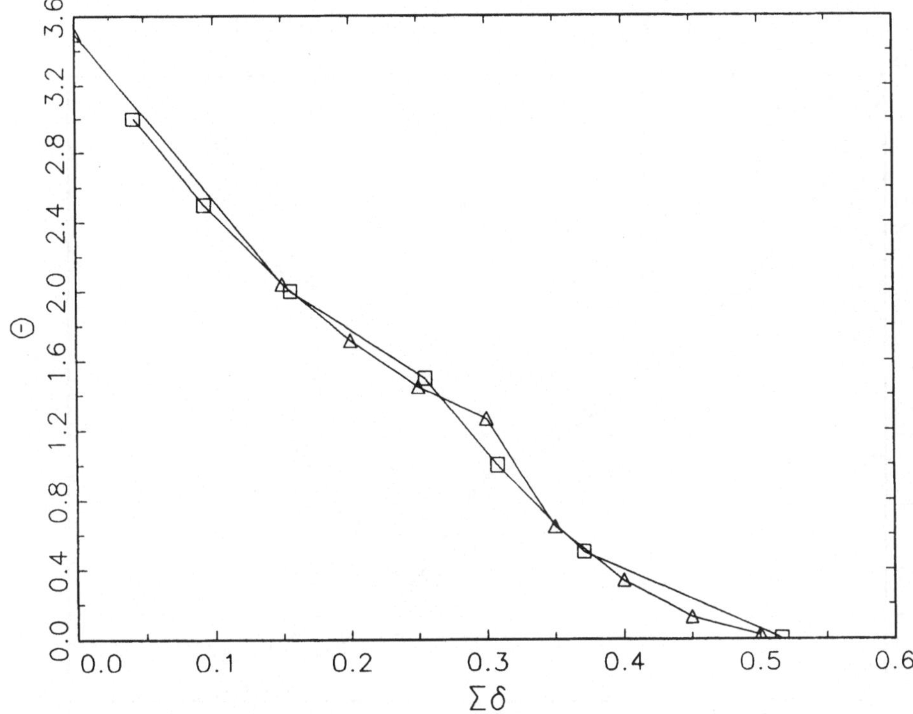

Abbildung 5-10: Vergleich der Optimierung nach $\sum \delta_k$ (Symbol $\triangle$) und nach θ (Symbol $\square$) bei der Ermittlung einer Trade-Off-Kurve

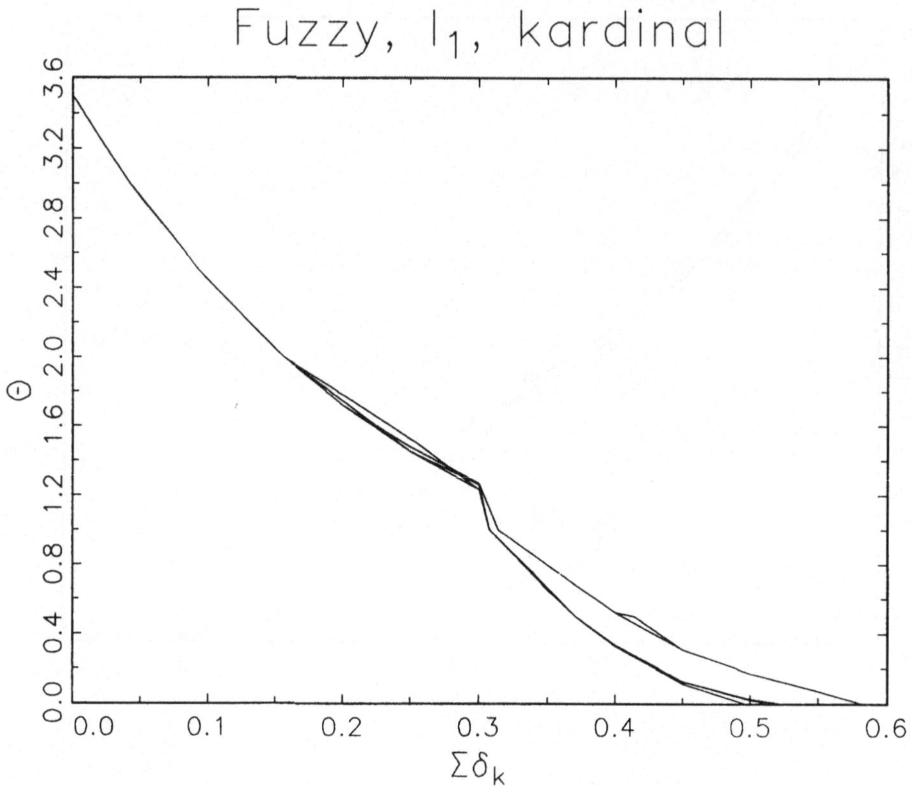

Abbildung 5-11: Trade-Off-Kurven, Fuzzy Programmierung, kardinale Gruppen-Information, ℓ_1-Norm

In Analogie zu Tabellen 5-11 und 5-12 beschreiben die Tabellen 5-13 und 5-14 die Lösungen des auf der ℓ_∞-Norm beruhenden Modells. Auch hier zeigt sich deutlich, daß diese Norm zu einer gleichmäßigeren Modifikation der Parameter aller Zielgewichte führt. Der zuvor festgestellte Strukturbruch bei $\theta = 1$ führt hier dazu, daß nicht mehr alle Parameter in gleichem Umfang modifiziert werden.

ϕ	θ	$x_1^{u\prime}$	$x_2^{u\prime}$	$x_3^{u\prime}$	$x_4^{u\prime}$	$x_1^{o\prime}$	$x_2^{o\prime}$	$x_3^{o\prime}$	$x_4^{o\prime}$
0.000	3.497	0.000	0.000	0.000	0.000	0.900	0.500	0.500	0.900
0.050	2.565	-0.050	-0.050	0.050	0.050	0.850	0.550	0.550	0.850
0.100	1.594	-0.100	-0.100	0.100	0.100	0.800	0.600	0.600	0.800
0.150	0.525	-0.150	-0.097	0.150	0.150	0.750	0.650	0.650	1.050

Tabelle 5-13: Modell-Lösungen, kardinale Gruppen-Information, ℓ_∞-Norm, $c = 6$, Minimierung von θ

ϕ	θ	$x_1^{u\prime}$	$x_2^{u\prime}$	$x_3^{u\prime}$	$x_4^{u\prime}$	$x_1^{o\prime}$	$x_2^{o\prime}$	$x_3^{o\prime}$	$x_4^{o\prime}$
0.171	0.000	-0.171	-0.020	0.171	0.171	0.729	0.671	0.671	1.071
0.151	0.500	-0.151	-0.096	0.151	0.151	0.749	0.651	0.651	1.051
0.129	1.000	-0.129	-0.122	0.129	0.129	0.771	0.629	0.629	1.029
0.105	1.500	-0.105	-0.105	0.105	0.105	0.795	0.605	0.605	1.005
0.079	2.000	-0.079	-0.079	0.079	0.079	0.821	0.579	0.579	0.979
0.053	2.500	-0.053	-0.053	0.053	0.053	0.847	0.553	0.553	0.953
0.027	3.000	-0.027	-0.027	0.027	0.027	0.873	0.527	0.527	0.927

Tabelle 5-14: Modell-Lösungen, kardinale Gruppen-Information, ℓ_∞-Norm, $c = 6$, Minimierung von ϕ

Wie Abbildung 5-12 zeigt, stimmen in diesem Modell die Trade-Off-Kurven für $c = 1$ bis $c = 6$ sowie für $c = 7$ bis $c = 10$ überein.

5.3.5 Modelle bei ordinaler Gruppen-Information

5.3.5.1 Modellformulierung

Die Vorgangsweise bei Vorliegen ordinaler Information über die Gruppen-Präferenzen entspricht weitgehend der im vorhergehenden Teilkapitel entwickelten Konzeption. Ähnlich wie bei der Referenzpunkt-Methode können auch in der Fuzzy-Programmierung die kardinalen Gruppen-Bewertungen als Variablen in das Modell einbezogen werden. Die Einhaltung der durch die ordinale Gruppen-Präferenzordnung vorgegebenen Reihenfolge kann durch entsprechende Nebenbedingungen sichergestellt werden.

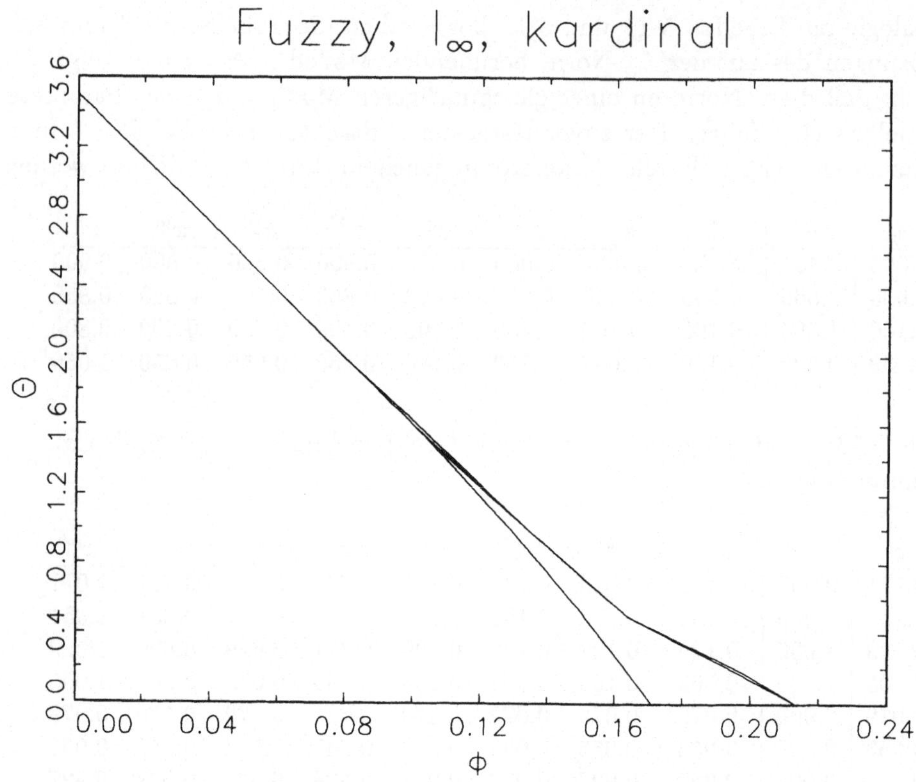

Abbildung 5-12: Trade-Off-Kurven, Fuzzy Programmierung, kardinale Gruppen-Information, ℓ_∞-Norm

Zur Skalierung der Variablen $x_{n,g}$ wird, ebenfalls wie bei der Referenzpunkt-Methode, $x_{1,g} = 1$ gesetzt. Für die in der Gruppen-Präferenzordnung an letzter Stelle stehende Alternative kann jedoch nicht der Wert null benutzt werden, da dies bei Verwendung von (5.37) stets zu einer Gesamtbewertung von null führen würde. Daher wird für die letzte Alternative ein kleiner positiver Wert ϵ benutzt.

Insgesamt ergibt sich damit für den Fall ordinaler Präferenz-Information von der Gruppenebene und die Verwendung der ℓ_1-Norm das folgenden Modell (5.40):

$$
\begin{array}{lcll}
\multicolumn{3}{l}{\sum\limits_k \delta_k^{u+} + \sum\limits_k \delta_k^{u-} + \sum\limits_k \delta_k^{o+} + \sum\limits_k \delta_k^{o-} = \min!} & \\
\theta & = & \min! & \\
x_k^{o\prime} & = & x_k^o + \delta_k^{o+} - \delta_k^{o-} & \forall k \\
x_k^{u\prime} & = & x_k^u + \delta_k^{u+} - \delta_k^{u-} & \forall k \\
a_k & = & c_k^o/(b_k - x_k^{o\prime}) & \forall k \\
b_k & = & (c_k^u x_k^{o\prime} - c_k^o x_k^{u\prime})/(c_k^u - c_k^o) & \forall k \\
\mu_n & = & x_{n,g}^{\theta} \cdot \prod\limits_k \dfrac{1}{1 + e^{-a_k(x_{n,k} - b_k)}} & n = 1, \ldots, N \\
\mu_n & > & \mu_{n+1} & n = 1, \ldots, c-1 \\
\mu_c & > & \mu_{n+1} & n = c, \ldots, N-1 \\
x_k^{u\prime} & \leq & x_k^{o\prime} & \forall k \\
x_{1,g} & = & 1 & \\
x_{n,g} & > & x_{n+1,g} & n = 1, \ldots, N-1 \\
x_{N,g} & = & \epsilon &
\end{array}
\tag{5.40}
$$

Bei Verwendung der ℓ_∞-Norm lautet das entsprechende Modell:

$$
\begin{array}{llll}
\phi & = & \min! & \\
\theta & = & \min! & \\
\\
\phi & \geq & \delta_k^{u+} & \forall k \\
\phi & \geq & \delta_k^{u-} & \forall k \\
\phi & \geq & \delta_k^{o+} & \forall k \\
\phi & \geq & \delta_k^{o-} & \forall k \\
\\
x_k^{o\prime} & = & x_k^o + \delta_k^{o+} - \delta_k^{o-} & \forall k \\
x_k^{u\prime} & = & x_k^u + \delta_k^{u+} - \delta_k^{u-} & \forall k \\
\\
a_k & = & c_k^o/(b_k - x_k^{o\prime}) & \forall k \\
b_k & = & (c_k^u x_k^{o\prime} - c_k^o x_k^{u\prime})/(c_k^u - c_k^o) & \forall k \\
\\
\mu_n & = & x_{n,g}^{\theta} \cdot \prod_k \frac{1}{1 + e^{-a_k(x_{n,k} - b_k)}} & n = 1, \ldots, N \\
\\
\mu_n & > & \mu_{n+1} & n = 1, \ldots, c-1 \\
\mu_c & > & \mu_{n+1} & n = c, \ldots, N-1 \\
\\
x_k^{u\prime} & \leq & x_k^{o\prime} & \forall k \\
\\
x_{1,g} & = & 1 & \\
x_{n,g} & > & x_{n+1,g} & n = 1, \ldots, N-1 \\
x_{N,g} & = & \epsilon &
\end{array}
\qquad (5.41)
$$

In beiden Modellen sind die $x_{n,g}$ Variablen, während sie in den zuvor entwickelten Modellen den kardinalen Gruppen-Bewertungen der Alternativen entsprachen.

5.3.5.2 Numerisches Beispiel

Wie bereits im Fall kardinaler Gruppen-Information wurde bei der Lösung von Modell (5.40) sowohl $\sum \delta_k^{u+} + \delta_k^{u-} + \delta_k^{o+} + \delta_k^{o-}$ für verschiedene Vorgabewerte von θ als auch θ für verschiedene Vorgabewerte der anderen Zielfunktion minimiert. Die entsprechenden Lösungen für $c = 6$ sind in Tabellen 5-16 und 5-15 dargestellt.

Auch hier läßt sich deutlich ein Strukturbruch im Bereich $\theta \approx 0.04$ erkennen, in dessen Umgebung die numerische Lösung des Modells auch zu dominierten Ergebnissen führen kann. So dominiert z.B. der für einen Vorgabewert $\theta = 0.04$ ermittelte Punkt (0.24610; 0.04) den bei Optimierung nach θ ermittelten Punkt

$\sum \delta_k$	θ	$x_1^{u\prime}$	$x_2^{u\prime}$	$x_3^{u\prime}$	$x_4^{u\prime}$	$x_1^{o\prime}$	$x_2^{o\prime}$	$x_3^{o\prime}$	$x_4^{o\prime}$
0.000	0.087923	0.000	0.000	0.000	0.000	0.900	0.500	0.500	0.900
0.050	0.073381	-0.050	0.000	0.000	0.000	0.900	0.500	0.500	0.900
0.100	0.062971	-0.092	-0.008	0.000	0.000	0.900	0.500	0.500	0.900
0.150	0.055730	-0.127	-0.023	0.000	0.000	0.900	0.500	0.500	0.900
0.200	0.049381	-0.161	-0.039	0.000	0.000	0.900	0.500	0.500	0.900
0.250	0.043822	-0.196	-0.054	0.000	0.000	0.900	0.500	0.500	0.900
0.300	0.026882	0.000	0.000	0.000	0.000	0.600	0.500	0.500	0.900
0.350	0.016332	0.000	0.000	0.000	0.000	0.550	0.500	0.500	0.900
0.400	0.008503	0.000	0.000	0.002	0.000	0.502	0.500	0.500	0.900
0.450	0.003308	0.000	-0.006	0.000	0.000	0.456	0.500	0.500	0.900
0.500	0.000592	0.000	-0.017	0.000	0.000	0.417	0.500	0.500	0.900

Tabelle 5-15: Modell-Lösungen, ordinale Gruppen-Information, ℓ_1-Norm, $c = 6$, Minimierung von θ

$\sum \delta_k$	θ	$x_1^{u\prime}$	$x_2^{u\prime}$	$x_3^{u\prime}$	$x_4^{u\prime}$	$x_1^{o\prime}$	$x_2^{o\prime}$	$x_3^{o\prime}$	$x_4^{o\prime}$
0.516217	0.000	0.000	-0.021	0.000	0.000	0.404	0.500	0.500	0.900
0.331435	0.020	0.000	0.000	0.000	0.000	0.569	0.500	0.500	0.900
0.246014	0.040	0.000	0.000	0.000	0.000	0.654	0.500	0.500	0.900
0.119735	0.060	-0.106	-0.014	0.000	0.000	0.900	0.500	0.500	0.900
0.026121	0.080	-0.026	0.000	0.000	0.000	0.900	0.500	0.500	0.900

Tabelle 5-16: Modell-Lösungen, ordinale Gruppen-Information, ℓ_1-Norm, $c = 6$, Minimierung von $\sum \delta_k$

(0.25; 0.043822). Derartige Ergebnisse werden in der Gesamtdarstellung (Abbildung 5-13) nicht berücksichtigt. Der Verlauf der errechneten Trade-Off-Kurven läßt jedoch trotzdem gewisse numerische Instabilitäten vermuten.

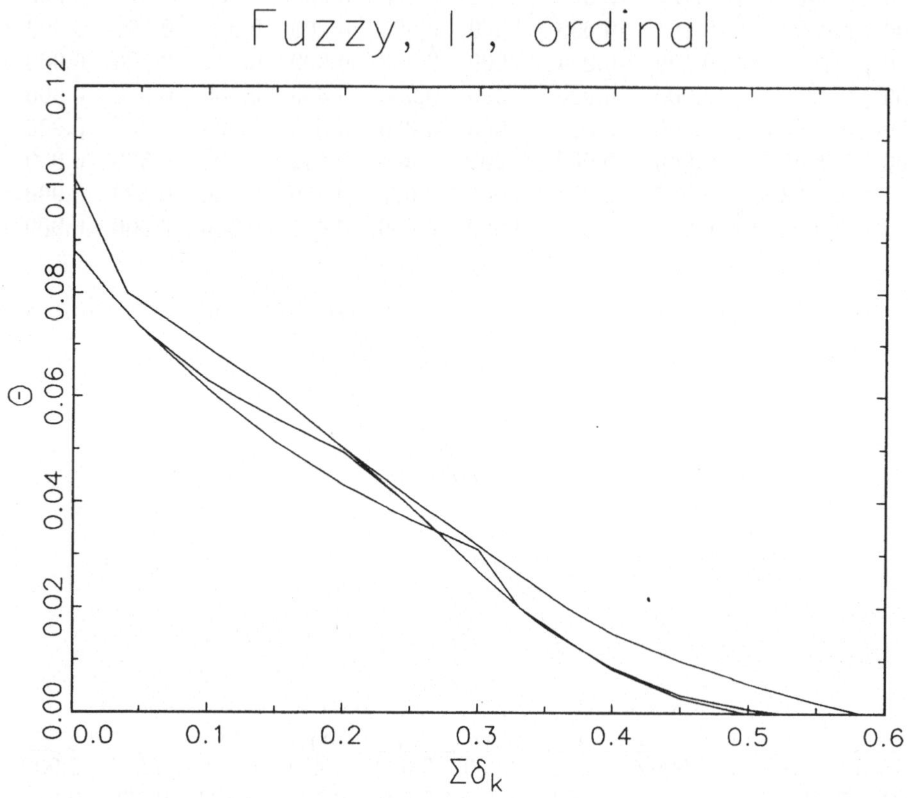

Abbildung 5-13: Trade-Off-Kurven, Fuzzy Programmierung, ordinale Gruppen-Information, ℓ_1-Norm

Die Lösungen des auf der ℓ_∞-Norm beruhenden Modells sind in Tabellen 5-17 und 5-18 sowie Abbildung 5-14 dargestellt. Diese Ergebnisse weisen einen gleichmäßigeren Verlauf auf als die der anderen Modelle. Dementsprechend traten bei der numerischen Lösung weniger Probleme auf, was auch im Zusammenfallen der Kurven in Abbildung 5-14 zum Ausdrück kommt.

Insgesamt zeigen die Ergebnisse dieses numerischen Beispiels, daß ein rückkopplungsorientierter Ansatz zur Unterstützung von Gruppenentscheidungen auch für Entscheidungsverfahren anwendbar ist, die die Lösung nichtlinearer Optimierungsprobleme erfordern. Zwar weist die derzeit verfügbare Software für nichtlineare Optimierung numerische Probleme auf, die bei der Lösung linearer oder ganzzahliger Optimierungsprobleme nicht auftreten. Die dadurch auftretenden

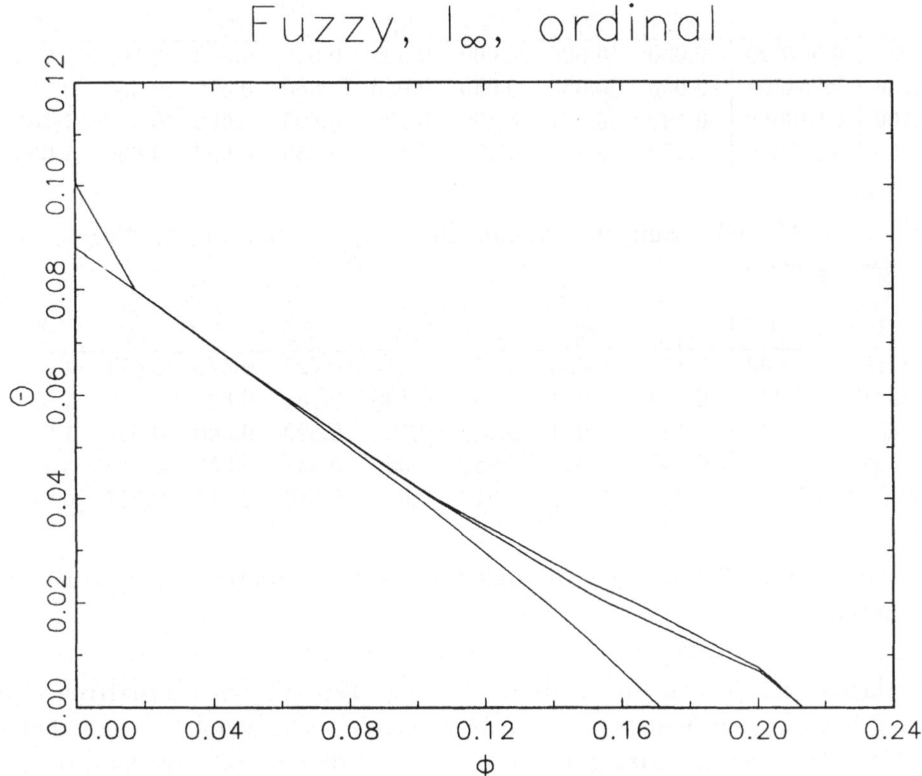

Abbildung 5-14: Trade-Off-Kurven, Fuzzy Programmierung, ordinale Gruppen-Information, ℓ_1-Norm

ϕ	θ	$x_1^{u\prime}$	$x_2^{u\prime}$	$x_3^{u\prime}$	$x_4^{u\prime}$	$x_1^{o\prime}$	$x_2^{o\prime}$	$x_3^{o\prime}$	$x_4^{o\prime}$
0.000	0.087923	0.000	0.000	0.000	0.000	0.900	0.500	0.500	0.900
0.050	0.064504	-0.050	-0.050	0.050	0.050	0.850	0.550	0.550	0.950
0.100	0.040088	-0.100	-0.071	0.100	0.100	0.800	0.600	0.600	1.000
0.150	0.013205	-0.150	-0.065	0.150	0.150	0.750	0.650	0.650	1.050

Tabelle 5-17: Modell-Lösungen, ordinale Gruppen-Information, ℓ_∞-Norm, $c = 6$, Minimierung von θ

ϕ	θ	$x_1^{u\prime}$	$x_2^{u\prime}$	$x_3^{u\prime}$	$x_4^{u\prime}$	$x_1^{o\prime}$	$x_2^{o\prime}$	$x_3^{o\prime}$	$x_4^{o\prime}$
0.171097	0.000	-0.171	-0.020	0.171	0.171	0.729	0.671	0.671	1.071
0.138172	0.020	-0.138	-0.074	0.138	0.138	0.762	0.638	0.638	1.038
0.100175	0.040	-0.100	-0.071	0.100	0.100	0.800	0.600	0.600	1.000
0.059378	0.060	-0.059	-0.057	0.059	0.059	0.841	0.559	0.559	0.959
0.017222	0.080	-0.017	-0.017	0.017	0.017	0.883	0.517	0.517	0.917

Tabelle 5-18: Modell-Lösungen, ordinale Gruppen-Information, ℓ_∞-Norm, $c = 6$, Minimierung von ϕ

Fehler lassen sich jedoch durch die dargestellte Technik der alternativen Optimierung nach beiden benutzten Zielgrößen relativ leicht quantitativ abschätzen und damit korrigieren. Dies gilt umso mehr, als die zur Lösung der Probleme erforderlichen Rechenzeiten weitaus geringer sind als etwa die für die Lösung der ganzzahligen Modelle des Abschnittes 5.2 erforderlichen Zeiten. Damit erschließt sich auf der Ebene individueller Entscheidungsverfahren eine breite Basis für die Entwicklung rückkopplungsorientierter GDSS.

Kapitel 6

Anwendung auf ein System zur dezentralen Investitionsplanung

6.1 Einleitung

In den vorhergehenden beiden Kapiteln konnte gezeigt werden, daß das in Kapitel drei entwickelte allgemeine Konzept der Unterstützung von Gruppenentscheidungen auf unterschiedliche Entscheidungsverfahren anwendbar ist. Damit ist eine wesentliche Voraussetzung für die praktische Nutzung dieses Konzeptes gegeben. Die Möglichkeit der Verbindung mit unterschiedlichen theoretischen Entscheidungskonzepten alleine ist jedoch für die praktische Anwendbarkeit nicht ausreichend. Als weitere wesentliche Bedingungen müssen ferner die

a) Anwendbarkeit auf *konkrete betriebswirtschaftliche Problemstellungen* und die

b) EDV-mäßige *Realisierbarkeit*

gegeben sein.

Ad a: Organisationstheoretische Konzepte werden häufig in Hinblick auf allgemeine Entscheidungsprobleme formuliert, während reale Entscheidungssituationen konkrete Sachprobleme betreffen. Es wird daher auch in der organisationstheoretischen Literatur zunehmend ein verstärkter Bezug auf konkrete betriebswirtschaftliche Problemstellungen gefordert (Laux/Liermann, 1987). Dieser Forderung soll im folgenden zweiten Teil dieses Kapitels Rechnung getragen werden. Darin wird gezeigt werden, daß die hier betrachtete Entscheidungssituation unter anderem Problemen der dezentralen Investitionsplanung entspricht und es wird ein allgemeines Konzept der dezentralen Investitionsplanung entwickelt, das durch den hier entwickelten Ansatz unterstützt werden kann.

Ad b: Ziel dieser Arbeit ist es, ein theoretisches Grundkonzept für GDSS zu entwickeln. Die Umsetzung eines allgemeinen Konzepts in konkrete Systeme erfordert die Lösung zahlreicher weiterer Probleme, die im wesentlichen zwei großen Problemkreisen zugeordnet werden können:

- Der Gestaltung der *Benutzerschnittstelle* und
- *Implementierungstechniken*, insbesondere bezüglich der Datenverwaltung und der rechentechnisch effizienten Lösung von Optimierungsproblemen.

Beide Problemkreise sind keineswegs trivial. Sowohl die Gestaltung der Benutzerschnittstelle als auch die rechentechnische Effizienz der Lösung von Optimierungsproblemen und das daraus resultierende Antwortzeitverhalten des Systems stellen bedeutsame Aspekte der Benutzerfreundlichkeit dar und bestimmen somit wesentlich die Akzeptanz des Systems durch den Benutzer. Von der Struktur der Datenverwaltung wiederum hängt die Integrität des Systems und damit die Möglichkeit seiner dauernden Nutzung ab.

Ein theoretisches Konzept kann daher nicht als praktisch realisierbar angesehen werden, solange wesentliche implementierungstechnische Fragen ungelöst sind. Im dritten Teil dieses Kapitels wird ein experimentelles Group Decision Support System GDSS-X vorgestellt, das auf dem hier entwickelten Ansatz beruht. Anhand dieses konkreten Systems werden exemplarisch Lösungsmöglichkeiten für die genannten Problemkreise aufgezeigt.

6.2 Ein Konzept der dezentralen Investitionsplanung

6.2.1 Charakteristik des Entscheidungsproblems

Der in dieser Arbeit verfolgte Ansatz dient der Problemlösung in Entscheidungssituationen, die durch drei Eigenschaften charakterisiert werden können:

1. Die Entscheidung ist von einer *Gruppe* zu treffen.
2. Es handelt sich um eine Entscheidung bei *mehrfacher Zielsetzung*.
3. Die Entscheidung erfolgt zwischen *diskreten Handlungsalternativen*.

Alle drei Aspekte sind auch für Probleme der dezentralen Investitionsplanung von Bedeutung. Dieser Zusammenhang soll in den folgenden Abschnitten näher betrachtet werden.

6.2.1.1 Gruppenaspekt

Probleme der Investitionsplanung werden in der Literatur häufig als Gruppen-Entscheidungsprobleme angesehen (Maier/Vander Weide, 1976; Sharon, 1979; Ratick, 1983; Sharon, 1983; Isermann, 1984). Überwiegend wird dabei allerdings eine hierarchische Struktur unterstellt, in der eine zentrale Stelle das Recht auf Letztentscheidung, meist in Form der Zuteilung von Investitionsmitteln, behält. Den untergeordneten Bereichen kommt in diesen Modellen die Aufgabe zu, potentielle Investitionsprojekte vorzuschlagen und gegebenenfalls zu realisieren.

Daneben sind aber auch Situationen denkbar, in denen die Investitionsplanung Aufgabe einer Gruppe gleichberechtigter Mitglieder ist. Isermann (1984; 1985) untersucht den Fall gemeinsamer Investitionsplanung durch gleichberechtigte Kapitalgeber eines Unternehmens. Die Ziele der Gruppenmitglieder sind in diesem Fall ihre jeweiligen Anteile an den Erträgen der gemeinsamen Investition.

In diesem Modell erfolgt die Investitionsplanung durch eine Gruppe, die sich an monetären Zielen orientiert. In der Literatur zur Entscheidung bei mehrfacher Zielsetzung werden auch Planungsvorgänge betrachtet, bei denen Personen oder Gruppen mit unterschiedlichen, nicht ausschließlich monetären Interessen die Entscheidung beeinflussen (z.B. Schiemenz, 1976; Leberling, 1983). Als Beispiele dafür werden häufig Interessenskonflikte zwischen Arbeitnehmern und Kapitalgebern angeführt (Dinkelbach/Rosenberg, 1976). Diese Überlegungen können, obwohl sie in der Literatur meist für den Bereich der Produktionsplanung angestellt werden, auch auf den Investitionsbereich übertragen werden.

Bei der Investitionsplanung können auch Interessen unternehmensexterner Gruppen in den Entscheidungsprozeß einfließen. Beispiele dafür sind etwa ökologisch begründete Interessen von Anrainern bei Sachinvestitionen (Freimann, 1987). Auch in diesem Fall kann die Investitionsplanung als ein Gruppen-Entscheidungsproblem eines nicht hierarchischen Gremiums angesehen werden. Ein umfassendes Modell, das neben ökologischen Aspekten auch Interessen von Kunden und Lieferanten in die Investitionsplanung mit einbezieht, wurde von Sieben/Goetzke (1976) entwickelt.

Insgesamt stellt der Gruppenaspekt ein bedeutendes Charakteristikum von Investitionsplanungsprozessen dar. Ein Ansatz zur Unterstützung von Gruppenentscheidungen zwischen a priori gleichrangigen Mitgliedern kann also für den Bereich der Investitionsplanung wesentliche Beiträge leisten.

6.2.1.2 Mehrfache Zielsetzung

Ein zweites Charakteristikum des hier vorgestellten Ansatzes ist die Unterstützung von Entscheidungsprozessen bei mehrfacher Zielsetzung. Auch Investitionsentscheidungen werden in der Literatur häufig als Entscheidungen unter mehrfacher Zielsetzung gesehen. Dabei sind zwei Ansätze zu unterscheiden:

- Die Orientierung an mehreren monetären Zielen.
- Die Orientierung an monetären und nichtmonetären Zielen.

Beide Formen können ihrerseits wiederum unterschiedliche Ausprägungen annehmen, die im folgenden näher dargestellt werden.

6.2.1.2.1 Mehrere monetäre Zielgrößen

Bereits aus der Zeitstruktur der mit Investitionsprojekten verbundenen Zahlungsströme ergibt sich die Notwendigkeit, Investitionsentscheidungen selbst bei ausschließlicher Orientierung an Einzahlungsüberschüssen als Entscheidungsprobleme bei mehrfacher Zielsetzung anzusehen. Besteht neben den im Modell abgebildeten Anlage- und Finanzierungsarten keine Möglichkeit des Transfers von Einzahlungsüberschüssen zwischen unterschiedlichen Perioden, so sind die Überschüsse einzelner Perioden eigenständige Zielgrößen (Laux/Franke, 1970; Kirchgäßner, 1983; Vetschera, 1985), die z.B. durch intertemporale Nutzenfunktionen (Koopmans, 1960; Lancaster, 1963; Bell, 1974; 1977; Dyckhoff, 1988; Eisenführ, 1988) repräsentiert werden können.

Die mit der Formulierung intertemporaler Nutzenfunktionen verbundene Komplexität erfordert jedoch in der Regel die Benutzung von Ersatzzielfunktionen. Als Ersatzzielfunktionen wurden vor allem die Maximierung der Breite eines in seiner Struktur vorgegebenen Entnahmestromes oder die Maximierung des Endvermögens bei vorgegebenen festen Entnahmen entwickelt (Laux/Franke, 1970; Kruschwitz, 1987). Auch diese beiden Ziele können in einem Entscheidungsmodell bei mehrfacher Zielsetzung simultan betrachtet werden (Dinkelbach, 1982).

Neben den Einzahlungsüberschüssen in den einzelnen Perioden des Planungszeitraumes können auch andere monetäre Größen als eigenständige Zielgrößen angesehen werden. Dabei können vier Gruppen von Zielen unterschieden werden:

a) Zielgrößen, die das Risiko ausdrücken;

b) Zielgrößen, die (unterstellte) Interessen der Anteilseigner repräsentieren;

c) Zielgrößen, die aus gesetzlichen Bestimmungen resultieren;

d) sonstige Zielgrößen.

Ad a: Die Formulierung eigenständiger Zielgrößen zur Risikomessung stellt seit der Entwicklung der Portefeuille-Theorie (Markowitz, 1959) eine anerkannte Vorgehensweise in der Investitionsplanung dar. In der Literatur wurden auch Modelle entwickelt, die die simultane Optimierung von Ertrag und Risiko mithilfe von Verfahren der Entscheidung bei mehrfacher Zielsetzung vornehmen (Lee/Lerro, 1973). Neben der Varianz als allgemeinem Risikomaß einer Zahlungsreihe können auch spezifische Maßzahlen für einzelne Risken als eigenständige Zielgrößen angesehen werden. Beispiele dafür sind das Risiko von Zinssatzänderungen (Telgen, 1985; Booth/Bessler, 1989) oder das politische Risiko von Auslandsinvestitionen (Lee/Eom, 1989).

Ad b: In Modellen der Investitionsplanung wird häufig unterstellt, daß Anteilseigner an hohen Dividendenausschüttungen oder hoher Stabilität der Erträge über die Zeit hinweg interessiert seien. In der Literatur wurden daher unter anderem Modelle unter Einbeziehung der folgenden Zielgrößen entwickelt:

- Ertrag pro Aktie, Dividende, Dividende pro Aktie, Liquidität, Deckung der Fremdkapitalzinsen (Ashton/Atkins, 1979);
- Amortisationszeit, interner Zinsfuß und Wachstumsrate der Erträge (Bao, 1985);
- Marktwert, Stabilität der Erträge, Fremdkapital, minimale und maximale Kassenhaltung (Spronk, 1985);
- Eigenkapital, ausgeschüttete Dividende, Steuern (Östermark, 1988b).

Ad c: Gesetzliche Regelungen führen insbesondere in Investitions- und Finanzplanungsmodellen des Bankbereiches zur Formulierung eigenständiger Zielgrößen, zum Beispiel bezüglich der Eigenkapitalausstattung (Spronk/Zambruno, 1985; Korhonen A., 1987). Auch die Auslandsverflechtung kann Gegenstand staatlicher Eingriffe sein, die in Form eigener Zielgrößen in der Planung berücksichtigt werden (Korhonen A., 1987).

Ad d: Neben den genannten Zielen finden sich in der Literatur auch noch andere Zielgrößen, die in keine der zuvor behandelten Kategorien einzuordnen sind wie z.B. der Kassenbestand (Östermark, 1988b), Kapitalkosten (Lee/Eom, 1989) oder das Absatzvolumen (Rückle, 1970).

Derartige Zielstrukturen, die unterschiedliche finanzielle Variablen enthalten, wurden auch in empirischen Untersuchungen festgestellt (Osteryoung, 1973).

6.2.1.2.2 Nichtmonetäre Ziele

Die Berücksichtigung nichtmonetärer Zielgrößen wurde bisher in der deutschsprachigen Literatur zur Investitionsplanung nur wenig behandelt (Rückle, 1983). Nichtmonetäre Ziele können aus zwei Gründen in die Investitionsplanung einfließen: einerseits können sie Eigenschaften der Investitionsobjekte repräsentieren, die zwar einen Einfluß auf deren wirtschaftlichen Erfolg haben, bei denen dieser Einfluß aber nur schwer quantifizierbar ist (Bitz, 1984). Sie können andererseits aber auch Zielgrößen mit einer eigenständigen Bedeutung wie etwa Umweltschutzaspekte darstellen.

Probleme der monetären Bewertung der (technischen) Eigenschaften von Investitionsobjekten treten häufig bei der Planung informations- und kommunikationstechnischer Investitionen auf. Neben einfachen Praxisverfahren wie etwa der Nutzwertanalye (Koreimann, 1972; Wedekind, 1976; Stahlknecht/Nordhauß, 1981; Grob, 1985) wird die Investitionsplanung in diesem Bereich daher auch explizit als Entscheidungsproblem bei mehrfacher Zielsetzung unter Verwendung entsprechender Verfahren formuliert (Lawrence et al., 1983; Vlacic et al., 1986; Muralidhar et al., 1990). Ähnliche Probleme bestehen auch in den Bereichen der Investition in Forschung und Entwicklung (Baba/Fukuda, 1989) oder bei Auslandsinvestitionen (Meissner/Gerber, 1980).

Daneben wurden aber auch Modelle der Entscheidung bei mehrfacher Zielsetzung dazu benutzt, um Zielgrößen mit eigenständigem Wert wie etwa Umweltschutzaspekte in die Investitionsplanung mit einzubeziehen (Candler, 1973; Forsyth/Laughhunn, 1973; Ratick, 1983; Siskos et al., 1986; Rückle, 1989a). Ein weiteres Beispiel für die Berücksichtigung nichtmonetärer Ziele stellen öffentliche Unternehmen dar, deren Investitionspolitik von übergeordneten wirtschaftspolitischen Zielen beeinflußt sein kann (Rückle, 1989b).

6.2.1.3 Diskrete Handlungsalternativen

Investitionsprojekte, insbesondere Sachinvestitionen, unterliegen in der Regel Unteilbarkeitsbedingungen. Daher werden Investitionskalküle, die der Entscheidung über einzelne Projekte bzw. der Auswahl aus mehreren Projekten dienen, in der Regel als Entscheidungen zwischen diskreten Handlungsalternativen formuliert (Bitz, 1984; Hax, 1985; Kruschwitz, 1987).

In der Literatur zur simultanen Planung von Investitions- und Finanzierungs-*Programmen* wurden hingegen anfänglich zahlreiche Modelle formuliert, in denen das Realisationsniveau von Investitionsprojekten durch stetige Variablen beschrieben wurde (Weingartner, 1974; Albach, 1960; Hax, 1964). Die Formulierung als lineares Optimierungsmodell mit stetigen Variablen ist allerdings primär im geringeren Rechenaufwand sowie in der Möglichkeit der ökonomischen Interpretation der Dualwerte (Laux/Franke, 1969) begründet, die in ganzzahligen Modellen problematisch ist (Gomory/Baumol, 1960). Zur Beschreibung diskreter Investitionsmöglichkeiten werden in einigen Simultanmodellen daher ganzzahlige Variablen benutzt (Bitz, 1984). Daraus resultiert aber ebenfalls eine endliche Menge diskreter Handlungsalternativen in Form kompletter Investitionsprogramme.

6.2.2 Problemstellung der dezentralen Investitionsplanung

In der Folge soll davon ausgegangen werden, daß von einer Gruppe mit M gleichrangigen Mitgliedern über ein Investitionsprogramm zu entscheiden ist. Die Mitglieder können als Vertreter unterschiedlicher Unternehmensbereiche angesehen werden, die z.B. nach funktionalen oder räumlichen Gesichtspunkten gebildet wurden. Jedes Mitglied m des Gremiums orientiere sich an einer Menge $K_m \subseteq \{1, \ldots, K\}$ unterschiedlicher Ziele.

Jeder Bereich hat die Möglichkeit, Investitionsprojekte vorzuschlagen, die in das gemeinsam zu planende Investitionsprogramm aufgenommen werden können. Insgesamt seien I Projekte vorgeschlagen, die Menge der von Bereich (Mitglied) m vorgeschlagenen Projekte sei $I_m \subseteq \{1, \ldots, I\}$. Investitionsprojekt i sei durch einen K-dimensionalen Attributvektor $Y_i = (y_{i,1}, \ldots, y_{i,K})$ charakterisiert. Jedes der vorgeschlagenen Projekte kann entweder einmal zur Gänze realisiert oder unterlassen werden. Mehrfache oder teilweise Realisierungen von Projekten seien zur Vereinfachung der Darstellung ausgeschlossen, können aber durch geeignete Erweiterungen leicht in den Ansatz einbezogen werden.

Die Investitionsprojekte i können nicht beliebig zu Investitionsprogrammen kombiniert werden. Die Investitionsprogramme unterliegen vielmehr gewissen Restriktionen, die eine Teilmenge $K_r \subseteq \{1, \ldots, K\}$ der Kriterien betreffen. Kriterien $k \in K_r$ können etwa die für Investitionen verfügbaren Mittel (unter simultaner Berücksichtigung von Finanzierungsmöglichkeiten) oder technische Kriterien wie z.B. die für maschinelle Investitionen zur Verfügung stehende Fläche sein. Für Kriterien $k \in K_r$ existieren Obergrenzen o_k, die von Investitions*programmen* insgesamt nicht überschritten werden dürfen.

Die Beschreibungen der Investitionsprojekte i durch die Attributvektoren Y_i müssen daher neben den Zielgrößen des Bereiches, der das Projekt vorschlägt, zumindest auch Daten für sämtliche Kriterien $k \in K_r$ enthalten, um die Zulässigkeit der Investitionsprogramme überprüfen zu können. Enthält die Beschreibung eines Investitionsprojektes bezüglich anderer Kriterien keine Daten, so wird angenommen, daß das entsprechende Kriterium von diesem Projekt nicht beeinflußt wird. Bei nach räumlichen Gesichtspunkten gebildeten Bereichen kann etwa der

Fall eintreten, daß regional begrenzte Effekte eines Investitionsprojektes (z.B. Emissionen) die Ziele eines weit entfernten anderen Bereiches nicht beeinflussen.

Für jedes Kriterium k sei ferner ein Status Quo-Wert ω_k bekannt, der eintritt, falls keine Projekte realisiert werden, deren Auswirkungen dieses Kriterium betreffen.

Aus den vorgeschlagenen Investitionsprojekten können insgesamt N unterschiedliche, effiziente und in bezug auf die definierten Grenzen zulässige Investitionsprogramme zusammengestellt werden. Die Menge der in Programm n enthaltenen Projekte sei I_n. Der Zielgrößenwert $x_{n,k}$ für das Investitionsprogramm n in Kriterium k ergibt sich nach einer für das Kriterium spezifischen Aggregationsvorschrift $\mathbf{A}_k$ aus den Zielgrößenwerten der im Programm enthaltenen Projekte:

$$x_{n,k} = \underset{i \in I_n}{\mathbf{A}_k} \left(y_{i,k} \right) \qquad (6.1)$$

Aufgabe der Gruppe ist es nun, aus diesen N zulässigen Investitionsprogrammen eine gemeinsame Lösung auszuwählen.

Als individuelles Entscheidungskalkül wird im Rahmen dieser Anwendung die multiattributive Nutzentheorie herangezogen. Für die Verwendung dieses Entscheidungsverfahrens in einem experimentellen Prototyp eines rückkopplungsorientierten GDSS sind mehrere Gründe ausschlaggebend:

- Die multiattributive Nutzentheorie stellt, trotz der vielfältigen Kritik an diesem Verfahren, einen relativ weit verbreiteten Ansatz zur Entscheidung bei mehrfacher Zielsetzung dar. Alternative Konzepte, wie die in Kapitel fünf diskutierten Verfahren, haben insbesondere nicht die praktische Verbreitung erreicht, die die Nutzentheorie (vor allem in den USA) aufweist. Der hier vorgestellte experimentelle Prototyp hat auch die Aufgabe, die Anwendbarkeit des Konzeptes rückkopplungsorientierter GDSS auf praktische Probleme aufzuzeigen. Daher sollte das benutzte Entscheidungsverfahren selbst nicht zu Akzeptanzproblemen führen, die bei unüblichen Verfahren möglicherweise auftreten könnten.

- Für die Schätzung von Nutzenfunktionen stehen auf Personal Computern bereits leistungsfähige und benutzerfreundliche Programme zur Verfügung (z.B. das Programm UFAP, von Nitzsch/Weber, 1986). Die entsprechenden Komponenten müssen daher im GDSS selbst nicht mehr implementiert werden, wodurch der Entwicklungsaufwand des Prototyps reduziert wird.

- Wie in den vorangegangenen Kapiteln gezeigt wurde, können für die multiattributive Nutzentheorie Modifikationsmodelle als lineare Optimierungsmodelle formuliert werden, während für alternative Ansätze nichtlineare oder ganzzahlige Modelle erforderlich sind. In Hinblick auf die beschränkte Rechenleistung der für die experimentelle Nutzung des Systems verfügbaren Personal Computer kommt der Reduktion des Rechenaufwandes große Bedeutung zu.

6.2.3 Problemlösungsprozeß

6.2.3.1 Überblick

Entsprechend der generellen, am Konzept der Entscheidungsunterstützung orientierten Sichtweise dieser Arbeit steht im Zentrum des Lösungsansatzes der Problemlösungsprozeß als Interaktion zwischen modellgestützten Systemkomponenten und den Benutzern. Dieser Prozeß folgt der in Abbildung 3-2 dargestellten dynamischen Struktur eines rückkopplungsorientierten GDSS. Diese allgemeine Struktur ist jedoch noch um die problemspezifische Komponente des Überganges von einzelnen Investitionsprojekten zu kompletten Investitionsprogrammen zu erweitern.

Abbildung 6-1 gibt einen schematischen Überblick über den Gesamtablauf des Entscheidungsprozesses. Die Phasen des Prozesses werden in den folgenden Abschnitten im einzelnen erläutert.

6.2.3.2 Problemdefinition auf Gruppenebene

Die Unterstützung des Entscheidungsprozesses durch ein EDV-System erfordert zunächst die Einrichtung der entsprechenden Datenstrukturen im System. Dementsprechend sehen alle dem hier vorgestellten Ansatz vergleichbaren GDSS wie z.B. Co-oP (Bui, 1987) oder SCDAS (Lewandowski et al., 1986) zunächst eine Phase der Problemspezifikation vor. In Co-oP wird dabei zwischen den Phasen "Problem definition" und "Group norm definition" unterschieden. Die "Problem definition" umfaßt die Spezifikation der Handlungsalternativen und Attribute. In der "Group norm definition" werden die Gruppenmitglieder, ihre Abstimmungsgewichte und andere prozedurale Parameter des Entscheidungsprozesses festgelegt. In SCDAS werden vom "Conference owner" a priori die Alternativen, die Gruppenmitglieder mit ihren Abstimmungsgewichten sowie die Attribute und die dafür verwendeten Skalen festgelegt (Lewandowski, 1988).

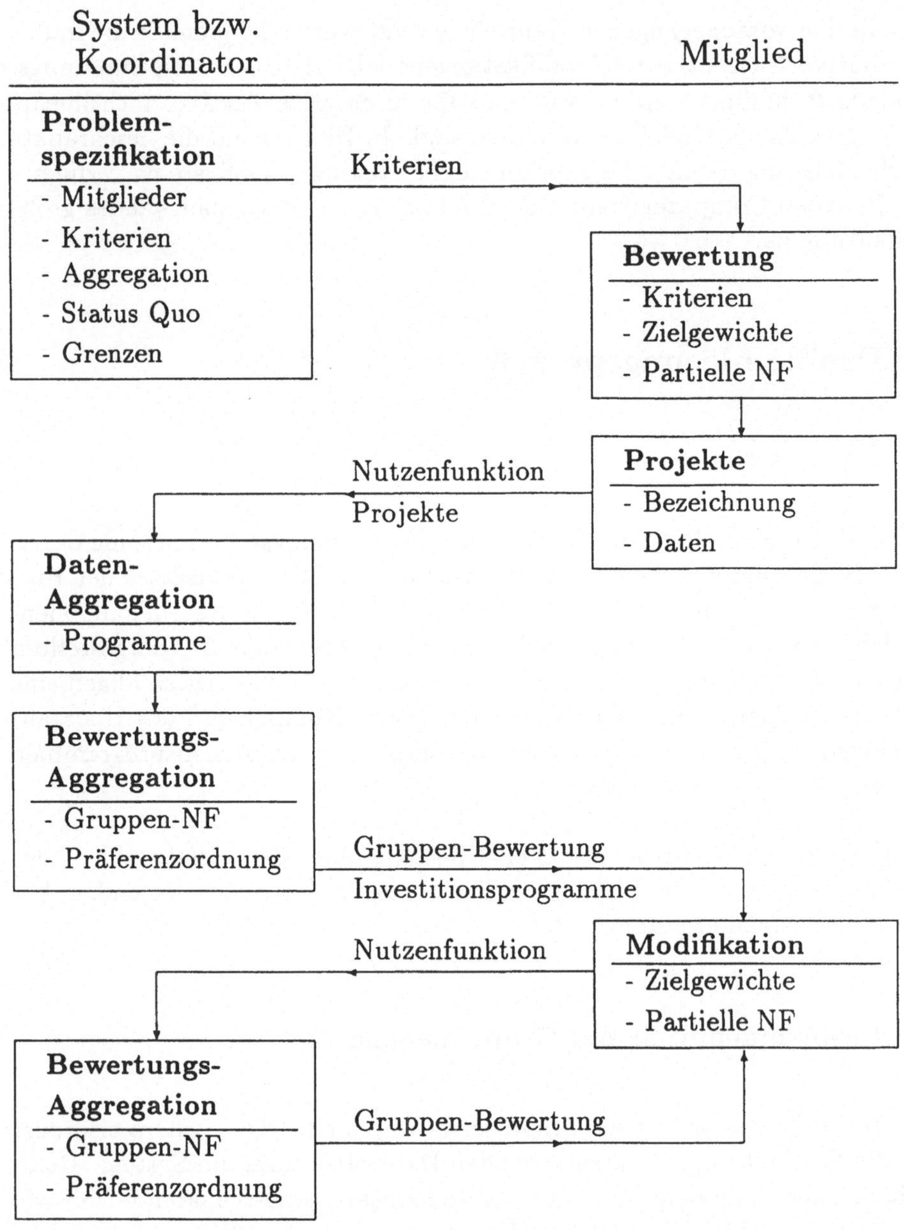

Abbildung 6-1: Übersicht über den Entscheidungsprozeß

Auch im hier betrachteten Entscheidungsprozeß wird unterstellt, daß die Gruppenmitglieder a priori bekannt sind. Die Spezifikation der die Mitglieder betreffenden Informationen kann daher ebenfalls in der Anfangsphase durch einen Gruppen-Koordinator erfolgen.

Der Prozeß unterscheidet sich von den genannten Ansätzen jedoch in der Behandlung sowohl der Handlungsalternativen als auch der Kriterien. Die Handlungsalternativen (Investitionsprogramme) werden erst im Prozeßablauf aus den von den Mitgliedern vorgeschlagenen Projekten gebildet und können daher nicht a priori spezifiziert werden.

Im Gegensatz zu den anderen Ansätzen wird hier auch die Möglichkeit berücksichtigt, daß Gruppenmitglieder unterschiedliche Kriterien in ihren Bewertungen berücksichtigen. Damit stellt sich die Frage, ob die Spezifikation der insgesamt zulässigen Kriterien a priori durch den Gruppen-Koordinator erfolgen soll oder individuell den Gruppenmitgliedern überlassen werden kann.

Die individuelle Spezifikation von Kriterien wäre jedoch mit semantischen Problemen verbunden. Ohne semantische Zusatzinformationen ist das System nicht in der Lage, festzustellen, ob zwei von verschiedenen Gruppenmitgliedern vorgeschlagene Kriterien einander entsprechen. Würden identische Kriterien vom System als unterschiedlich betrachtet, so würde die Menge der insgesamt betrachteten Kriterien unnötig vergrößert. Daraus ergeben sich Redundanzen und möglicherweise Inkonsistenzen in der gemeinsamen Datenbasis. Der hier entwickelte Ablauf geht daher davon aus, daß von einem Gruppen-Koordinator a priori ein Katalog von Kriterien erstellt wird, aus dem die Gruppenmitglieder die für sie relevanten Kriterien auswählen.

Jedem Kriterium wird ein Aggregationsverfahren zugeordnet, das angibt, wie die Daten eines Investitionsprogrammes aus den Daten der darin enthaltenen Projekte zu ermitteln sind. Ferner sind vom Gruppen-Koordinator für die einzelnen Kriterien Status-Quo-Werte sowie eventuelle Grenzwerte für zulässige Investitionsprogramme zu spezifizieren.

6.2.3.3 Individuelle Datenerhebung

In dieser Phase spezifizieren die Gruppenmitglieder sowohl die Daten der von ihnen vorgeschlagenen Projekte als auch ihre ursprünglichen individuellen Bewertungen in Form einer multiattributiven Nutzenfunktion. Dazu werden zunächst aus dem Kriterienkatalog die für das Mitglied relevanten Kriterien ausgewählt. Anschließend werden vom Mitglied Projekte vorgeschlagen. Für jedes Projekt sind mindestens die Datenwerte in denjenigen Kriterien zu spezifizieren, die vom

Mitglied selbst benutzt werden oder für die Obergrenzen festgelegt wurden. Abschließend spezifizieren die Mitglieder partielle Nutzenfunktionen für die von ihnen jeweils benutzten Kriterien. Der Definitionsbereich jeder Nutzenfunktion muß dabei mindestens den Datenbereich der von Mitglied selbst vorgeschlagenen Projekte überdecken.

6.2.3.4 Datenaggregation

Ziel der Datenaggregation ist es, die von den Mitgliedern vorgeschlagenen Projekte zu zulässigen Investitionsprogrammen zu kombinieren. Theoretisch könnten aus I Projekten maximal 2^I Programme (unter Einschluß des leeren Programmes, bei dem keine Projekte realisiert werden) gebildet werden. Die Zahl der von den Gruppenmitgliedern zu beurteilenden Investitionsprojekte kann jedoch nach den Kriterien der

- *Zulässigkeit* und der
- *Effizienz*

weitgehend reduziert werden. Die Zulässigkeitsbedingung für Kriterium k kann allgemein als

$$\mathbf{A}_{k \atop i \in I_n} (y_{i,k}) \leq o_k \tag{6.2}$$

definiert werden.

Für das Effizienzkriterium gilt die übliche Definition (Laux, 1982; Bamberg/Coenenberg, 1985): Unter der Annahme, daß alle Kriterien zu maximieren sind, ist ein Investitionsprogramm n effizient, wenn kein anderes Programm n' existiert, so daß

$$x_{n',k} \geq x_{n,k} \qquad \forall k$$

und $X_n \neq X_{n'}$. Nicht effiziente Investitionsprogramme können aus den weiteren Überlegungen ausgeschlossen werden.

Das soeben definierte Effizienzkriterium bezieht sich auf die Menge sämtlicher Kriterien. Es schließt somit nicht aus, daß in der reduzierten Sicht eines Mitgliedes Alternativen enthalten sind, die bezüglich der vom Mitglied berücksichtigten Kriterien durch andere Alternativen dominiert werden.

Diese Situation kann dazu führen, daß implizite Modifikation der individuellen Bewertungen nicht ausreicht, Übereinstimmung mit der Gruppen-Bewertung zu erzielen. Präferiert die Gruppe eine Alternative, die bezüglich der vom Mitglied betrachteten Kriterien von einer anderen Alternative dominiert wird, und genügt das verwendete Entscheidungsverfahren (wie etwa die multiattributive Nutzentheorie) dem Dominanzprinzip, so existiert kein Vektor von Parametern (Zielgewichten), durch den die Gruppen-Präferenzordnung reproduziert werden kann. In diesem Fall weist allerdings die sonst dominierte Alternative auch einen höheren Wert im Attribut "Gruppen-Bewertung" auf. Explizite Modifikation führt also, bei entsprechender Gewichtung der Gruppen-Bewertung, auch in diesem Fall zu einer Anpassung.

6.2.3.5 Bewertungsaggregation

Wie bereits in Kapitel vier erläutert, kann zur Aggregation individueller Bewertungen, die auf multiattributiven Nutzenfunktionen beruhen, ein lineares Gewichtungsschema der Form (4.4) herangezogen werden. Diese Struktur wird auch im hier vorgestellten Ansatz benutzt. Die dabei erforderlichen Gewichte α_m der Gruppenmitglieder werden in der Problemdefinitionsphase vom Gruppen-Koordinator spezifiziert.

Der Definitionsbereich der von den Mitgliedern anfänglich spezifizierten partiellen Nutzenfunktionen umfaßt jedoch nur den Datenbereich der vom Mitglied vorgeschlagenen Projekte. Werden die Projektdaten etwa durch Addition zu den Daten der Programme aggregiert, so ist der Datenbereich der Programme umfangreicher als der der einzelnen Projekte. Ist dies der Fall, so werden die Mitglieder vom System automatisch veranlaßt, den Definitionsbereich ihrer partiellen Nutzenfunktionen entsprechend zu erweitern.

6.2.3.6 Rückkopplungsprozeß

Der anschließende Rückkopplungsprozeß stellt die eigentliche Phase der Entscheidungsfindung in der Gruppe dar. Er setzt sich aus zwei Komponenten zusammen: einer Modifikation der individuellen Bewertungen und anschließend der Aggregation der modifizierten Bewertungen. Der hier vorgestellte Prototyp GDSS-X implementiert für beide Komponenten die in Kapitel vier entwickelten Modelle.

Der so aufgebaute Iterationsvorgang wird so lange wiederholt, bis eine der Problemstellung entsprechende Übereinstimmung zwischen den Gruppenmitgliedern erzielt wird.

6.3 Das experimentelle System GDSS-X

Als Prototyp eines rückkopplungsorientierten GDSS wurde im Rahmen des hier beschriebenen Projektes das experimentelle System GDSS-X implementiert. Entsprechend der in der Einleitung zu diesem Kapitel entwickelten Zielvorstellung einer experimentellen Implementierung standen bei der Entwicklung dieses Systems zwei Aspekte im Vordergrund: die Gestaltung der Benutzerschnittstelle und des Prozeßablaufes aus der Sicht des Benutzers sowie implementierungstechnische Überlegungen, die vor allem die Effizienz der eingesetzten Algorithmen und die Datenintegrität betreffen. Diese beiden Aspekte werden im Anschluß an einen allgemeinen Überblick über das System gesondert behandelt werden.

6.3.1 Überblick über das System

Die in Abbildung 6-1 dargestellten Aktivitäten während des Entscheidungsprozesses können in drei Gruppen eingeteilt werden:

a) Aktivitäten des Gruppen-Koordinators,

b) Aktivitäten der Gruppenmitglieder,

c) Aktivitäten, die vom System ohne Mitwirkung der Benutzer durchgeführt werden können.

Ad a: Die Funktion eines Gruppen-Koordinators ist im hier entwickelten Ansatz auf die Phase der Problemdefinition beschränkt und umfaßt die Festlegung der für ein Entscheidungsproblem benötigten globalen Daten. In den weiteren Problemlösungsprozeß greift der Gruppen-Koordinator nicht ein.

Ad b: Aktivitäten der Gruppenmitglieder umfassen sowohl die anfängliche Spezifikation von Projekten und Bewertungen als auch den iterativen Modifikationsprozeß. Sie treten während des gesamten Problemlösungsprozesses auf.

Ad c: Sowohl die Datenaggregation als auch die Aggregation von Bewertungen kann vom System nach Verfügbarkeit der jeweils benötigten Inputdaten ohne weitere Eingriffe der Benutzer (Gruppenmitglieder oder Koordinator) durchgeführt werden.

Die Software-Architektur von GDSS-X folgt dieser Dreiteilung von Funktionen und umfaßt für jeden der drei genannten Bereiche ein eigenes Hauptprogramm. Programm G-INIT dient dem Gruppen-Koordinator zur Erfüllung seiner Aufgaben im Rahmen der Problemdefinition. Sämtliche für die Gruppenmitglieder erforderlichen Funktionen sind in einem Programm MEMBER zusammengefaßt. Ein weiteres Programm AGGRE führt selbständig die erforderlichen Aggregationsoperationen aus.

Die Konzeption von GDSS-X sieht vor, daß für jedes Gruppenmitglied, den Gruppen-Koordinator sowie die automatische Ausführung der Aggregationsoperationen ein eigener Personal Computer zur Verfügung steht. Die Rechner sind untereinander durch ein Netzwerk verbunden und greifen auf gemeinsame Datenbestände zu. Die Kommunikation zwischen den Programmen erfolgt ausschließlich über diese Datenbestände, Programm-zu-Programm-Verbindungen des Netzwerkes werden nicht benutzt. Diese Vorgangsweise weist mehrere Vorteile auf:

- Da das System keine netzwerkspezifischen Funktionsaufrufe benutzt, kann es unabhängig von der Netzwerk-Hardware und dem Netzwerk-Betriebssystem auf jedem Netzwerk eingesetzt werde, das File-Sharing ermöglicht.
- Struktur und Inhalt der Datenbestände repräsentieren jeweils den aktuellen Status des Problemlösungsprozesses. Damit ist es jederzeit möglich, den Prozeß zu unterbrechen, die Programme zu verlassen und zu einem späteren Zeitpunkt ohne Datenverlust wieder fortzusetzen. Vom Benutzer selbst sind dabei keine Angaben erforderlich, in welcher Phase der Prozeß wieder aufgenommen werden soll.
- Durch entsprechende Strukturierung der Datenbestände ist es möglich, mehrere Entscheidungsprobleme (die in GDSS-X in Anlehnung an die Terminologie vergleichbarer Systeme als "Konferenzen" bezeichnet werden) im System zu speichern.
- Steht nicht für jedes Gruppenmitglied ein eigener Arbeitsplatz zur Verfügung, so ist auch die abwechselnde Benutzung eines Arbeitsplatzes durch mehrere Gruppenmitglieder möglich. Im Extremfall kann sogar ohne Verwendung eines Netzwerkes ein Problem auf nur einem Personal Computer bearbeitet werden. Zu jedem Zeitpunkt kann an einem Arbeitsplatz allerdings nur jeweils ein einziges Gruppenmitglied ein einziges Entscheidungsproblem bearbeiten.

6.3.2 Benutzerschnittstelle

6.3.2.1 Allgemeine Grundkonzepte

Dominierendes Prinzip bei der Gestaltung der Benutzerschnittstelle von GDSS-X ist die Reduktion der Möglichkeit von Eingabefehlern. Dies wird dadurch erreicht, daß die Eingabemöglichkeiten des Benutzers weitgehend auf zulässige Eingaben reduziert werden. Eine Konsequenz dieser Vorgangsweise ist die Verwendung einer Menüsteuerung anstelle von Befehlseingaben. Menüs werden dabei nicht nur zur Auswahl von Systemfunktionen, sondern auch zur Auswahl von Daten benutzt. Ein Beispiel dafür ist die nach dem Aufruf eines Moduls erforderliche Auswahl einer Konferenz: hier wird nicht von Benutzer der Name einer Konferenz eingegeben, sondern es wird ein Menü mit den Namen sämtlicher im System verfügbarer Konferenzen angezeigt (vgl. Abbildung 6-2), aus denen der Benutzer eine durch Markieren auswählt. Eine Ausnahme aus diesem Konzept stellt lediglich die Benutzeridentifikation dar: aus Gründen des Datenschutzes werden nicht sämtliche Identifikationen angezeigt, sondern der Benutzer muß seine Identifikation eingeben.

Die Reduktion von Benutzereingabemöglichkeiten zur Vermeidung von Eingabefehlern geht über die Verwendung von Menüs hinaus. So werden in GDSS-X bei numerischen Eingaben syntaxgesteuert sämtliche unzulässigen Tasten der Tastatur ignoriert, so daß nur gültige Zahlen eingegeben werden können. Eingaben, die nur eine bestimmte Länge aufweisen dürfen, wie etwa Kurzbezeichnungen von Projekten oder Gruppenmitgliedern, werden automatisch nach der maximalen Anzahl von Zeichen beendet.

Der zweite wesentliche Gesichtspunkt ist die optische Gestaltung der Benutzeroberfläche. Hier wurde durch Verwendung der Fenster-Technik und konsistente Farbgebung versucht, einen modernen Anwendungssystemen entsprechenden Gesamteindruck (vgl. Bennett, 1983; Carlson, 1983) zu erzielen.

Die Benutzerschnittstelle dient schließlich auch dazu, den Benutzer einerseits von der Komplexität der benutzten formalen Modelle weitgehend abzuschirmen und ihm andererseits doch weitgehende Kontrollmöglichkeiten über den gesamten interaktiven Prozeß zu geben. Der Benutzer soll daher nicht direkt mit der Aufstellung und Lösung komplexer Modelle konfrontiert werden, aber zu sämtlichen relevanten Parametern Zugang haben.

Das folgende einfache Beispiel, in dem ein Ausschnitt eines Entscheidungsprozesses anhand von Bildschirmdarstellungen des Systems demonstriert wird, soll die Anwendung dieser Prinzipien im System illustrieren.

6.3.2.2 Entscheidungsprozeß aus der Sicht der Benutzer

Dem zur Darstellung des Entscheidungsprozesses benutzten Beispiel liegt die folgende Entscheidungssituation zugrunde: Ein Entscheidungsgremium bestehe aus drei Mitgliedern, die drei Bereiche 1, 2 und 3 eines Unternehmens repräsentieren. Für die Planung seien insgesamt vier Kriterien relevant:

- Die *Anschaffungsauszahlungen (AZ)*, die insgesamt auf verfügbare Investitionsmittel von 500 GE beschränkt seien.
- Der *Kapitalwert (KW)* als ökonomischer Beurteilungsmaßstab.
- Die *Umweltverträglichkeit (UV)*.
- Die *Flexibilität (FL)* als Beispiel für eine ökonomisch relevante, aber nicht unmittelbar monetär meßbare Größe.

Die Aggregation der Kriterien Kapitalwert und Anschaffungsauszahlung erfolgt durch Summation über die in einem Programm enthaltenen Projekte. Die Umweltverträglichkeit eines Programmes sei gleich der geringsten UV der darin enthaltenen Projekte, die Flexibilität entspreche dem jeweils größten Wert. Wird kein Projekt realisiert, so betrage der Umweltverträglichkeits-Index 100 Einheiten. Der Status-Quo-Wert aller anderen Kriterien sei null.

Bereich 1 orientiere sich an den Kriterien Anschaffungsauszahlung, Kapitalwert und Umweltverträglichkeit und verwende die Gewichte 0.15, 0.25 und 0.60. Bereich 2 orientiere sich an den Kriterien Kapitalwert, Umweltverträglichkeit und Flexibilität mit den Gewichten 0.25, 0.25 und 0.50. Bereich 3 orientiere sich an den Kriterien Anschaffungsauszahlung und Kapitalwert mit den Gewichten 0.30 und 0.70. Die partiellen Nutzenfunktionen aller Mitglieder in allen Kriterien werden als linear angenommen. Diese Annahme dient lediglich der Vereinfachung des hier benutzten Beispiels, im System GDSS-X können beliebige (stückweise lineare) Funktionen benutzt werden.

Von Bereich 1 werden die folgenden beiden Projekte vorgeschlagen:

Projekt	AZ	KW	UV	FL
1	200	50	22	20
2	200	30	40	10

Die Vorschläge der beiden anderen Bereiche seien:

Bereich	Projekt	AZ	KW	UV	FL
Bereich 2	3	300	60	20	20
	4	400	40	20	30
	5	100	20	10	40
Bereich 3	6	100	35	25	5
	7	200	30	30	30

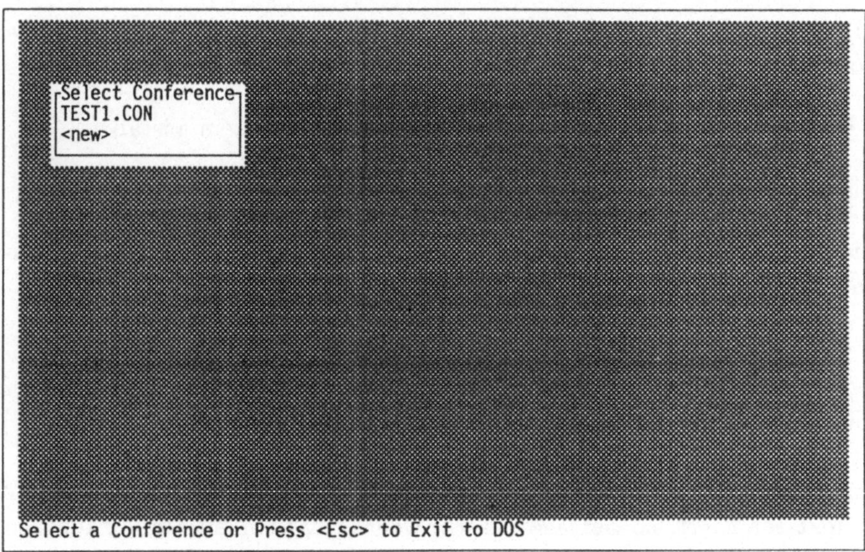

Abbildung 6-2: Auswahl einer Konferenz

6.3.2.2.1 Problembeschreibung

Aufgabe des Gruppen-Koordinators ist es, die Daten der drei Gruppenmitglieder und der vier Kriterien zu spezifizieren. Nach Aufruf des Moduls G-INIT wird zunächst ein Menü der verfügbaren Konferenzen angezeigt (Abbildung 6-2).

Wird in diesem <new> zur Eingabe einer neuen Konferenz ausgewählt, so wechselt das System unmittelbar zur Spezifikation der Gruppenmitglieder. Während dieser Eingaben werden in einem eigenen "History"-Fenster die Kurzbezeichnungen der bereits spezifizierten Mitglieder angezeigt (Abbildung 6-3). Für jedes Mitglied sind eine Kurzbezeichnung, eine ausführliche Bezeichnung sowie ein Gewichtungskoeffizient α_m für die Aggregation der Nutzenfunktionen nach (4.4) zu spezifizieren.

In ähnlicher Weise erfolgt die Spezifikation der Kriterien. Die Daten der Kriterien umfassen neben der Kurzbezeichnung und der ausführlichen Bezeichnung des Kriteriums einen Status-Quo-Wert und das für das Kriterium zu benutzende Aggregationsverfahren. Bei Kriterien, die durch Summenbildung aggregiert werden, kann auch eine Obergrenze für zulässige Investitionsprogramme festgelegt werden. Abbildung 6-4 zeigt die konsequente Verwendung von Menüs, hier zur Festlegung eines Aggregationsverfahrens für die Daten.

Wählt der Gruppen-Koordinator im Eingangsmenü eine bereits bestehende Konferenz aus, so besteht die Möglichkeit zur bildschirmorientierten Modifikation der eingegebenen Daten (Abbildung 6-5).

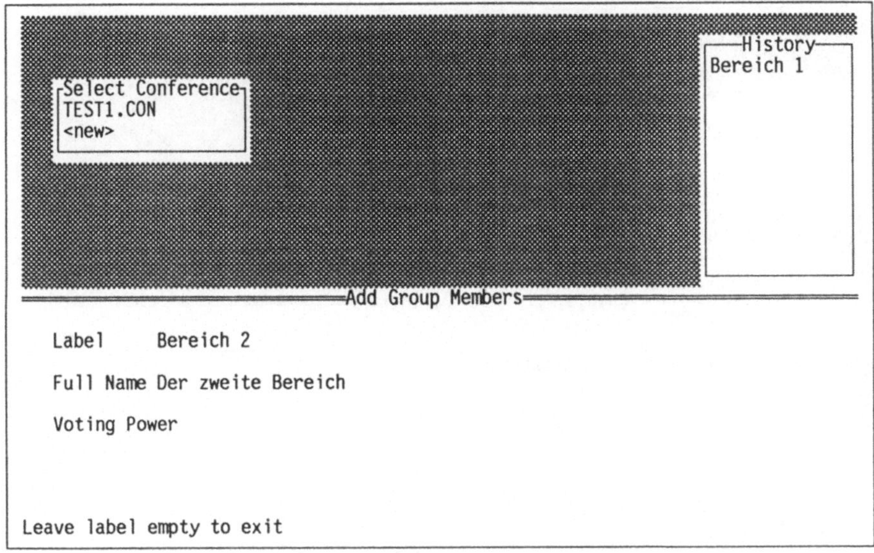

Abbildung 6-3: Spezifikation der Gruppenmitglieder

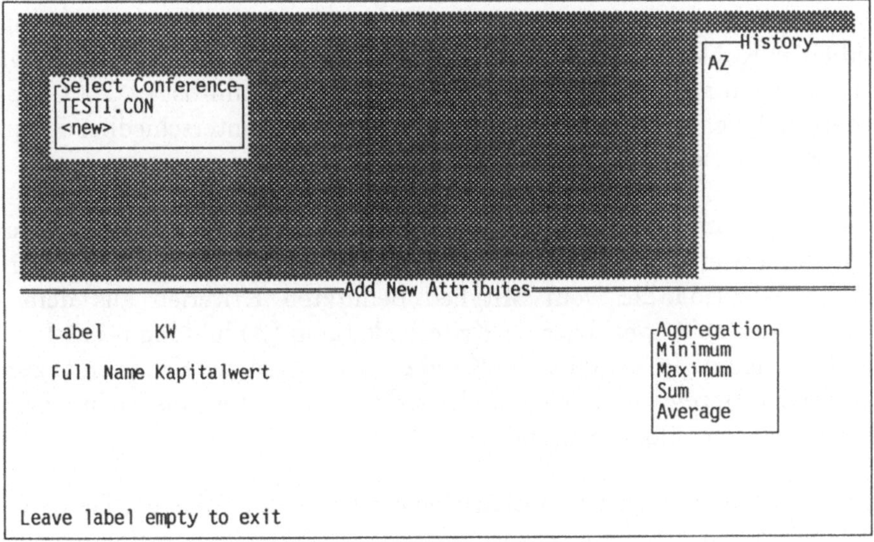

Abbildung 6-4: Spezifikation der Kriterien

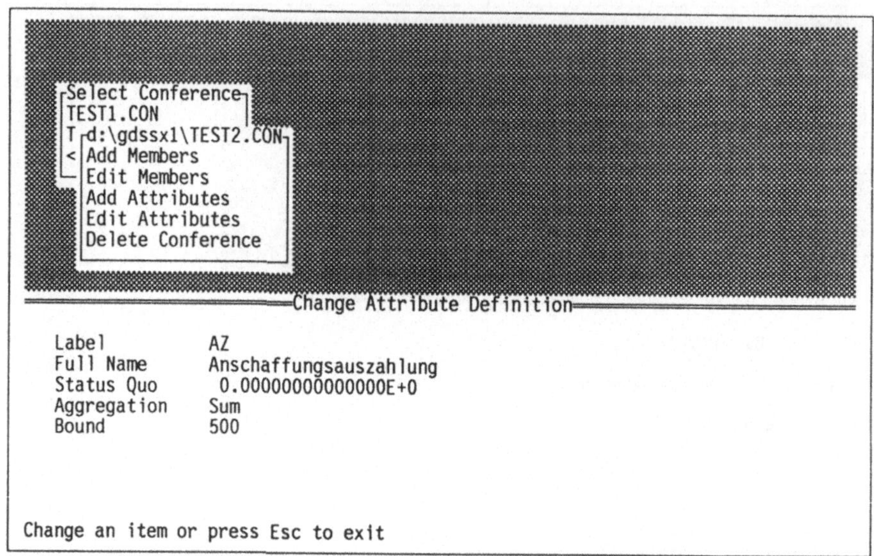

Abbildung 6-5: Datenkorrektur für Kriterien

6.3.2.2.2 Spezifikation von Bewertungen und Projekten

Diese Funktionen sind in dem von den Mitgliedern benutzten Programm MEMBER enthalten. Die Anmeldung der Gruppenmitglieder im System erfolgt durch Auswahl einer Konferenz in einem Menü und daran anschließend durch Eingabe der Kurzbezeichnung des Mitgliedes (Abbildung 6-6). Damit ist es den Gruppenmitgliedern möglich, in unterschiedlichen Konferenzen unterschiedliche Kurzbezeichnungen zu verwenden.

Ruft ein Gruppenmitglied das erste Mal eine Konferenz auf, so wird unmittelbar in die Dateneingabephase verzweigt. Darin erfolgt zunächst menügesteuert die Selektion der vom Mitglied benutzten Kriterien aus dem vom Gruppen-Koordinator spezifizierten Kriterienkatalog (Abbildung 6-7). Im Auswahlmenü werden dabei lediglich die Kurzbezeichnungen der Kriterien angezeigt, die ausführliche Bezeichnung des jeweils selektierten Kriteriums ist in einer Statuszeile am unteren Bildschirmrand dargestellt.

Anschließend daran erfolgt die Spezifikation der Projekte, wobei nur Daten für die vom Mitglied benutzten Kriterien sowie Kriterien mit Grenzwerten einzugeben sind (Abbildung 6-8).

Auf die Dateneingabe für die Projekte folgt die Spezifikation der vom Mitglied zu Beginn des Prozesses benutzten Nutzenfunktion. Die Zielgewichte werden in Form einer Tabelle dargestellt, wobei das System zunächst gleiche Gewichte für alle Kriterien vorschlägt.

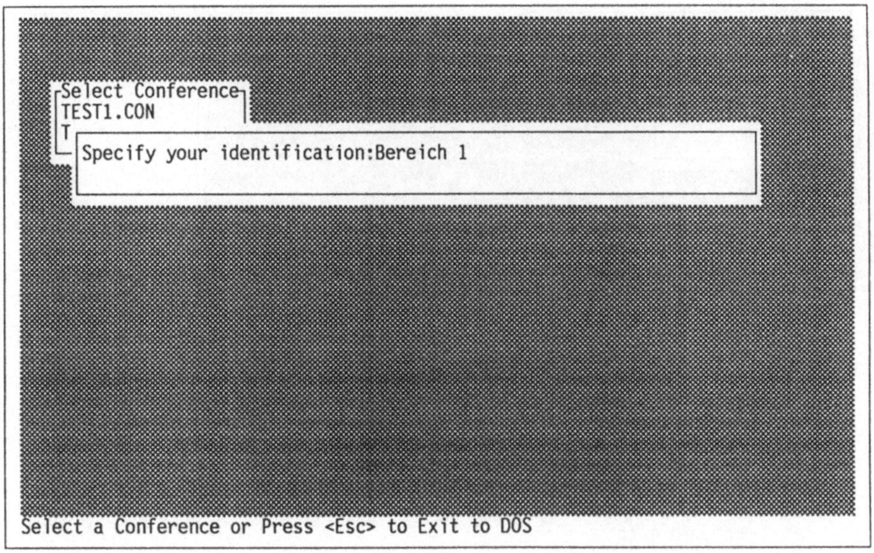

Select Conference
TEST1.CON
T
Specify your identification:Bereich 1
Select a Conference or Press <Esc> to Exit to DOS

Abbildung 6-6: Identifikation eines Gruppenmitgliedes

Select Conference
TEST1.CON
TEST2.CON
Select Attributes
* AZ
* KW
* UV
FL
Anschaffungsauszahlung

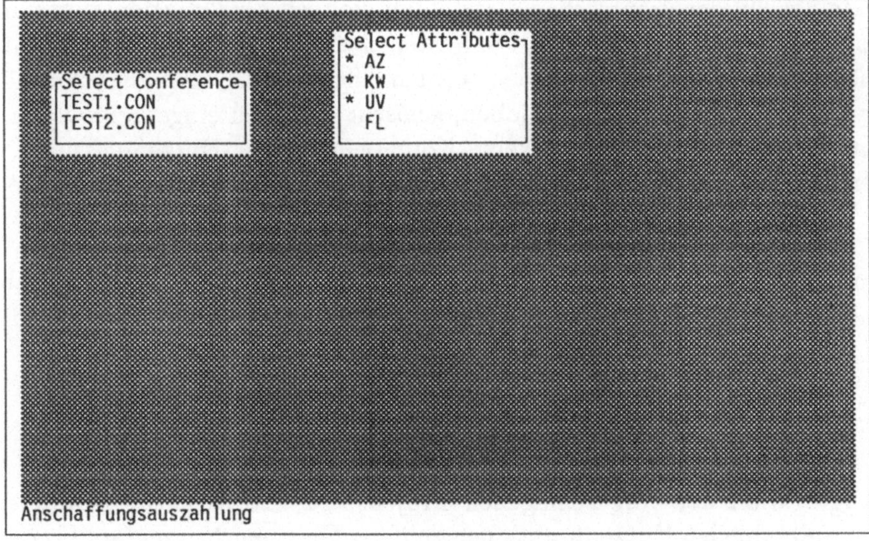

Abbildung 6-7: Auswahl der Kriterien

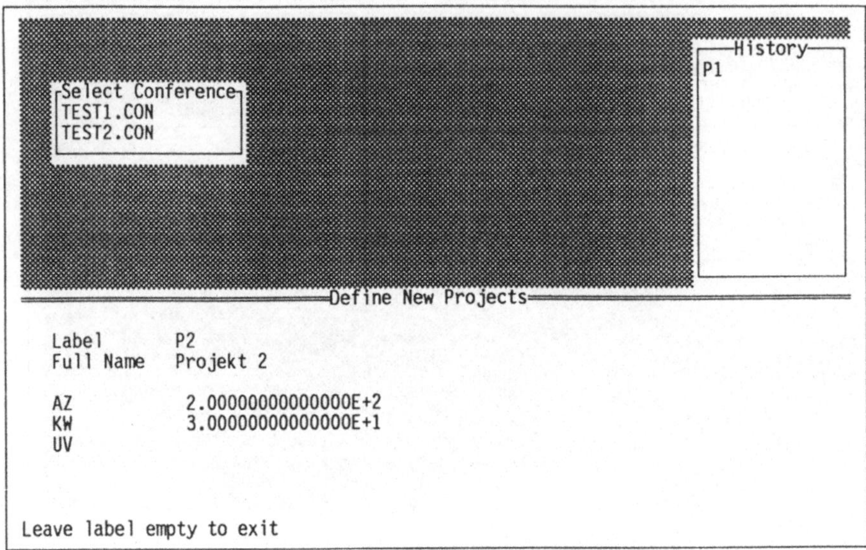

Abbildung 6-8: Spezifikation von Projekten

Für die Spezifikation partieller Nutzenfunktionen steht eine graphische Darstellung (Abbildung 6-9) zur Verfügung. Als Anfangswert schlägt das System eine lineare Funktion zwischen dem kleinsten und größten Datenwert der eingegebenen Projekte vor. In der graphischen Darstellung können die Funktionswerte an den Stützstellen sowohl mithilfe der Pfeiltasten der Tastatur graphisch modifiziert als auch direkt numerisch eingeben werden. Stützstellen der Funktion können ferner entlang der x-Achse verschoben, gelöscht oder neu eingefügt werden. Das System GDSS-X selbst enthält keine Komponenten zur Nutzenmessung, dafür können jedoch andere Programmsysteme wie etwa UFAP (von Nitzsch/Weber, 1986) herangezogen werden.

Im Anschluß daran hat das Gruppenmitglied die Möglichkeit, die eingegebenen Daten zu revidieren oder sie als endgültig an die Gruppenebene zu übermitteln.

6.3.2.2.3 Aggregation

Die Aggregation der vorgeschlagenen Projekte zu Investitionsprogrammen sowie der individuellen Nutzenfunktionen zu einer Gruppen-Nutzenfunktion erfolgt automatisch nach Übermittlung der entsprechenden Daten durch alle Gruppenmitglieder in Modul AGGRE.

Im vorliegenden Beispiel können aus den vorgeschlagenen Projekten sechs zulässige und effiziente Investitionsprogramme gebildet werden, die in Tabelle 6-1 zusammengefaßt sind.

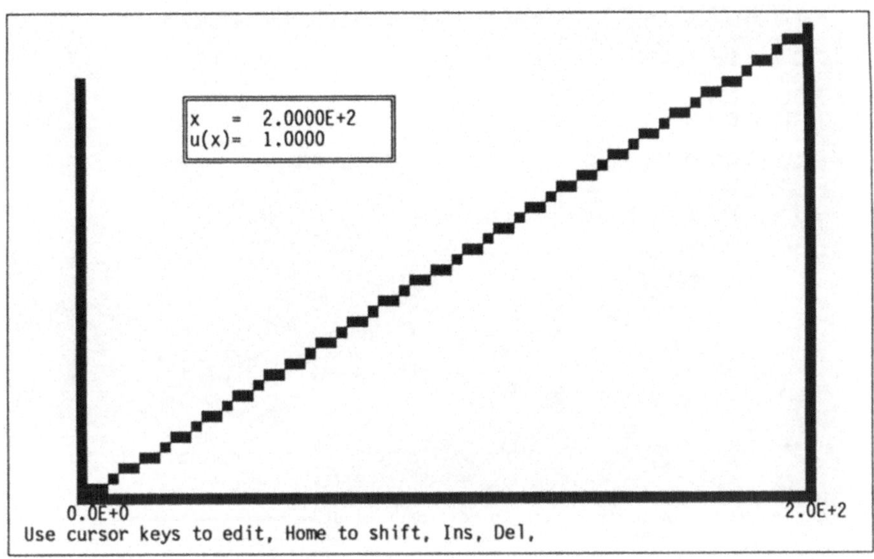

Abbildung 6-9: Graphische Darstellung partieller Nutzenfunktionen

Programm	AZ	KW	UV	FL	Projekte
Prg1	0	0	100	0	{}
Prg2	500	115	10	40	{3,5,6}
Prg3	200	30	40	10	{2}
Prg4	400	60	30	30	{2,7}
Prg5	500	95	25	30	{2,6,7}
Prg6	500	115	22	30	{1,6,7}

Tabelle 6-1: Aggregierte Daten der Investitionsprogramme

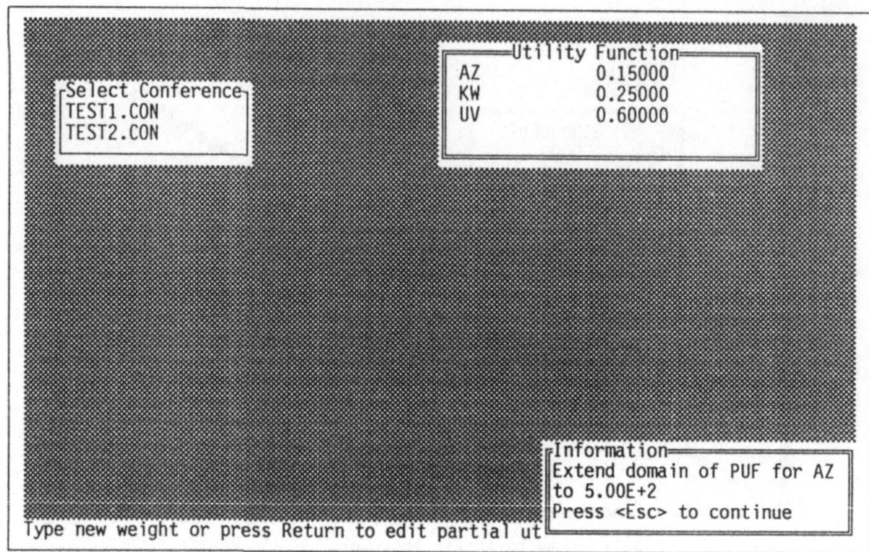

Abbildung 6-10: Modifikation partieller Nutzenfunktionen

Aus der Sicht des Benutzers sind für diese Aggregation nach Start des Programmes AGGRE keine weiteren Aktionen erforderlich. Auf implementierungstechnische Probleme und Algorithmen wird im nächsten Abschnitt dieses Kapitels eingegangen.

6.3.2.2.4 Modifikation

Falls erforderlich informiert das System vor Beginn einer Modifikationsphase die Benutzer über notwendige Erweiterungen des Definitionsbereiches der partiellen Nutzenfunktionen. Dabei werden sowohl der Name des betroffenen Kriteriums als auch der erforderliche Definitionsbereich an den Benutzer gemeldet (Abbildung 6-10).

Der eigentliche Modifikationsvorgang kann vom Benutzer entweder direkt unter Verwendung der bereits bei der Dateneingabe zur Verfügung gestellten Hilfsmittel wie z.B. des graphischen Editors für partielle Nutzenfunktionen oder unter Verwendung eines Modifikationsmodells erfolgen.

Der modellgestützte Modifikationsvorgang beginnt mit der Auswahl eines Wertes für den Übereinstimmungs-Parameter c. Die möglichen Werte von c, die von eins bis zu der Anzahl der erstellten Investitionsprogramme reichen, werden in einem Menü angezeigt (Abbildung 6-11). Dabei wird neben den Werten für c auch der Name des Programmes angegeben, bis zu dem Übereinstimmung mit

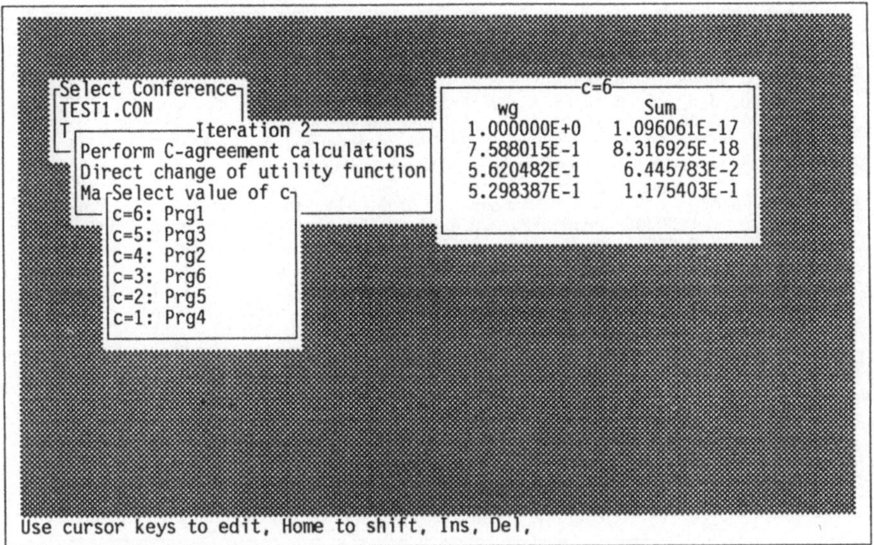

Abbildung 6-11: Auswahl eines Wertes für Parameter c

der Gruppenmeinung erzielt wird. Die in den einzelnen Programmen enthaltenen Projekte sowie die Zielgrößenwerte der Programme können vom Benutzer ebenfalls abgefragt werden.

In einem weiteren Fenster zeigt das System für den jeweils markierten Wert von c die Knickstellen der Trade-Off-Kurve in Form der beiden Zielfunktionswerte w_g und $\sum \delta_k^+$ an.

Diese Bildschirmdarstellung ist ein Beispiel für die Abschirmung des Benutzers von komplexen mathematischen Algorithmen. Sowohl die Erstellung des Modells als auch dessen Lösung wird vom System automatisch durchgeführt, sobald der Benutzer den Auswahlcursor erstmalig auf einen Wert von c hinbewegt. Für den Benutzer ist dieser Vorgang lediglich durch eine (je nach Leistungsfähigkeit des benutzten Rechners) kurze Verzögerung, während der ein entsprechender Hinweis angezeigt wird, feststellbar.

Nach Auswahl eines Wertes für c besteht für den Benutzer die Möglichkeit, die unterschiedlichen Modifikationen, die zu dieser c-Anpassung führen, näher zu analysieren (Abbildung 6-12). Um die Wahlfreiheit des Benutzers in der Steuerung des Prozeßablaufes zu betonen, entspricht die Gestaltung der Benutzerschnittstelle hier einer Verbindung von "What if"- und "How to"-Analyse. Das System zeigt drei Fenster an: ein Fenster mit Gewichten, in dem der Modifikationsvorschlag ("How to") den bisher benutzten Zielgewichten gegenübergestellt wird und der Benutzer selbst andere Gewichte spezifizieren kann ("What if"). In einem weiteren Fenster wird die sich aus den gewählten Gewichten ergebende

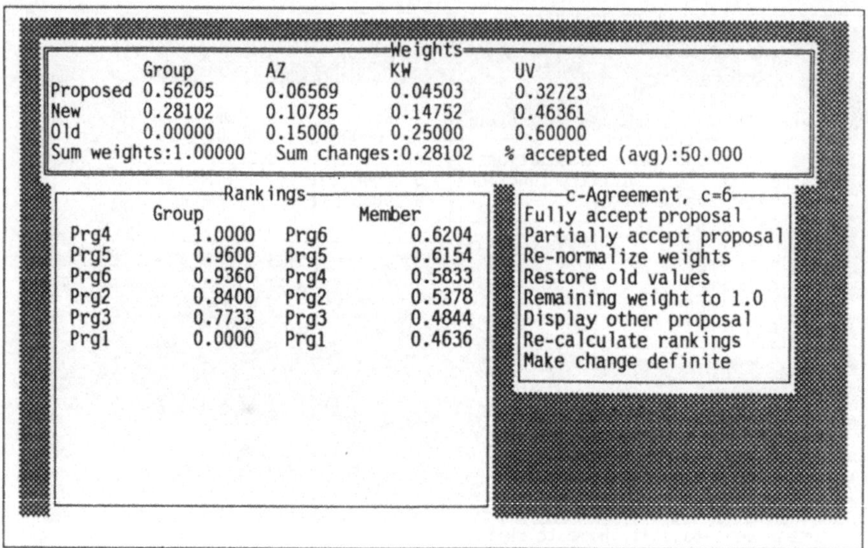

Abbildung 6-12: c-Anpassungsprozeß

Präferenzordnung der Gruppen-Präferenzordnung gegenübergestellt. Das dritte Fenster dient der Befehlsauswahl.

Der Benutzer kann über den Menüpunkt "Display other proposal" unterschiedliche Modifikationsvorschläge, die jeweils Knickpunkten der Trade-Off-Kurve entsprechen, anzeigen. Die vom System erstellten Vorschläge können vollständig ("Fully accept proposal") oder teilweise ("Partially accept proposal") übernommen werden. Weitere Auswahlpunkte unterstützen den Benutzer bei der freien Eingabe neuer Gewichte und ermöglichen es, die Gewichte zu skalieren oder das auf eine Summe von eins noch fehlende Gewicht einem Kriterium zuzuweisen.

Die in Abbildung 6-12 dargestellte Situation resultiert aus der Übernahme des Vorschlages zu 50%: die in der Zeile "New" dargestellten Gewichte liegen in der Mitte zwischen den bisher benutzten Gewichten ("Old") und dem vom System errechneten Vorschlag ("Proposed"). Wie das Fenster "Rankings" zeigt, führen diese Gewichte noch nicht zu einer Übereinstimmung mit der Gruppe, die Position der Programme 4 und 6 in den beiden Präferenzordnungen ist vertauscht. Der Benutzer kann jedoch (über den Menüpunkt "Make change definite") auch einen Gewichtungsvektor, der nicht zur Übereinstimmung führt, akzeptieren und als seine Nutzenfunktion in die nächste Iteration einbringen.

Bereiche 2 und 3 seien in der ersten Iteration jeweils bereit, Modifikationsvorschläge für $c = 3$ vollständig zu übernehmen. Dies führt für Bereich 2 zu Zielgewichten ($w_g = 0.50587$; $w_{KW} = 0.12353$; $w_{UV} = 0.03704$; $w_{FL} = 0.33356$). Für Bereich 3 lautet der modifizierte Gewichtungsvektor ($w_g = 0.88333$; $w_{AZ} = 0.11667$; $w_{KW} = 0.00000$).

Modifiziert nun in der nächsten Iteration Bereich 1 seinen Gewichtungsvektor weiter zu ($w_g = 0.34563$; $w_{AZ} = 0.09816$; $w_{KW} = 0.08490$; $w_{UV} = 0.47131$), so wird Übereinstimmung bezüglich der Auswahl von Prg5 als bestem Investitionsprogramm erzielt.

6.3.3 Implementierungstechnische Überlegungen

In diesem Teilabschnitt sollen einige technische Details des experimentellen Systems GDSS-X beschrieben werden. Der Zielsetzung der experimentellen Implementierung entsprechend werden dabei, nach einer kurzen Gesamtübersicht, vor allem algorithmische Grundlagen behandelt, die auch für spätere Implementierungen relevant sein können.

6.3.3.1 Gesamtüberblick

Das System GDSS-X wurde im Rahmen des hier vorgestellten Projektes vom Verfasser für Personal Computer unter dem Betriebssystem DOS implementiert. Als Implementierungssprache diente Modula-2 unter Verwendung des TopSpeed Modula-2 Compilers (Jensen & Partners, 1988). Modula-2 bietet als Implementierungssprache den Vorteil, das Gesamtsystem in zahlreiche kleinere Module mit exakt definierten Schnittstellen zerlegen zu können. Dadurch wird insbesondere die Integration größerer Projekte wesentlich vereinfacht. Der TopSpeed Modula-2 Compiler weist die Vorteile einer integrierten Fenster-Verwaltung sowie sehr kompakten und schnellen Objektcodes auf (Nance, 1989).

Das System besteht aus insgesamt 30 Source-Modulen mit einem Gesamtumfang von ca. 150K Byte Quellcode. Die ausführbaren Programme GINIT.EXE, MEMBER.EXE und AGGRE.EXE haben einen Gesamtumfang von ca. 210K Byte.

6.3.3.2 Datenaggregation

Ziel der Datenaggregation ist es, aus den von den Bereichen vorgeschlagenen Projekten zulässige und effiziente Investitionsprogramme zusammenzustellen. Dabei ergibt sich das Problem, daß kombinatorisch aus I Projekten 2^I Investitionsprogramme erstellt werden könnten, von denen viele nicht zulässig oder effizient wären. Zur Reduktion der Rechenzeit sollte daher bereits die Generierung derartiger Programme nach Möglichkeit vermieden werden. Dies ist insbesondere

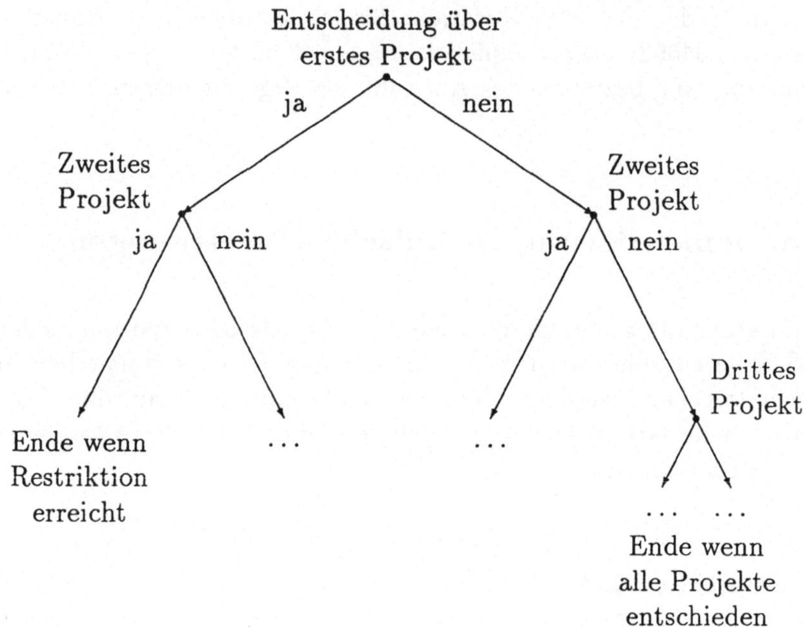

Abbildung 6-13: Suchbaum für die Generierung von Investitionsprogrammen

bezüglich der Zulässigkeit von Programmen durch Anwendung von Branch-and-Bound-ähnlichen Techniken möglich. Die kombinatorische Generierung sämtlicher Investitionsprogramme kann durch einen Suchbaum ähnlich wie in Abbildung 6-13 dargestellt werden.

Die erste Verzweigung dieses Baumes entspricht der Entscheidung, ob das erste Projekt in das Investitionsprogramm aufgenommen werden soll. In sämtlichen Programmen, die auf den linken Ast dieser Verzweigung folgen, ist es enthalten, in sämtlichen Programmen am rechten Ast nicht. Die zweite Verzweigungsebene repräsentiert dementsprechend die Entscheidung über das zweite Projekt. Der Verzweigungsprozeß könnte nun bis zu einer Tiefe des Baumes von I fortgesetzt werden, bei der über alle I Projekte entschieden ist.

Ist der Aggregationsoperator $\mathbf{A}_k$ für ein Kriterium k eine streng monotone Funktion der Datenwerte der im Programm enthaltenen Projekte und weisen alle Projekte in Kriterium k nichtnegative Werte auf, so kann der Verzweigungsvorgang jedoch abgebrochen werden, sobald der Grenzwert o_k für Kriterium k überschritten ist. In diesem Fall würde, unabhängig davon, ob die noch nicht entschiedenen Projekte in das Investitionsprogramm aufgenommen werden oder nicht, ein unzulässiges Investitionsprogramm generiert werden, da keine Reduktion des Wertes von Kriterium k für das im Aufbau begriffene Investitionsprogramm erfolgen kann.

Die Voraussetzung der strengen Monotonie wird insbesondere von der Summation als Aggregationsoperator erfüllt. In der experimentellen Implementierung von GDSS-X sind daher Obergrenzen nur für Kriterien zulässig, in denen die Summation als Aggregationsoperator benutzt wird. Die Mächtigkeit dieser einfachen Heuristik kann an dem zuvor benutzten Beispiel illustriert werden: Das Beispiel umfaßt sieben Projekte, aus denen theoretisch $2^7 = 128$ Investitionsprogramme generiert werden könnten. Tatsächlich generiert das System aber nur 35 zulässige Projekte mit einer Anschaffungsauszahlung ≤ 500.

Das Konzept könnte auf den Fall eines Kriteriums mit negativen Projektdaten erweitert werden, indem zunächst die Projekte mit negativen Daten entschieden werden. Für die verbleibenden Projekte gilt dann die obige Nichtnegativitätsbedingung, so daß auch hier bei Überschreiten des Grenzwertes der Verzweigungsprozeß abgebrochen werden kann. Bei mehreren Kriterien mit negativen Daten ist diese Sortierung der Alternativen jedoch nicht möglich. Der Suchvorgang kann hier erst dann abgebrochen werden, wenn für ein Kriterium der Grenzwert überschritten ist und die verbleibenden Projekte in diesem Kriterium nichtnegative Werte aufweisen.

Für den Produktoperator als Aggregationsoperator gelten ähnliche Überlegungen, falls sämtliche Projekte Datenwerte ≥ 1 aufweisen. In Kriterien, in denen der Maximum-Operator zur Aggregation benutzt wird, können Projekte, die die vorgegebene Obergrenze überschreiten, a priori ausgeschieden werden.

Die zweite Reduktion in der Gesamtzahl der zu generierenden Investitionsprogramme ergibt sich aus der Effizienzbedingung. In der gegenwärtigen Implementierung werden zunächst sämtliche zulässigen Alternativen generiert und in Form einer linearen Liste gespeichert. Die Elimination dominierter Alternativen erfolgt dann durch paarweise Vergleiche. Eine Reduktion des Speicherbedarfes könnte erzielt werden, indem bereits unmittelbar nach der Generierung eines Investitionsprogrammes die Dominanzbedingung überprüft wird und nur von den zuvor generierten Programmen nicht dominierte Alternativen gespeichert bzw. zuvor generierte und von der neuen Alternative dominierte sofort eliminiert werden. Bezüglich der Rechenzeit ergibt sich dadurch jedoch keine Reduktion gegenüber der nachträglichen Überprüfung mit sofortiger Elimination als dominiert erkannter Alternativen.

Eine Reduktion der Rechenzeit bei der Ermittlung effizienter Alternativen ließe sich jedoch durch die Verwendung anderer Datenstrukturen, insbesondere von Quad-Bäumen (Habenicht, 1983) erzielen (Fichefet, 1985).

Bei einer größeren Zahl von Projekten und weniger restriktiven Bedingungen als im Beispiel kann jedoch die Zahl der zulässigen und effizienten Programme erheblich ansteigen. Für spätere Versionen von GDSS-X ist daher vorgesehen, den Aggregationsprozeß um eine Vorauswahl der generierten Investitionsprogramme zu erweitern.

In der Literatur werden zwei mögliche Vorgangsweisen für eine derartige, oft als "Filterung" bezeichnete Vorauswahl vertreten:

- Die Mitglieder unterscheiden individuell zwischen akzeptablen und nicht akzeptablen Alternativen. In den Entscheidungsprozeß werden nur Alternativen aufgenommen, die von allen Mitgliedern als akzeptabel angesehen werden (Abonyi, 1983).
- Durch die Vorauswahl werden "repräsentative" Alternativen ermittelt, die möglichst gleichmäßig über die effiziente Oberfläche im Kriterienraum verteilt sind (Steuer/Harris, 1980).

Die erste Vorgangsweise führt zu einer Einbeziehung individueller Präferenzen bereits in der Vorauswahlphase. Da der hier vertretene Ansatz jedoch davon ausgeht, daß individuelle Präferenzen im Gruppenprozeß modifiziert werden, scheint es nicht zielführend, die anfänglichen Präferenzen der Mitglieder für eine Vorauswahl heranzuziehen. Demgegenüber ist der zweite Ansatz einer Stichprobe aus den insgesamt möglichen Programmen von den individuellen Präferenzen unabhängig und kann daher für die Weiterentwicklung der experimentellen Implementierung herangezogen werden.

6.3.3.3 Modifikationsprozeß

Das System berechnet die Trade-Off-Kurve für einen bestimmten Wert des Parameters c, sobald der Benutzer den Wert im Auswahlmenü (Abbildung 6-11) das erste Mal selektiert. Die berechneten Punkte werden gespeichert und können somit ohne Neuberechnung wieder angezeigt werden, falls der Benutzer den Auswahl-Cursor wieder auf den Wert zurückbewegt.

Die Ermittlung jeder einzelnen Trade-Off-Kurve erfordert die Lösung eines parametrischen linearen Optimierungsproblems. Um die Interaktion des Benutzers möglichst wenig zu stören, muß diese Lösung äußerst rasch ermittelt werden.

Das System benutzt eine Lösungsroutine für lineare Optimierungsprobleme, die auf Routine ZX0LP der IMSL Programmbibliothek (IMSL, 1979) aufgebaut ist. Diese Routine implementiert den revidierten Simplex-Algorithmus zur Lösung linearer Optimierungsprobleme.

Die Lösung parametrischer Optimierungsprobleme ist in dieser Routine nicht direkt vorgesehen. Das spezifische Problem der parametrischen Variation eines einzigen Zielfunktionskoeffizienten (des Gewichtungsfaktors G für die Variable w_g) kann jedoch unter Verwendung der Datenstrukturen des revidierten Simplex-Algorithmus in geringer Rechenzeit gelöst werden.

Die Schwankungsbreite des Parameters G, nach der ein Basiswechsel erfolgt, kann durch übliche Methoden der Sensitivitätsanalyse ermittelt werden (Bradley et al., 1977). Für einen Schritt der parametrischen Programmierung ist Parameter G durch einen Wert $G+\Delta$ zu ersetzen, der jenseits der durch die Sensitivitätsanalyse ermittelten Grenze liegt.

Die Optimierungsroutine speichert die Inverse der Basisspalten des Ausgangstableaus explizit in einer Matrix B^{-1} und das Ausgangstableau (in kompakter Form) in einer Matrix A. Ist w_g nicht Basisvariable, was am rechten unteren Ende der Trade-Off-Kurve der Fall sein kann, so ist lediglich ein Element des Tableaus A zu korrigieren. Falls w_g Basisvariable ist, so muß auch B^{-1} modifiziert werden.

Da die Implementierung stets eine eigene Variable (Spalte des LP-Tableaus) für den Zielfunktionswert benutzt, hat die Matrix B der Basisspalten stets die Form:

$$B = \begin{bmatrix} 1 & \cdots\cdots \\ 0 & \cdots\cdots \\ \vdots & \ddots \\ 0 & \cdots\cdots \end{bmatrix}$$

Die spezifische Form der ersten Spalte bleibt bei der Inversion erhalten, so daß auch B^{-1} diese Form besitzt.

Es sei Δ_B eine Matrix der gleichen Dimension wie B, so daß $B + \Delta_B$ die Matrix der Basis-Spalten des korrigierten Tableaus darstellt. In der ersten Zeile derjenigen Spalte von Δ_B, in der B die der Variablen w_g entsprechende Spalte des Ausgangstableaus enthält, steht der Wert Δ. Alle anderen Elemente von Δ_B sind null.

Für einen Schritt der parametrischen Modifikation von G muß B^{-1} zu $(B+\Delta_B)^{-1}$ modifiziert werden. Wie sich anhand der spezifischen Struktur der Matrizen leicht verifizieren läßt, gilt

$$B \cdot \Delta_B = \Delta_B$$

und somit

$$B + \Delta_B = B \cdot (I + \Delta_B)$$

Daraus folgt für die inverse Matrix:

$$(B + \Delta_B)^{-1} = (I + \Delta_B)^{-1} \cdot B^{-1}$$

Da auch $(I+\Delta_B)^{-1}$ die gleiche Struktur wie $I+\Delta_B$ aufweist, kann die modifizierte Matrix $(B+\Delta_B)^{-1}$ aus B^{-1} durch eine einzige Zeilenoperation berechnet werden.

Wie bereits gezeigt wurde, dominieren Trade-Off-Kurven für kleinere Werte von c solche für größere Werte. Lösungen für größere Werte von c stellen somit zulässige (wenn auch nicht notwendigerweise optimale) Ausgangslösungen für kleinere Werte von c dar. Damit stellt sich die Frage, ob dieser Zusammenhang zur Beschleunigung des gesamten Lösungsvorganges herangezogen werden kann, indem zuerst die Trade-Off-Kurve für $c = N$ berechnet wird und danach die jeweils zuletzt errechnete Lösung für ein bestimmtes c als Ausgangslösung für $c - 1$ herangezogen wird.

Bei Verwendung des Simplex-Algorithmus zur Lösung linearer Optimierungsmodelle ist diese Vorgangsweise jedoch nicht möglich. Das Modell für c enthält (unter Berücksichtigung des Toleranzparameters ϵ) eine Nebenbedingung der Form

$$U^m(X_{c-1}) \geq U^m(X_c) + \epsilon$$

Ist diese Nebenbedingung nicht bindend, so folgt daraus aufgrund der Transitivität, daß sämtliche im Modell für $c-1$ enthaltenen Nebenbedingungen der Form

$$U^m(X_{c-1}) \geq U^m(X_n) + \epsilon \qquad n = c, \ldots, N$$

ebenfalls nicht bindend sind. Eine in der Basis des Modells für c enthaltene Schlupfvariable führt also dazu, daß im Modell für $c-1$ insgesamt $N+1-c$ Schlupfvariablen positive Werte aufweisen. Die Lösung des Modells für c ist daher zwar eine zulässige Lösung, aber nicht notwendigerweise eine Basislösung des Modells für $c-1$.

6.3.3.4 Datenintegrität

Ein weiterer wesentlicher Aspekt der Implementierung betrifft die Integrität der im System gespeicherten Datenbestände. Diese repräsentieren den jeweiligen Zustand des Gruppen-Entscheidungsproblems. Da die einzelnen Systemkomponenten anhand der Struktur dieser Daten die aktuelle Phase des Entscheidungsprozesses bestimmen, kommt der Integrität dieser Daten besondere Bedeutung zu. Die Problematik der Datenintegrität wird dadurch verstärkt, daß das Betriebssystem DOS nicht für den Mehrbenutzer-Betrieb konzipiert ist und daher entsprechende Synchronisations- und Sicherungsmechanismen für den gemeinsamen Zugriff auf Datenbestände weitgehend fehlen.

Der Datenintegrität wird im System GDSS-X auf zwei Ebenen Rechnung getragen: in der Verwaltung der individuellen Daten der Gruppenmitglieder sowie in der Synchronisation des Datenaustausches zwischen Individual- und Gruppenebene.

Die Integrität der individuellen Daten der Benutzer wird durch eine weitgehende Automatisierung der Datenverwaltung erhöht. Nach der Auswahl einer Konferenz müssen vom Benutzer keine expliziten Operationen zur Verwaltung der Datenbestände vorgenommen werden. Insbesondere speichert das System automatisch nach jeder vom Benutzer durchgeführten Datenänderungen die betroffenen Datenbestände ab. Dadurch wird das Abspeichern inkonsistenter Daten oder die Beendigung des Programmes durch den Benutzer ohne vorhergehendes Abspeichern vermieden.

Die Synchronisation der Datenübertragung zwischen den einzelnen Systemkomponenten wird durch zwei Maßnahmen erzielt. Für jede Iteration des Entscheidungsprozesses werden spezifische Dateien benutzt. Dadurch kann jede Systemkomponente erkennen, welche Iteration von anderen Systemkomponenten zuletzt abgeschlossen wurde und eventuell durch Datenverlust aufgetretenen Synchronisationsprobleme feststellen. Außerdem kann der gesamte Gruppenprozeß jederzeit auf den Zustand einer vorhergehenden Iteration zurückgeführt werden, indem die seither erstellten Daten gelöscht werden.

Als weitere Sicherungsmaßnahme werden sämtliche Operationen zunächst auf temporären Dateien ausgeführt, auf die andere Systemkomponenten nicht zugreifen können. Erst nach Beendigung der Datenmodifikationen (etwa der Modifikation der Nutzenfunktion durch den Benutzer) werden diese temporären Dateien in die von den jeweils anderen Systemkomponenten erwarteten Dateinamen umbenannt und stehen dann sofort vollständig zur Verfügung. Aus der Sicht des Benutzers entspricht dieser Vorgang dem Abschluß einer Prozeßphase durch Auswahl des Menüpunktes "Make data definite". Hat der Benutzer diesen Menüpunkt einmal angewählt, so sind weitere Modifikationen der Daten für diese Iteration nicht mehr möglich.

Da die anderen Systemkomponenten zur Verfügung gestellten Dateien durch Umbenennung temporärer Dateien erzeugt und anschließend nicht mehr verändert werden, ist die Gefahr gleichzeitiger Lese- und Schreibzugriffe erheblich reduziert. Als zusätzliche Sicherungsmaßnahme erfolgen Lesezugriffe auf gemeinsame Datenbestände grundsätzlich zweistufig: zunächst wird anhand des Directory-Eintrages überprüft, ob die anzusprechende Datei bereits erstellt wurde. Ist dies der Fall, so wird vor dem eigentlichen Zugriff eine Wartezeit von einigen Sekunden eingelegt, in der gegebenenfalls noch nicht abgeschlossene Dateioperationen beendet werden können. Erst dann erfolgt ein Lesezugriff auf die Datei. Durch diese Maßnahmen konnte auch in einem Netzwerk relativ langsamer Rechner ein stabiler Systembetrieb erzielt werden.

6.3.4 Beurteilung der Prototyp-Implementierung

Durch die Implementierung des Prototyps GDSS-X konnten zahlreiche Erfahrungen für die praktische Realisierung rückkopplungsorientierter GDSS gewonnen werden. Der Gesamtaufwand für die Implementierung lag mit etwa sechs Mannmonaten in einer für die Entwicklung experimenteller Software akzeptablen Größenordnung. Dies ist nicht zuletzt auf den Einsatz von Modula-2 als Implementierungssprache zurückzuführen. Die Verwendung einer modularisierten Implementierungssprache bietet die Möglichkeit, wesentliche Systemkomponenten sowohl aus dem Bereich der Benutzerschnittstelle als auch aus dem Bereich der numerischen Algorithmen in Form mehrfach nutzbarer Standardmodule zu erstellen. Der Implementierungsaufwand für das konkret zu erstellende experimentelle System beschränkt sich dann auf die Entwicklung der für den zu implementierenden Ansatz spezifischen Komponenten.

Eine wesentliche Komponente rückkopplungsorientierter GDSS stellen die Modifikationsmodelle dar. Die Entwicklung des Systems GDSS-X hat gezeigt, daß zumindest die für die Nutzentheorie erforderlichen linearen Optimierungsmodelle in einer für den Benutzer transparenten Form in ein GDSS integriert werden können. Aus der Sicht des Benutzers stellt das System Modifikationsvorschläge für seine Zielgewichte zur Verfügung. Die dafür erforderliche Erstellung und Lösung linearer Optimierungsmodelle ist vollständig in den Ablauf integriert und kann auf entsprechend leistungsfähigen Rechnern in so kurzer Zeit erfolgen, daß die Interaktion des Benutzers mit dem System kaum beeinträchtigt wird.

Die in GDSS-X realisierte Benutzerschnittstelle zeigt ferner die Möglichkeit, modellgesteuerte "How to"-Analysen mit benutzergesteuerten "What if"-Analysen in einer Weise zu verbinden, die die Vorteile beider Ansätze miteinander vereint. Insbesondere vermeidet die gewählte Darstellungsform beim Benutzer den Eindruck, er werde vom System "entmündigt" oder es werden ihm spezifische Modifikationen aufgezwungen. Dies ist vor allem in einem Ansatz, der auf der (freiwilligen) Änderung individueller Präferenzvorstellungen beruht, von großer Bedeutung.

Insgesamt erlauben es die mit der Implementierung von GDSS-X gesammelten Erfahrungen daher, die Möglichkeiten der praktischen Realisierung rückkopplungsorientierter GDSS günstig zu beurteilen.

Kapitel 7

Ausblick auf weiterführende Entwicklungen

In den vorhergehenden Kapiteln wurde das Grundkonzept rückkopplungsorientierter GDSS entwickelt und für unterschiedliche Entscheidungsverfahren konkretisiert. Daran anschließend wurden sowohl die Anwendbarkeit dieses Konzeptes auf konkrete betriebswirtschaftliche Problemstellungen als auch seine implementierungstechnische Realisierbarkeit mit positivem Ergebnis untersucht.

Das hier vorgestellte Konzept bildet die Grundlage eines neuartigen Ansatzes zur Unterstützung von Gruppenentscheidungen. Die bisher dargestellten Überlegungen dürfen daher nicht als abschließende Ergebnisse aufgefaßt werden, sondern eröffnen zahlreiche Möglichkeiten für weiterführende Forschungsarbeiten. In diesem Kapitel sollen einige Ansatzpunkte dazu diskutiert werden.

Dabei können zwei große Bereiche unterschieden werden: einerseits können in dem durch diese Arbeit vorgegebenen Rahmen weitere Ausformungen und Erweiterungen vorgenommen werden. Andererseits aber ist für die praktische Anwendung des hier vorgestellten Konzepts auch eine engere Verbindung mit anderen Formen der Unterstützung von Gruppenentscheidungen und darüber hinausgehend eine enge Integration in betriebliche Informationssysteme erforderlich.

7.1 Unmittelbare Erweiterungen des Ansatzes

Mögliche Erweiterungen im Rahmen des hier vorgestellten Ansatzes betreffen sowohl die weitere Entwicklung von Modifikationsmodellen als auch den Gesamtaufbau des iterativen Entscheidungsprozesses.

7.1.1 Erweiterungen der Modifikationsmodelle

Ziel der hier entwickelten Modifikationsmodelle ist es, den Gruppenmitgliedern Anregungen zur Änderung ihres Bewertungssystems zu geben, die die Konsensfindung in der Gruppe erleichtern. Im Sinne einer interaktiven Entscheidungs*unterstützung* dürfen die Lösungen dieser Modelle nicht als konkret durchzuführende Änderungen, sondern lediglich als Vorschläge interpretiert werden.

Neben einer entsprechenden Gestaltung der Benutzerschnittstelle (vgl. Kapitel 6), die auch gegenüber dem Benutzer den Vorschlagscharakter der ermittelten Lösungen betont, kommt dabei der Flexibilität der Generierung von Modifikationsvorschlägen große Bedeutung zu.

Die bisherigen Überlegungen beschränkten sich auf die Ermittlung von Modifikationsvorschlägen, die bezüglich der Minimierung expliziter und impliziter Änderungen des Bewertungssystems effizient sind. Die dabei benutzte Maßgröße für implizite Modifikation stellt selbst wiederum eine (durch Verwendung der ℓ_1 oder ℓ_∞-Norm) aggregierte Größe dar. Die Struktur der Modifikationen in bezug auf die einzelnen Ziele bleibt in dieser Größe aufgrund der Aggregation unberücksichtigt. Diese Struktur kann für den Benutzer jedoch von Bedeutung sein.

Möglicherweise ist der Benutzer in bezug auf einige Ziele nicht bereit, deren Bedeutung im Entscheidungsprozeß zu modifizieren. Dies kann der Fall sein, wenn einzelne Ziele für den Benutzer große Bedeutung besitzen, die er keinesfalls reduzieren möchte. Der Benutzer kann aber auch überzeugt sein, daß einem Kriterium für ihn nur geringe Bedeutung zukommt. Führt eine vom Modell ermittelte effiziente Lösung zu einer erheblichen Modifikation in der Bedeutung derartige Ziele, so wird der Benutzer nicht bereit sein, dem Modifikationsvorschlag zuzustimmen. Möglicherweise würde der Benutzer aber einen anderen Vorschlag akzeptieren, der eine stärkere Modifikation der Bedeutung anderer Ziele umfaßt und damit im Sinne der zuvor formulierten Zielfunktionen nicht effizient ist.

Das System sollte in derartigen Situationen in der Lage sein, alternative Modifikationsvorschläge zu erstellen. Diese können zwar geringfügig höhere (und daher ungünstigere) Werte für explizite und implizite Modifikation aufweisen. Die Verteilung der Modifikation auf die einzelnen Zielgrößen sollte jedoch in den neu generierten Vorschlägen gegenüber den bisherigen Vorschlägen möglichst unterschiedlich sein und damit möglicherweise eher den Vorstellungen des Benutzers entsprechen.

Strukturell unterschiedliche Lösungen können im Falle linearer Anpassungsmodelle mithilfe der HSJ-Methode (Brill et al., 1982) generiert werden. Diese Methode ermöglicht es, zur Lösung eines linearen Optimierungsmodells alternative Lösungen aufzufinden, die

- annähernd gleich gute Zielfunktionswerte und
- von der zuvor ermittelten Lösung möglichst unterschiedliche Werte der Entscheidungsvariablen

aufweisen.

Es sei x^* die Optimallösung eines allgemeinen linearen Optimierungsmodells der Form

$$\begin{aligned} &cx = z = \text{min!} \\ &Ax \leq b \end{aligned}$$

mit optimalem Zielfunktionswert z^*. Ferner sei O die Menge der Basisvariablen in der Optimallösung. Eine strukturell möglichst unterschiedliche Lösung kann ermittelt werden, indem die Summe der Basisvariablen der ursprünglichen Optimallösung minimiert wird. Die Nähe zum Zielfunktionswert der vorhergehenden Lösung wird dadurch erreicht, daß die bisherige Zielfunktion als Nebenbedingung in das Modell aufgenommen wird. Als rechte Seite dieser Nebenbedingung dient der um einen Toleranzfaktor (bei Minimierungsmodellen) erhöhte Wert der Optimallösung.

Insgesamt lautet das Modell der HSJ-Methode zur Ermittlung einer alternativen Lösung daher:

$$\begin{aligned} &\sum_{i \in O} x_i = \text{min!} \\ &cx \leq z^* \cdot (1 + \epsilon) \\ &Ax \leq b \end{aligned}$$

Weitere, von den vorhergehenden unterschiedliche Lösungen können ermittelt werden, indem die Summe sämtlicher Variablen, die in einer der bisherigen Lösungen Basisvariable waren, minimiert wird.

Dieses Konzept läßt sich problemlos auf den hier vorliegenden Fall zweier Zielgrößen erweitern. Den Ausgangspunkt bildet dann nicht mehr eine Optimallösung des Modells mit einer Zielfunktion, sondern eine effiziente Ecke des zulässigen Bereichs. Dementsprechend sind die beiden Zielfunktionen mit den relaxierten Werten der effizienten Ecke als rechter Seite als Nebenbedingungen in das HSJ-Modell aufzunehmen. Die Minimierung der Basisvariablen der Ausgangslösung kann weiterhin zur Ermittlung einer strukturell unterschiedlichen Lösung benutzt werden.

Auch auf nichtlineare Modelle kann dieses Konzept übertragen werden, wenn anstelle der Basisvariablen die Summe derjenigen Variablen minimiert wird, die in der Ausgangslösung positive Werte aufweisen.

Bei dieser Vorgangsweise wird die Verteilung der Modifikation auf die einzelnen Zielgrößen weiterhin (wenn auch in flexiblerer Weise) vom System bestimmt. Als weitere Verallgemeinerung könnte die Modifikation der Bedeutung einzelner Kriterien selbst als multikriterielles Entscheidungsproblem angesehen werden. Die Nebenbedingungen dieses Problems ergeben sich ähnlich wie in den bisher betrachteten Modifikationsmodellen aus der c-Übereinstimmung zwischen individueller und Gruppen-Präferenzordnung. Es handelt sich dabei also nicht um ein Entscheidungsproblem mit diskreter Alternativenmenge. Die für das eigentliche, von der Gruppe zu lösende Problem benutzten Entscheidungsverfahren können daher nicht zur Lösung dieses Problems herangezogen werden. Im Sinne einer flexiblen, interaktiven Entscheidungsunterstützung könnten hier insbesondere interaktive Ansätze, die auf einer freien Suche auf der effizienten Oberfläche beruhen (z.B. Korhonen/Laakso, 1986; Korhonen P., 1987), eingesetzt werden.

7.1.2 Erweiterungen im Entscheidungsprozeß

Betrachtet man den hier entwickelten Entscheidungsprozeß insgesamt, so können neben der Rückkopplungsphase insbesondere Probleme der Aggregation sowie der Beendigung des Gruppenprozesses Ansatzpunkte für weiterführende Arbeiten bieten. Wie bereits ausgeführt, existieren nur für wenige individuelle Entscheidungsverfahren befriedigende Konzepte, die eine Aggregation individueller Bewertungen zu einer Gruppen-Bewertung in theoretisch fundierter Weise erlauben. Hieraus ergibt sich ein umfangreicher Bereich für weitere theoretische Forschungsarbeiten, auf den hier nicht im Detail eingegangen werden kann.

Innerhalb des hier vorgestellten Ansatzes kommt ferner der Frage der Beendigung des iterativen Rückkopplungsprozesses große Bedeutung zu. Bisher wurde implizit davon ausgegangen, daß die Gruppe durch wiederholte Modifikationen der individuellen Bewertungen in der Lage ist, die für das gestellte Entscheidungsproblem erforderliche c-Übereinstimmung zu erzielen. Diese Annahme ist für eine kooperative Problemlösungssituation zwar durchaus realistisch, das Gegenteil kann jedoch nicht völlig ausgeschlossen werden. Daher sollen an dieser Stelle noch einige Überlegungen für den Fall angestellt werden, daß die Gruppenmitglieder nicht bereit sind, ausreichende Modifikationen ihrer individuellen Bewertungen vorzunehmen.

Die Möglichkeiten, die der Gruppe in diesem Fall offenstehen, hängen vom Kontext des der Gruppe gestellten Entscheidungsproblems ab. Möglicherweise kann die Gruppe das Entscheidungsproblem dadurch "lösen", daß im Falle der Nicht-Einigung keine der betrachteten Alternativen realisiert und der Status Quo beibehalten wird.

Bei anderen Problemen wie der Reihung mehrerer oder aller Alternativen existiert keine derartige Lösungsmöglichkeit. In diesem Fall ist ein Ausgleich der nach dem Rückkopplungsprozeß noch vorhandenen Meinungsdifferenzen erforderlich. Dieser kann durch ein Aggregationsverfahren, das z.B. der im Rückkopplungsprozeß zur Ermittlung der vorläufigen Gruppenmeinung benutzten Technik entspricht, realisiert werden. Auch eine zuvor aufgrund des Rückkopplungsprozesses erfolgte, nur partielle Annäherung der Standpunkte der Gruppenmitglieder kann jedoch für die Akzeptanz der so ermittelten Lösung und die Unterstützung in der Implementierungsphase von Vorteil sein.

Schließlich ermöglichen es die hier entwickelten Modifikationsmodelle auch, die Ursachen der verbleibenden Meinungsdifferenzen näher zu analysieren, falls kein Konsens erzielt wird. Eine derartige Analyse kann insbesondere dann von Vorteil sein, wenn die Aufgabe der Gruppe in der Beratung einer übergeordneten Instanz besteht. Diese kann, in Kenntnis der vom System ermittelten und von den Gruppenmitgliedern nicht akzeptierten Modifikationsvorschläge, von den Gruppenmitgliedern gezielt Informationen über die Gründe ihrer Nicht-Einigung einholen. Die Gruppenmitglieder wiederum können die Tatsache der Nicht-Einigung eher rechtfertigen, wenn die Modellösung zeigt, daß zur Erzielung eines Kompromisses sehr weitgehende Änderungen der individuellen Bewertungen erforderlich gewesen wären.

7.2 Integration mit anderen Konzepten

Die Integration des hier vorgestellten Ansatzes in ein umfassendes Konzept zur Unterstützung von Gruppenentscheidungen kann ebenfalls auf mehreren Ebenen gesehen werden. Einerseits ergeben sich Möglichkeiten zur engeren Verbindung mit anderen Konzepten der GDSS-Literatur, andererseits können diese theoretischen Konzepte insgesamt in das informationsgestützte betriebliche Geschehen einbezogen werden.

7.2.1 Integration mit anderen theoretischen Konzepten

Unter den in Kapitel zwei angeführten Ansätzen zur Unterstützung von Gruppenentscheidungen haben insbesondere "Decision Room"-Konzepte praktische Bedeutung erlangt (Nunamaker/Vogel/Heminger et al., 1989, Gear/Read 1989).

Derartige Systeme entsprechen bisher überwiegend der Stufe der Prozeß-Erleichterung nach dem in Kapitel zwei entwickelten Klassifikationsschema. Auch von den Entwicklern solcher Systeme wird jedoch zunehmend der Bedarf an Unterstützung durch quantitative Methoden betont (Vogel et al., 1987; Nunamaker/Vogel/Konsynski, 1989).

"Decision Room"-Systeme enthalten häufig Module, in denen durch computerunterstützte Abstimmungen oder ähnliche Verfahren vorläufige Gruppen-Präferenzordnungen ermittelt werden (Vogel et al., 1987). Einige Systeme, wie etwa das System von Decision Dynamics (Gear/Read, 1989), präsentieren ferner individuelle Präferenzordnungen durch für die gesamte Gruppe sichtbare graphische Darstellungen. Diese Darstellungen sollen Diskussionen zwischen den Gruppenmitgliedern fördern und eine graduelle Anpassung der individuellen Ansichten erzielen. Durch formale Modifikationsmodelle kann dieser Prozeß unmittelbar unterstützt werden.

Systeme, die sowohl auf Individual- als auch auf Gruppenebene der Stufe der Prozeß-Strukturierung entsprechen, wie etwa SCDAS (Lewandowski et al., 1986) oder Co-oP (Bui, 1987) enthalten meist interaktive Entscheidungsverfahren auf der Individualebene sowie formale Aggregationsmechanismen auf Gruppenebene. Damit stehen sämtliche Voraussetzungen für den Einsatz von Modifikationsmodellen zur Verfügung. Diese Systeme können daher leicht in Richtung auf eine rückkopplungsorientierte Systemarchitektur erweitert werden.

7.2.2 Integration in das betriebliche Informationswesen

Im praktischen Einsatz betrieblicher Informationssysteme gelangen zunehmend sogenannte "Groupware" oder CSCW (Computer Supported Collective Work) Systeme zur Anwendung (Engelbart/Lehtman, 1988; Winograd, 1988). Die Einsatzgebiete derartiger Systeme umfassen die Bereiche (Opper, 1988):

- Gemeinsame Texterstellung und Bearbeitung;
- Gemeinsame Transaktionsverarbeitung;
- Teamorientierte Entwicklungsarbeiten (z.B. Softwareentwicklung);
- Kommunikation in Arbeitsgruppen.

Um die Akzeptanz von Group Decision Support Systemen zu erhöhen, wird vielfach eine Integration entscheidungsorientierter Komponenten in solche Systeme der Büroautomation angestrebt. Erfolgt diese Integration nicht, so besteht die

Gefahr, daß das entscheidungsorientierte System aufgrund seiner isolierten Position kaum benutzt wird (Grudin, 1988; Nunamaker/Vogel/Konsynski, 1989).

Ansatzpunkte für eine Integration formaler Ansätze zur Unterstützung von Gruppenentscheidungen sind insbesondere in den Funktionsbereichen der gemeinsamen Texterstellung und der Kommunikation gegeben. In gemeinsamer Texterstellung wird allen Teilnehmern die Möglichkeit geboten, Dokumente gemeinsam zu erstellen, zu bearbeiten sowie mit Kommentaren für andere Gruppenmitglieder zu versehen und unterschiedliche Versionen eines Dokumentes zu verwalten (Opper, 1988). Unterschiedliche Versionen eines gemeinsamen Dokumentes können in einem Gruppenprozeß dazu benutzt werden, unterschiedliche Standpunkte zu repräsentieren.

Kommunikationssysteme dienen nicht nur der Nachrichtenübermittlung, sondern auch zur Strukturierung des Informationsflusses. So werden in derartigen Systemen z.B. spezielle Nachrichtentypen für das Einbringen von Vorschlägen, Akzeptanz oder Ablehnung von Vorschlägen und ähnliche Operationen benutzt (Winograd, 1988; Opper, 1988). Damit können sie ein Vorbild für die formalisierte Dialoggestaltung bilden, wie sie auch für die Übermittlung von Präferenzinformationen in einem rückkopplungsorientierten GDSS erforderlich ist.

Ein Ansatz für die Integration von formalisierten Gruppen-Entscheidungsverfahren in derartige Konzepte der Büroautomation wurde von Lewandowski (1988) entwickelt. In einem dokumentorientierten System können sämtliche Informationen, die von der Individual- zur Gruppenebene (und umgekehrt) übertragen werden, als strukturierte Dokumente angesehen werden. Formalisierte Daten, die in einem GDSS ausgetauscht werden, können so unmittelbar in existierende Systeme der Büroautomation eingebunden werden. Zusätzliche, für die Entscheidung relevante, nicht formalisierte Informationen können in einem Hypertext-ähnlichen Konzept in Form unstrukturierter Dokumente mit diesen strukturierten Informationen verbunden werden. Damit ist es möglich, eine unmittelbare Verbindung zwischen formalisierten und nicht formalisierten Entscheidungsverfahren unter einer einheitlichen Benutzeroberfläche herzustellen.

Eine derartige Verbindung zu nicht formalisierten Daten ist insbesondere für die Anwendung rückkopplungsorientierter Modelle von großer Bedeutung. Damit wird es möglich, die zunächst aufgrund formaler Zusammenhänge ermittelten Modifikationsvorschläge auch durch faktische Argumente zu untermauern. So kann z.B. die Erhöhung der Gewichtung eines Kriteriums nicht nur mit der Möglichkeit der Anpassung an die Gruppen-Präferenzordnung, sondern möglicherweise auch mit inhaltlichen Argumenten begründet werden.

7.3 Zusammenfassung

Rückkopplungsbeziehungen und Änderungen in individuellen Meinungen stellen einen bedeutenden Aspekt von Gruppenentscheidungen dar. Systeme zur Unterstützung von Gruppenentscheidungen können diese Phänomene daher nicht unberücksichtigt lassen. Der in dieser Arbeit vorgestellte Ansatz ermöglicht es, der Bedeutung dieser Effekte im Rahmen eines formalen Konzeptes zur Unterstützung von Gruppenentscheidungen Rechnung zu tragen.

Ein Konzept, das auf der Änderung individueller Ansichten beruht, darf jedoch nicht den Eindruck erwecken, daß diese Modifikationen dem Benutzer aufgezwungen werden. Dies würde zur Ablehnung des Systems durch den Benutzer führen. Der Benutzer muß vielmehr stets die Kontrolle über den Ablauf des Entscheidungsprozesses behalten. Die in dieser Arbeit vorgestellte Implementierung zeigt eine Möglichkeit, die Ergebnisse von Optimierungsmodellen zur Ermittlung von Modifikationsvorschlägen in ein flexibles und unter der Kontrolle des Benutzers stehendes System zur Unterstützung der Gruppenmitglieder einzubinden.

Formale Aggregationsvefahren und Modifikationsmodelle können jedoch stets nur einen Teilaspekt realer Gruppen-Entscheidungsprozesse unterstützen. Die in realen Gruppenprozessen sehr wichtige Phase der Generierung von Lösungsvorschlägen, aber auch die Bewertung von Alternativen, Konsensfindung und die Modifikation individueller Meinungen erfordert neben der Berücksichtigung quantitativer Information auch den Austausch und die gemeinsame Bearbeitung anderer Informationsformen wie von Texten, Graphiken, Sprache etc. Die moderne Informationstechnologie stellt in der Büroautomation leistungsfähige Methoden zur Bearbeitung, Speicherung und Wiederauffindung derartiger Informationsformen zur Verfügung. Forschungsziel der Unterstützung von Gruppenentscheidungen muß es langfristig sein, mithilfe dieser Technologie sämtliche Aspekte von Gruppenentscheidungen effizienter gestalten zu helfen. Formalen Modifikationsmodellen kommt dabei die Aufgabe zu, Group Decision Support Systemen einen aktiven Beitrag zur Konsensfindung zu ermöglichen.

Symbolverzeichnis

$\mathbf{A}_k$	Aggregationsoperator für Daten in Kriterium k
a_k	Parameter der logistischen Zugehörigkeitsfunktion
b_k	Parameter der logistischen Zugehörigkeitsfunktion
c	Anzahl der Alternativen, bezüglich derer Übereinstimmung erzielt werden soll
$d(p,p')$	Abstandsfunktion zwischen Parametervektoren
$\overline{d}$	Kritischer Wert von $d(p,p')$
D	Positiver Kegel im R^K
G	Parametrisch variierter Gewichtungsfaktor
I	Anzahl der Investitionsprojekte
I_m	Von Mitglied m vorgeschlagene Projekte
i	Allgemeiner Index für Projekte
K	Anzahl der Attribute
K_m	Von Mitglied m berücksichtigte Attribute
K_r	Attribute, für die Restriktionen bestehen
k	Allgemeiner Index für Attribute
M	Anzahl der Gruppenmitglieder
m	Allgemeiner Index für Gruppenmitglieder
N	Anzahl der Handlungsalternativen
n	Allgemeiner Index für Handlungsalternativen
o_k	Obergrenze für Attribut k
p	Parametervektor einer Bewertungsfunktion (unabhängig vom Entscheidungsverfahren)
p_g	Parameter für die Bedeutung der Gruppen-Bewertung (unabhängig vom Entscheidungsverfahren)
$\overline{p_g}$	Kritischer Wert von p_g

$s(X,\overline{X})$	Skalarisierungsfunktion der Referenzpunkt-Methode
$s'(X,\overline{X},x_g,\overline{x_g})$	Erweiterte Skalarisierungsfunktion
U^g	Gruppen-Nutzenfunktion
U_n^g	Vereinfachte Schreibweise für $U^g(X_n)$
U^m	Nutzenfunktion von Mitglied m
u_k	Partielle Nutzenfunktion für Attribut k
u_k^n	Vereinfachte Schreibweise für $u_k(x_{n,k})$
$v(X,p)$	Allgemeine Bewertungsfunktion (unabhängig vom Entscheidungsverfahren)
$v'(X,x_g,p,p_g)$.	Allgemeine Bewertungsfunktion unter Berücksichtigung der Gruppen-Bewertung (unabhängig vom Entscheidungsverfahren)
V_n	Kardinale Interpretation der Gruppen-Bewertung von Alternative n durch das Mitglied
w_g	Zielgewicht für das Attribut "Gruppen-Bewertung" (Nutzenfunktion)
w_k	Zielgewicht für Attribut k (Nutzenfunktion)
$\overline{X}$	Referenzpunkt
$\overline{x_g}$	Referenzniveau für das Attribut "Gruppen-Bewertung"
$\overline{x_k}$	Referenzniveau für Attribut k
$X_1, X_2, \ldots, X_n$.	Beliebige Handlungsalternativen
$x_{n,g}$	Gruppen-Bewertung von Alternative X_n
$x_{n,k}$	Wert von Alternative X_n in Attribut k
x_k^o	Zielniveau mit vorgegebenem Zugehörigkeitsgrad μ_k^o in Kriterium k
x_k^u	Zielniveau mit vorgegebenem Zugehörigkeitsgrad μ_k^u in Kriterium k
Y_i	Datenvektor von Projekt i
z_n	Hilfsvariable in Modifikationsmodellen für die Referenzpunkt-Methode

α_m	Gewicht von Gruppenmitglied m in der Gruppen-Nutzenfunktion
$\delta_k^+, \delta_k^{o+}, \delta_k^{u+}$	Abweichungsvariable (Erhöhung des Parameters)
$\delta_k^-, \delta_k^{o-}, \delta_k^{u-}$	Abweichungsvariable (Reduktion des Parameters)
ϵ	Toleranzparameter für strikte Ungleichheits-Nebenbedingungen
$\lambda_{n,g}, \lambda_{n,k}$	Binäre Hilfsvariable in Modifikationsmodellen für die Referenzpunkt-Methode
$\mu(X)$	Zugehörigkeitsfunktion zur Menge der insgesamt zufriedenstellenden Alternativen
$\mu_k(x_k)$	Zugehörigkeitsfunktion für Kriterium k
μ_k^o	Oberer Vorgabewert (Parameter) für Zugehörigkeitsfunktion μ_k
μ_k^u	Unterer Vorgabewert (Parameter) für Zugehörigkeitsfunktion μ_k
ϕ	Maximale Abweichung
ρ	Parameter der Referenzpunkt-Methode
θ	Bedeutung der Gruppen-Bewertung in erweiterter Zugehörigkeitsfunktion
ξ_k	Parameter der hyperbolischen Zugehörigkeitsfunktion
$\succ_g$	Gruppen-Präferenzordnung
$\succ_m$	Präferenzordnung von Mitglied m
$\succ_m^*$	Modifizierte Präferenzordnung von Mitglied m unter Berücksichtigung der Gruppen-Bewertung

Literaturverzeichnis

Abonyi, George (1983): *Filtering: An Approach to Generating the Information Base for Collective Choice.* Management Science 29: 409–418.

Ackoff, Russell L. (1967): *Management Misinformation Systems.* Management Science 14: B147–B156.

Ackoff, Russell L. (1979): *Resurrecting the Future of Operational Research.* Journal of the Operational Research Society 30: 189–199.

Adelman, Leonard (1984): *Real-Time Computer Support for Decision Analysis in a Group Setting: Another Class of Decision Support Systems.* Interfaces 14: 75–83.

Albach, Horst (1960): *Lineare Programmierung als Hilfsmittel betrieblicher Investitionsplanung.* Zeitschrift für betriebswirtschaftliche Forschung 12: 526–549.

Alter, Steven L. (1977): *Why is Man-Computer Interaction Important for Decision Support Systems?* Interfaces 7: 109–115.

Alter, Steven L. (1980): *Decision Support Systems – Current Practice and Continuing Challenge.* Addison Wesley, Reading, Mass.

Armstrong, Ronald D.; Cook, Wade C.; Seiford, Lawrence M. (1982): *Priority Ranking and Consensus Formation: The Case of Ties.* Management Science 28: 638–645.

Arrow, Kenneth J. (1963): *Social Choice and Individual Values.* 2nd Edition, Yale University Press, New Haven.

Ashton, D.J.; Atkins, Derek R. (1979): *Multicriteria Programming for Financial Planning.* Journal of the Operational Research Society 30: 259–270.

Baba, Jun-ichi; Fukuda, Toyoo (1989): *Duality of Flexibility and Consistency: Shinayaka-ness in R & D Organization.* Paper presented at the Joint Workshop of IIASA and JISR on New Advances in Decision Support Systems, Laxenburg, August 1989.

Bacharach, Samuel B. (1983): *Bargaining Within Organizations.* In: Bazerman, Max H.; Lewicki, Roy J. (Hrsg.): Negotiating in Organizations. Sage Publications, Beverly Hills: 360–374.

Bamberg, Günter; Coenenberg, Adolf (1985): *Betriebswirtschaftliche Entscheidungslehre.* 4. Auflage, Vahlen, München.

Bao, Da-Hsien (1985): *An Empirical Validation of ADAM in a Capital Budgeting Context.* Decision Sciences 16: 265–281.

Baptistella, L.F.B.; Ollero, Anibal (1980): *Fuzzy Methodologies for Interactive Multicriteria Optimization.* IEEE Transactions on Systems, Man, and Cybernetics SMC-10: 355–365.

Bell, David E. (1974): *Evaluating Time Streams of Income.* Omega 2: 691–699.

Bell, David E. (1977): *A Utility Function for Time Streams Having Inter-Period Dependencies.* Operations Research 25: 448–458.

Bell, David E.; Farquhar, Peter H. (1986): *Perspectives on Utility Theory.* OR 36: 179–183.

Benayoun, R.; de Montgolfier, J.; Tergny, J.; Laritchev, Oleg (1971): *Linear Programming with Multiple Objective Functions: Step Method (STEM).* Mathematical Programming 1: 366–375.

Bennett, John L. (1983): *Analysis and Design of the User Interface for Decision Support Systems.* In: Bennett, John L. (Hrsg.): Building Decision Support Systems. Addison Wesley, Reading, Mass.: 41–64.

Bishop, Robert L. (1964): *A Zeuthen-Hicks Theory of Bargaining.* Econometrica 32: 410–417.

Bitz, Michael (1984): *Investition.* In: Baetge, Jörg et al. (Hrsg): Vahlens Kompendium der Betriebswirtschaftslehre. Band 1, Vahlen, München: 423–481.

Blackmond Laskey, Kathryn; Fischer, Gregory W. (1987): *Estimating Utility Functions in the Presence of Response Error.* Management Science 33: 965–980.

Boje, David M.; Murnighan, J. Keith (1982): *Group Confidence Pressures in Iterative Decisions.* Management Science 28: 1187–1196.

Booth, G. Geoffrey; Bessler, W. (1989): *Goal Programming Models for Managing Interest-Rate Risk.* Omega 17: 81–89.

Bradley, Stephen P.; Hax, Arnoldo C.; Magnanti, Thomas L. (1977): *Applied Mathematical Programming.* Addison Wesley, Reading, Mass.

Brill, E. Downey; Chang, Shoou-Yuh; Hopkins, Lewis D. (1982): *Modeling to Generate Alternatives: The HSJ Approach and an Illustration Using a Problem in Land Use Planning.* Management Science 28: 221–235.

Brockhoff, Klaus (1983): *Group Processes for Forecasting.* European Journal of Operational Research 13: 115–127.

Bronisz, Piotr; Krus, Lech; Lopuch, Bozena (1988a): *BARGAIN - A System Supporting Multicriteria Bargaining.* In: Lewandowski, Andrzej; Wierzbicki, Andrzej P. (Hrsg.): Theory, Software and Testing Examples in Decision Support Systems. IIASA Working Paper WP-88-071, Laxenburg: 343–345.

Bronisz, Piotr; Krus, Lech; Lopuch, Bozena (1988b): *MCBARG - A System Supporting Multicriteria Bargaining.* IIASA Working Paper WP-88-115, Laxenburg.

Bronisz, Piotr; Krus, Lech; Wierzbicki, Andrzej P. (1988): *Towards Interactive Solutions in a Bargaining Problem.* In: Lewandowski, Andrzej; Wierzbicki, Andrzej P. (Hrsg.): Theory, Software and Testing Examples in Decision Support Systems. IIASA Working Paper WP-88-071, Laxenburg: 220–236.

Bui, Tung X. (1984): *Building Effective Multiple Criteria Decision Models: A Decision Support System Approach.* Systems, Objectives, Solutions 4: 3–16.

Bui, Tung X. (1985): *N.A.I.: A Consensus Seeking Algorithm for Group Decision Support Systems.* Proceedings, 1985 International Conference on Cybernetics and Society, Tucson, Arizona.

Bui, Tung X. (1987): *Co-oP - A Group Decision Support System for Cooperative Multiple Criteria Group Decision Making.* Springer, Berlin et al.

Bui, Tung X.; Jarke, Matthias (1984): *A DSS for Cooperative Multiple Criteria Group Decision Making.* Proceedings, Fifth International Conference on Information Systems, Tucson, Arizona.

Bui, Tung X.; Jarke, Matthias (1986): *Communications Design for Co-oP: A Group Decision Support System.* ACM Transactions on Office Information Systems 4: 81–103.

Burns, Alan; Rathwell, Margaret A.; Thomas, Richard C. (1987): *A Distributed Decision-Making System.* Decision Support Systems 3: 121–131.

Candler, Wilfred (1973): *Linear Programming in Capital Budgeting with Multiple Goals.* In: Cochrane, James L.; Zeleny, Milan (Hrsg.): Multiple Criteria Decision Making. University of South Carolina Press, Columbia, South Carolina: 416–428.

Carlson, Eric D. (1983): *Developing the User Interface for Decision Support Systems.* In: Bennett, John L. (Hrsg.): Building Decision Support Systems. Addison Wesley, Reading, Mass.: 65–88.

Castore, Carl H.; Murnighan, J. Keith (1978): *Determinants of Support for Group Decisions.* Organizational Behavior and Human Performance 22: 75–92.

Chankong, Vira; Haimes, Yacov Y. (1983): *Multiobjective Decision Making: Theory and Methodology.* North Holland, Amsterdam.

Charnes, Abraham; Cooper, William W. (1961): *Management Models and Industrial Applications of Linear Programming. Vol. I.* J. Wiley & Sons, New York.

Charnes, Abraham; Cooper, William W.; Ferguson, R.O. (1955): *Optimal Estimation of Executive Compensation by Linear Programming.* Management Science 1: 138–151.

Contini, Bruno; Zionts, Stanley (1968): *Restricted Bargaining for Organizations with Multiple Objectives.* Econometrica 36: 397–414.

Cook, Wade D.; Kress, Moshe (1985): *Ordinal Ranking With Intensity of Preference.* Management Science 31: 26–32.

Cook, Wade D.; Seiford, Lawrence M. (1982): *On the Borda-Kendall Consensus Method for Priority Ranking Problems.* Management Science 28: 621–637.

Crama, Yves; Hansen, Pierre (1983): *An Introduction to the ELECTRE Research Programme.* In: Hansen, Pierre (Hrsg.): Essays and Surveys on Multiple Criteria Decision Making. Springer, Berlin et al.: 31–42.

Cross, John C. (1965): *A Theory of the Bargaining Process.* American Economic Review 40: 67–94.

Dagnino, Aldo; Hipel, Keith W.; Fraser, Niall M. (1987): *A Decision Support System for Mediation.* Working Paper, University of Waterloo.

Date, C.J. (1975): *An Introduction to Database Systems.* Addison-Wesley, Reading, Mass.

Delbecq, Andre L.; Van de Ven, Andrew H.; Gustafson, David H. (1975): *Group Techniques for Program Planning - A Guide to Nominal Group and Delphi Processes.* Scott, Foresman and Company, Glenview, Illinois.

DeSanctis, Gerardine; Gallupe, R. Brent (1987): *A Foundation for the Study of Group Decision Support Systems.* Management Science 33: 589–609.

Dickson, Gordon C. (1981): *An Empirical Examination of the Willingness of Managers to Use Utility Theory.* Journal of Management Studies 18: 423–434.

Diminnie, Carol B.; Kwak, N.K. (1986): *A Hierarchical Goal-Programming Approach to Reverse Resource Allocation in Institutions of Higher Learning.* Journal of the Operational Research Society 37: 59–66.

Dinkelbach, Werner (1982): *Entscheidungstheoretische Aspekte zur Beurteilung voneinander unabhängiger Investitionsobjekte.* In: Koch, Helmut (Hrsg.): Neuere Entwicklungen in der Unternehmenstheorie. Gabler, Wiesbaden: 23–48.

Dinkelbach, Werner; Rosenberg, Otto (1976): *Zielarten und Zielsysteme bei divergierenden Faktorinteressen.* In: Albach, Horst; Sadowski, Dieter (Hrsg.): Die Bedeutung gesellschaftlicher Veränderungen für die Willensbildung im Unternehmen. Schriften des Vereins für Socialpolitik, Neue Folge, Band 88, Duncker & Humblot, Berlin: 813–835.

Dyckhoff, Harald (1988): *Zeitpräferenz.* Zeitschrift für betriebswirtschaftliche Forschung 40: 990–1008.

Dyer, James S. (1972): *Interactive Goal Programming.* Management Science 19: 62–70.

Dyer, James S. (1990): *Remarks on the Analytic Hierarchy Process.* Management Science 36: 249–258.

Dyer, James S.; Sarin, Rakesh K. (1978): *Cardinal Preference Aggregation Rules for the Case of Certainty.* In: Zionts, Stanley (Hrsg.): Multiple Criteria Problem Solving. Springer, Berlin et al.: 68–86.

Dyer, James S.; Sarin, Rakesh K. (1979): *Group Preference Aggregation Rules Based on Strength of Preference.* Management Science 25: 822–832.

Dyson, Robert G. (1980): *Maximin Programming, Fuzzy Linear Programming and Multi-Criteria Decision Making.* Journal of the Operational Research Society 31: 263–267.

Eden, Colin; Williams, Huw; Smithin, Tim (1986): *Synthetic Wisdom: The Design of a Mixed-Mode Modelling System for Organizational Decision Making.* Journal of the Operational Research Society 37: 233–241.

Eilon, Samuel; Cosmetatos, George P. (1980): *Models for Collective Decision Making in Industry.* European Journal of Operational Research 4: 374–379.

Eisenführ, Franz (1988): *Zeitpräferenzen über buchmäßigen Erfolgen.* In: Domsch, Michael; Eisenführ, Franz; Ordelheide, Dieter; Perlitz, Manfred (Hrsg.): Unternehmenserfolg: Planung-Ermittlung-Kontrolle. Gabler, Wiesbaden: 127–139.

Eliashberg, Joshua; Winkler, Robert L. (1981): *Risk Sharing and Group Decision Making.* Management Science 27: 1221–1235.

Engelbart, Douglas; Lehtman, Harvey (1988): *Working Together.* BYTE 13: Heft 13, 245–252.

Ernsberger, Richard Jr. (1989): *Probing the Public Psyche.* Newsweek 114: Heft 13, 5.

Fandel, Günter (1979): *Optimale Entscheidung in Organisationen.* Springer, Berlin et al.

Fandel, Günter (1981): *Decision Concepts for Organizations.* In: Morse, Joel N. (Hrsg.): Organizations: Multiple Agents with Multiple Criteria. Springer, Berlin et al.: 91–109.

Fandel, Günter (1985): *On the Applicability of Group Decision-Making Concepts to Wage Bargaining.* In: Haimes, Yacov Y.; Chankong, Vira (Hrsg.): Decision Making with Multiple Objectives. Springer, Berlin et al.: 532–548.

Fandel, Günter; Wilhelm, Jochen (1976): *Zur Entscheidungstheorie bei mehrfacher Zielsetzung.* Zeitschrift für Operations Research 20: 1–21.

Farquhar, Peter H. (1983): *Research Directions in Multiattribute Utility Analysis.* In: Hansen, Pierre (Hrsg.): Essays and Surveys on Multiple Criteria Decision Making. Springer, Berlin et al.: 63–85.

Fedrizzi, Mario; Kacprzyk, Janusz; Zadrozny, Slawomir (1988): *An Interactive Multi-User Decision Support System for Consensus Reaching Processes Using Fuzzy Logic with Linquistic Quantifiers.* Decision Support Systems 4: 313–327.

Fichefet, Jean (1985): *Data Structures and Complexity of Algorithms for Discrete MCDM Methods.* In: Fandel, Günter; Spronk, Jaap (Hrsg.): Multiple Criteria Decision Methods and Applications. Springer, Berlin et al.: 197–226.

Findler, Nicholas V. (1979): *A Heuristic Approach to Optimum Interference in Group Behavior.* European Journal of Operational Research 3: 20–22.

Fischer, Gregory W. (1979): *Utility Models for Multiple Objective Decisions: Do They Accurately Represent Human Preferences?* Decision Sciences 10: 451–479.

Fishburn, Peter C. (1977): *Multiattribute Utilities in Expected Utility Theory.* In: Bell, David E.; Keeney, Ralph L.; Raiffa, Howard (Hrsg.): Conflicting Objectives in Decisions. Wiley International Series on Applied Systems Analysis, Chichester et al.: 172–194.

Forsyth, John D.; Laughhunn, Dan J. (1973): *Capital Rationing in the Face of Multiple Organizational Objectives.* In: Cochrane, James L.; Zeleny, Milan (Hrsg.): Multiple Criteria Decision Making. University of South Carolina Press, Columbia, South Carolina: 439–446.

Fortuna, Zenon; Krus, Lech (1984): *Simulation of an Interactive Method Supporting Collective Decision Making Using a Regional Development Model.* In: Grauer, Manfred; Wierzbicki, Andrzej P. (Hrsg.): Interactive Decision Analysis. Springer, Berlin et al.: 202–209.

Foulds, Les R. (1981): *Optimization Techniques.* Springer, Berlin et al.

Franz, Lori S.; Reeves, Gary R.; Gonzalez, Juan J. (1987): *An Interactive Approach to Multiple Objective Multiple Decision Maker Problems.* In: Sawaragi, Yoshikazu; Inoue, Koichi; Nakayama, Hirotaka (Hrsg.): Toward Interactive and Intelligent Decision Support Systems. Volume 1, Springer, Berlin et al.: 172–181.

Fraser, Niall M.; Hipel, Kenneth W. (1979): *Solving Complex Conflicts.* IEEE Transactions on Systems, Man, and Cybernetics SMC-9: 805–816.

Freimann, Jürgen (1987): *Ökologie und Betriebswirtschaft.* Zeitschrift für betriebswirtschaftliche Forschung 39: 380–390.

Freimer, Marshall; Yu, Po-Lung (1976): *Some New Results on Compromise Solutions for Group Decision Problems.* Management Science 22: 688–693.

French, Simon (1981): *Consensus of Opinion.* European Journal of Operational Research 7: 332–340.

Freyenfeld, William A. (1984): *Decision Support Systems: An Executive Overview of Interactive Computer-Assisted Decision Making in the UK.* National Computing Centre, Manchester.

Gal, Thomas (1977): *A General Method for Determining the Set of All Efficient Solutions to a Linear Vector Maximum Problem.* European Journal of Operational Research 1: 307–322.

Gear, Anthony E.; Lockett, Alan G.; Muhlemann, Alan P. (1982): *A Unified Approach to the Acquisition of Subjective Data in R&D.* IEEE Transactions on Engineering Management EM-29: 11–19.

Gear, Anthony E.; Read, Michael (1989): *Interactive Group Decision Support.* International Workshop on Multiple Criteria Decision Support, Helsinki.

Geoffrion, Arthur M.; Dyer, James S.; Feinberg, Abe (1972): *An Interactive Approach for Multi-Criterion Optimization, With an Application to the Operation of an Academic Department.* Management Science 19: 357–368.

Gershon, Mark (1984): *The Role of Weights and Scales in the Application of Multiobjective Decision Making.* European Journal of Operational Research 15: 244–250.

Golden, Bruce L.; Hevner, Allan R.; Power, Daniel J. (1986): *Decision Insight Systems for Microcomputers: A Critical Evaluation.* Computers and Operations Research 13: 287–300.

Gomory, Ralph E.; Baumol, William (1960): *Integer Programming and Pricing.* Econometrica 28: 521–550.

Grauer, Manfred; Brillet, Jean-Louis (1982): *About the Portability of the DIDASS - Package (An IBM Implementation).* IIASA Collaborative Paper CP-82-4, Laxenburg.

Grauer, Manfred; Lewandowski, Andrzej; Wierzbicki, Andrzej P. (1984): *DIDASS - Theory, Implementation and Experiences.* In: Grauer, Manfred; Wierzbicki, Andrzej P. (Hrsg.): Interactive Decision Analysis. Springer, Berlin et al.: 22–30.

Gray, Paul (1987): *Group Decision Support Systems.* Decision Support Systems 3: 233–242.

Gray, Paul; Olfman, Lorne (1989): *The User Interface in Group Decision Support Systems.* Decision Support Systems 5: 119–137.

Gray, Paul; Vogel, Doug; Beauclair, Renee (1990): *Assessing GDSS Empirical Research.* European Journal of Operational Research 46: 162–176.

Green, Paul E.; Carmone, Frank J. (1974): *Evaluation of Multiattribute Alternatives: Additive Versus Configural Utility Measurements.* Decision Sciences 5: 164–181.

Greenberg, Harold (1971): *Integer Programming.* Academic Press, New York.

Grob, Heinz Lothar (1985): *Fallstudie zur Nutzwertanalyse.* Wirtschaftswissenschaftliches Studium 14: 150–153.

Grudin, Jonathan (1988): *Perils and Pitfalls.* BYTE 13: Heft 13, 261–264.

Gupta, Sunil; Livne, Zvi A. (1988): *Resolving a Conflict Situation with a Reference Outcome: An Axiomatic Model.* Management Science 34: 1303–1314.

Habenicht, Walter (1983): *Quad Trees, A Datastructure for Discrete Vector Optimization Problems.* In: Hansen, Pierre (Hrsg.): Essays and Surveys on Multiple Criteria Decision Making. Springer, Berlin et al.: 136–145.

Hannan, Edward F. (1985): *An Assessment of Some Criticisms of Goal Programming.* Computers and Operations Research 12: 525–541.

Harker, Patrick T. (1986): *Incomplete Pairwise Comparisons in the Analytic Hierarchy Process.* Working Paper 85-03-01, Department of Decision Sciences, The Wharton School, University of Pennsylvania.

Harker, Patrick T. (1989): *The Art and Science of Decision Making: The Analytic Hierarchy Process.* In: Golden, Bruce L.; Wasil, Edward A.; Harker, Patrick T. (Hrsg.): The Analytic Hierarchy Process - Applications and Studies. Springer, Berlin et al.: 3–36.

Harker, Patrick T.; Vargas Luis G. (1990): *Reply to "Remarks on the Analytic Hierarchy Process" by J.S.Dyer.* Management Science 36: 269–273.

Harsanyi, John C. (1963): *A Simplified Bargaining Model for the n-Person Cooperative Game.* International Economic Review 4: 194–220.

Harsanyi, John C.; Selten, Reinhard (1972): *A Generalized Nash Solution for Two-Person Bargaining Games with Incomplete Information.* Management Science 18: 80–106.

Hax, Herbert (1964): *Investitions- und Finanzplanung mit Hilfe der linearen Programmierung.* Zeitschrift für betriebswirtschaftliche Forschung 16: 430–446.

Hax, Herbert (1985): *Investitionstheorie.* 5. Auflage, Physica, Würzburg.

Huber, George P. (1984): *Issues in the Design of Group Decision Support Systems.* MIS Quarterly: 195–204.

Hurrion, Robert D. (1985): *Implementation of a Visual Interactive Consensus Decision Support System.* European Journal of Operational Research 20: 138–144.

Hwang, Ching-Lai; Lin, Ming-Jeng (1987): *Group Decision Making under Multiple Criteria - Methods and Applications.* Springer, Berlin et al.

Hwang, Ching-Lai; Masud, Abu S. (1979): *Multiple Objective Decision Making. Methods and Applications. A State-of-the-Art Survey.* Springer, Berlin et al.

Ignizio, James P. (1983): *Generalized Goal Programming - An Overview.* Computers and Operations Research 10: 277–289.

IMSL Inc. (Hrsg.) (1979): *IMSL Library Reference Manual.* Edition 8. Houston, Texas.

Isermann, Heinz (1979): *Strukturierung von Entscheidungsprozessen bei mehrfacher Zielsetzung.* OR Spektrum 1: 3–26.

Isermann, Heinz (1984): *Investment and Financial Planning in a General Partnership.* In: Grauer, Manfred; Wierzbicki, Andrzej P. (Hrsg.): Interactive Decision Analysis. Springer, Berlin et al.: 175–185.

Isermann, Heinz (1985): *Interactive Group Decision Making by Coalitions.* In: Grauer, Manfred; Thompson, Michael; Wierzbicki, Andrzej P. (Hrsg.): Plural Rationality and Interactive Decision Processes. Springer, Berlin et al.: 202–211.

Jacquet-Lagreze, Eric; Shakun, Melvin F. (1984): *Decision Support Systems for Semi-Structured Buying Decisions.* European Journal of Operational Research 16: 48–58.

Jarke, Matthias (1986): *Knowledge Sharing and Negotiation Support in Multiperson Decision Support Systems.* Decision Support Systems 2: 93–102.

Jarke, Matthias; Hahn, Udo (1987): *Verhandlungskonzepte für die rechnergestützte Teamarbeit.* Proceedings, GI-Jahrestagung, Fachgespräch Entscheidungsunterstützung in der Bürokommunikation. Springer, Berlin et al.

Jarke, Matthias; Jelassi, M. Tawfik; Shakun, Melvin F. (1987): *MEDIATOR: Towards a Negotiation Support System.* European Journal of Operational Research 31: 314–334.

Jarke, Matthias; Radermacher, Franz Josef (1988): *The AI Potential of Model Management and Its Central Role in Decision Support.* Decision Support Systems 4: 387–404.

Jelassi, M. Tawfik; Jarke, Matthias; Checroun, Alain (1985): *Database Approach for Multiple-Criteria Decision Support Systems.* In: Fandel, Günter; Spronk, Jaap (Hrsg.): Multiple Criteria Decision Methods and Applications. Springer, Berlin et al.: 227–244.

Jelassi, M. Tawfik; Jarke, Matthias; Stohr, Edward A. (1985): *Designing a Generalized Multiple-Criteria Decision Support System.* In: Haimes, Yacov Y.; Chankong, Vira (Hrsg): Decision Making with Multiple Objectives. Springer, Berlin et al.: 214–235.

Jensen & Partners (Hrsg.) (1988): *TopSpeed Modula-2 User's Manual.* London.

Joyner, Robert; Tunstall, Kenneth (1970): *Computer Augmented Organizational Problem Solving.* Management Science 17: B212–B225.

Kacprzyk, Janusz; Fedrizzi, Mario (1988): *A "Soft" Measure of Consensus in the Setting of Partial (Fuzzy) Preferences.* European Journal of Operational Research 34: 316–325.

Kallio, Markku; Lewandowski, Andrzej; Orchard-Hays, William (1980): *An Implementation of the Reference Point Approach for Multiobjective Optimization.* IIASA Working Paper WP-80-35, Laxenburg.

Kaus, Hans-Paul (1985): *Die Steuerung von Entscheidungsgremien über Verhaltensnormen - Ein entscheidungstheoretischer Beitrag.* Physica, Würzburg.

Keen, Peter G.W. (1987): *Decision Support Systems: The Next Decade.* Decision Support Systems 3: 253–265.

Keen, Peter G.W.; Scott Morton, Michael S. (1978): *Decision Support Systems: An Organizational Perspective.* Addison Wesley, Reading, Mass.

Keeney, Ralph L. (1976): *A Group Preference Axiomatization With Cardinal Utility.* Management Science 23: 140–145.

Keeney, Ralph L.; Raiffa, Howard (1976): *Decisions With Multiple Objectives: Preferences and Value Tradeoffs.* J. Wiley & Sons, New York.

Kersten, Gregory E. (1988): *A Procedure for Negotiating Efficient and Non-Efficient Compromises.* Decision Support Systems 4: 167–177.

Kersten, Gregory E.; Matwin, Stan; Michalowski, Wojtek; Szpakowicz, Stan (1987): *Rule-Based System to Support Negotiations.* Proceedings, 31st Annual Meeting of the Society for General Systems Research, Budapest: 610–616.

Kersten, Gregory E.; Szapiro, Tomasz (1986): *Generalized Approach to Modeling Negotiations.* European Journal of Operational Research 26: 142–149.

Kersten, Gregory E.; Szpakowicz, Stan (1990): *Rule-based Formalism and Preference Representation: An Extension of NEGOPLAN.* European Journal of Operational Research 46: 309–323.

Kersten, Grzegorz (1985): *An Interactive Procedure for Solving Group Decision Problems.* In: Haimes, Yacov Y.; Chankong, Vira (Hrsg.): Decision Making with Multiple Objectives. Springer, Berlin et al.: 331–344.

Kirchgäßner, Adalbert (1983): *Vergleich von Verfahren zur Lösung von Entscheidungsproblemen mit mehrfacher Zielsetzung.* Peter Lang, Frankfurt/Main.

Kirkwood, Craig W. (1978): *Social Decision Analysis Using Multiattribute Utility Theory.* In: Zionts, Stanley (Hrsg.): Multiple Criteria Problem Solving. Springer, Berlin et al.: 335–344.

Koopmans, Tjalling C. (1960): *Stationary Ordinal Utility and Impatience.* Econometrica 28: 287–309.

Koreimann, Dieter (1972): *Systemanalyse.* de Gruyter, Berlin.

Korhonen, Antti (1987): *A Dynamic Bank Portfolio Planning Model With Multiple Scenarios, Multiple Goals and Changing Portfolios.* European Journal of Operational Research 30: 13–23.

Korhonen, Pekka (1987): *VIG - A Visual Interactive Approach to Goal Programming. User's Guide.* NumPlan, Helsinki.

Korhonen, Pekka; Laakso, Jukka (1986): *Solving Generalized Goal Programming Problems Using a Visual Interactive Approach.* European Journal of Operational Research 26: 355–363.

Korhonen, Pekka; Wallenius, Jyrki; Zionts, Stanley (1980): *A Bargaining Model for Solving the Multiple Criteria Problem.* In: Fandel, Günter; Gal, Thomas (Hrsg.): Multi Criteria Decision Making - Theory and Application. Springer, Berlin et al.: 178–188.

Kreglewski, Tomasz; Lewandowski, Andrzej (1983): *MM-MINOS - An Integrated Interactive Decision Support System.* IIASA Collaborative Paper CP-83-63, Laxenburg.

Kreglewski, Tomasz; Paczynski, Jerzy; Granat, Janusz; Wierzbicki, Andrzej P. (1988): *IAC-DIDAS-N. A Dynamic Interactive Decision Analysis and Support System for Multicriteria Analysis of Nonlinear Models with Nonlinear Model Generator Supporting Model Analysis.* IIASA Working Paper WP-88-112, Laxenburg.

Krelle, Wilhelm (1975): *A New Theory of Bargaining - Applied to the Problem of Wage Determination and Strikes.* Forschungsbericht Nr.70, Institut für Gesellschafts- und Wirtschaftswissenschaften, wirtschaftstheoretische Abteilung, Universität Bonn.

Kruschwitz, Lutz (1987): *Investitionsrechnung.* 3. Auflage, de Gruyter, Berlin.

Kull, David J. (1982): *Group Decisions: Can a Computer Help?* Computer Decisions 14: 64–70.

Lancaster, Kelvin (1963): *An Axiomatic Theory of Consumer Time Preference.* International Economic Review 4: 221–231.

Laux, Helmut (1979): *Der Einsatz von Entscheidungsgremien: Grundprobleme der Organisationslehre in entscheidungstheoretischer Sicht.* Springer, Berlin et al.

Laux, Helmut (1982): *Entscheidungstheorie. Band 1.* Springer, Berlin et al.

Laux, Helmut; Franke, Günter (1969): *Investitions- und Finanzplanung mit Hilfe von Kapitalwerten.* Zeitschrift für betriebswirtschaftliche Forschung 21: 43–56.

Laux, Helmut; Franke, Günter (1970): *Der Erfolg im betriebswirtschaftlichen Entscheidungsmodell.* Zeitschrift für Betriebswirtschaft 40: 31–52.

Laux, Helmut; Liermann, Felix (1987): *Grundlagen der Organisation.* Springer, Berlin et al.

Lawrence, Kenneth D.; Marose, Robert A.; Lawrence, Sheila M. (1983): *A Multiple Goal Portfolio Analysis Model for the Selection of MIS Projects.* In: Hansen, Pierre (Hrsg.): Essays and Surveys on Multiple Criteria Decision Making. Springer, Berlin et al.: 229–237.

Leberling, Heiner (1983): *Entscheidungsfindung bei divergierenden Faktorinteressen und relaxierten Kapazitätsrestriktionen mittels eines unscharfen Lösungsansatzes.* Zeitschrift für betriebswirtschaftliche Forschung 35: 398–419.

Lee, Sang M.; Eom, Hyun B. (1989): *A Multi-Criteria Approach to Formulating International Project-Financing Strategies.* Journal of the Operational Research Society 40: 519–528.

Lee, Sang M.; Lerro, A.J. (1973): *Optimizing the Portfolio Selection for Mutual Funds.* Journal of Finance 28: 1087–1101.

Leung, Yee (1982): *Dynamic Conflict Resolution Through a Theory of a Displaced Fuzzy Ideal.* In: Gupta, Madan M.; Sanchez, Elie (Hrsg.): Approximate Reasoning in Decision Analysis. North Holland, Amsterdam: 381–390.

Lewandowski, Andrzej (1982): *A Program Package for Linear Multiple Criteria Reference Point Optimization - Short User Manual.* IIASA Working Paper WP-82-80, Laxenburg.

Lewandowski, Andrzej (1988): *SCDAS - Decision Support System for Group Decision Making: Information Processing Issues.* IIASA Working Paper WP-88-48, Laxenburg.

Lewandowski, Andrzej; Grauer, Manfred (1982): *The Reference Point Optimization Approach - Methods of Efficient Implementation.* IIASA Working Paper WP-82-26, Laxenburg.

Lewandowski, Andrzej; Johnson, Sarah; Wierzbicki, Andrzej P. (1986): *A Prototype Selection Committee Decision Analysis and Support System. SCIDAS: Theoretical Background and Computer Implementation.* IIASA Working Paper WP-86-27, Laxenburg.

Lewandowski, Andrzej; Johnson, Sarah; Wierzbicki, Andrzej P. (1987): *A Prototype Selection Committee Decision Analysis and Support System. SCDAS: Theoretical Background and Computer Implementation.* In: Sawaragi, Yoshikazu; Inoue, Koichi; Nakayama, Hirotaka (Hrsg.): Toward Interactive and Intelligent Decision Support Systems. Volume 2, Springer, Berlin et al.: 358–365.

Lewandowski, Andrzej; Wierzbicki, Andrzej P. (1988): *Decision Support Systems Using Reference Point Optimization.* In: Lewandowski, Andrzej; Wierzbicki, Andrzej P. (Hrsg.): Theory, Software and Testing Examples in Decision Support Systems. IIASA Working Paper WP-88-071, Laxenburg: 2–17.

Lewicki, Roy J.; Bazerman, Max H. (1983): *Studying Organizational Negotiations - Implications for Further Research.* In: Bazerman, Max H.; Lewicki, Roy J. (Hrsg.): Negotiating in Organizations. Sage Publications, Beverly Hills, 377–386.

Lindley, Dennis V. (1982): *The Subjectivist View of Decision-Making.* European Journal of Operational Research 9: 213–222.

Livne, Zvi A. (1987): *Bargaining over the Division of a Shrinking Pie: An Axiomatic Approach.* International Journal of Game Theory 16: 223–242.

Livne, Zvi A. (1989): *Axiomatic Characterizations of the Raiffa and the Kalai-Smorodinski Solutions to the Bargaining Problem.* Operations Research 37: 972–980.

Llena, José (1985): *On Fuzzy Linear Programming.* European Journal of Operational Research 22: 216–223.

Loitlsberger, Erich (1972): *Die Kalkülauswahl im Entscheidungsprozeß als Rückkopplungsproblem.* In: Lechner, Karl (Hrsg.): Analysen zur Unternehmenstheorie. Festschrift für L.L. Illetschko, Berlin: 195–220.

Maier, Steven F.; Vander Weide, James H. (1976): *Capital Budgeting in the Decentralized Firm.* Management Science 23: 433–443.

Malin, Howard (1986): *Can Individual Preference Orderings Ever Be Intransitive?* Omega 14: 188–189.

Manke, Joachim (1980): *Gremien im Entscheidungsprozeß.* Gabler, Wiesbaden.

Mantei, Marilyn M. (1989): *Observation of Executives Using a Computer Supported Meeting Environment.* Decision Support Systems 5: 153–166.

Markowitz, Harry M. (1959): *Portfolio Selection.* J. Wiley & Sons, New York.

Masud, Abu S.; Hwang, Ching-Lai (1981): *Interactive Sequential Goal Programming.* Journal of the Operational Research Society 32: 391–400.

McCartt, Anne T.; Rohrbaugh, John (1989): *Evaluating Group Decision Support System Effectiveness: A Performance Study on Decision Conferencing.* Decision Support Systems 5: 243–253.

Meissner, Hans Günther; Gerber, Stephan (1980): *Die Auslandsinvestition als Entscheidungsproblem.* Betriebswirtschaftliche Forschung und Praxis 32: 217–228.

Milling, Peter (1982): *Entscheidungen bei unscharfen Prämissen - Betriebswirtschaftliche Aspekte der Theorie unscharfer Mengen.* Zeitschrift für Betriebswirtschaft 52: 716–734.

Minnehan, Robert F. (1973): *Multiple Objectives and Multigroup Decision Making in Physical Design Situations.* In: Cochrane, James L.; Zeleny, Milan (Hrsg.): Multiple Criteria Decision Making. University of South Carolina Press, Columbia, South Carolina: 506–516.

Müller, Günter (1983): *Entscheidungsunterstützende Endbenutzersysteme.* B.G.Teubner, Stuttgart.

Muralidhar, Krishnamurty; Santhanam, Radhika; Wilson, Rick L. (1990): *Using the Analytic Hierarchy Process for Information System Project Selection.* Information & Management 18: 87–95.

Nance, Barry (1989): *Software Review: TopSpeed Modula-2.* BYTE 14: Heft 5, 211–214.

Nash, John F. (1950): *The Bargaining Problem.* Econometrica 18: 155–162.

Nunamaker, Jay F.; Applegate, Lynda M.; Konsynski, Benn R. (1987): *Facilitating Group Creativity: Experience with a Group Decision Support System.* Proceedings of the Twentieth Annual Hawaii International Conference on System Sciences.

Nunamaker, Jay F.; Vogel, Douglas R. (1987): *Negotiations Support Systems Software and Facilities for Public Sector Issues.* Proceedings, 31st Annual Meeting of the Society for General Systems Research, Budapest: 846–853.

Nunamaker, Jay F.; Vogel, Douglas R.; Heminger, Alan; Martz, Benjamin; Grohowski, Ronald; McGoff, Christopher (1989): *Experiences at IBM with Group Support Systems: A Field Study.* Decision Support Systems 5: 183–196.

Nunamaker, Jay F.; Vogel, Douglas R.; Konsynski, Benn R. (1989): *Interaction of Task and Technology to Support Large Groups.* Decision Support Systems 5: 139–152.

Nyhart, J.D.; Goeltner, Ch. (1987): *Computer Models as Support for Complex Negotiations.* Working Paper, Department of Ocean Engineering, Massachusetts Institute of Technology.

Opper, Susanna (1988): *A Groupware Toolbox.* BYTE 13: Heft 13, 275–282.

Östermark, Ralf (1988a): *Optimal Compromising Within a Multicriterial Conflict Zone.* European Journal of Operational Research 35: 255–262.

Östermark, Ralf (1988b): *Aspiration Profile Preserving Compromising Within a Multicriterial Conflict Zone.* European Journal of Operational Research 35: 263–270.

Osteryoung, Jerome S. (1973): *Multiple Goals in the Capital Budgeting Decision.* In: Cochrane, James L.; Zeleny, Milan (Hrsg.): Multiple Criteria Decision Making. University of South Carolina Press, Columbia, South Carolina: 447–457.

Parenté, Frederick J.; Anderson, Janet K.; Myers, Patrick; O'Brien, Thomas (1984): *An Examination of Factors Contributing to Delphi Accuracy.* Journal of Forecasting 3: 173–182.

Parker, Brian J.; Al-Utaibi, Ghassan A. (1986): *Decision Support Systems: The Reality That Seems Hard to Accept?* Omega 14: 135–143.

Pisonneault, Alain; Kraemer, Kenneth L. (1989): *The Impact of Technological Support on Groups: An Assessment of the Empirical Research.* Decision Support Systems 5: 197–216.

Pisonneault, Alain; Kraemer, Kenneth L. (1990): *The Effects of Electronic Meetings on Group Processes and Outcomes: An Assessment of the Empirical Research.* European Journal of Operational Research 46: 143–161.

Pruitt, Dean G. (1971): *Choice Shifts in Group Discussions: An Introductory Review.* Journal of Personality and Social Psychology 30: 339–360.

Quinn, Robert E.; Rohrbaugh, John; McGrath, Michael R. (1985): *Automatic Decision Conferencing: How it Works.* Personnel 62: 49–55.

Raiffa, Howard (1982): *The Art and Science of Negotiations.* Harvard University Press, Cambridge, Mass.

Ratick, Samuel J. (1983): *Multiobjective Programming with Related Bargaining Games. An Application to Utility Coal Conversions.* Regional Science and Urban Economics 13: 55–76.

Reeves, Gary R.; Franz, Lori S. (1985): *A Simplified Interactive Multiple Objective Linear Programming Procedure.* Computers and Operations Research 12: 589–610.

Reimers, Udo (1984): *A Method for Solving the Decentralized Hierarchical Multiple Objective Decision Problem.* Manuskripte aus dem Institut für Betriebswirtschaftslehre der Universität Kiel, Nr. 154.

Rischmüller, Gerhard (1980): *Die multi-attributive Nutzentheorie - Ein Entscheidungshilfeverfahren bei mehrfacher Zielsetzung.* Zeitschrift für betriebswirtschaftliche Forschung 32: 498–518.

Rogowski, Tadeusz; Sobczyk, Jerzy; Wierzbicki, Andrzej P. (1988): *IAC-DIDAS-L Dynamic Interactive Decision Analysis and Support System Linear Version.* IIASA Working Paper WP-88-110, Laxenburg.

Romero, Carlos (1986): *A Survey of Generalized Goal Programming (1970-1982).* European Journal of Operational Research 25: 183–191.

Rosenthal, Richard E. (1985): *Principles of Multiobjective Optimization.* Decision Sciences 16: 133–152.

Roy, Asim (1987): *From What If to What's Best in DSS.* Decision Support Systems 3: 27–35.

Roy, Bernard (1971): *Problems and Methods With Multiple Objectives.* Mathematical Programming 1: 239–266.

Roy, Bernard (1977): *ELECTRE III: Un algorithme de classement fondé sur une représentation floue des préférences en presence de critères multiples.* Rapport de recherche no. 81, SEMA, Montrouge Cedex.

Roy, Bernard (1980): *Selektieren, Sortieren und Ordnen mit Hilfe von Prävalenzrelationen: Neue Ansätze auf dem Gebiet der Entscheidungshilfe für Multikriteria-Probleme* (Deutsche Bearbeitung und Übersetzung von Heinz-Michael Winkels und Arno Jaeger). Zeitschrift für betriebswirtschaftliche Forschung 32: 465–497.

Roy, Bernard (1988): *Des critères multiples en recherche opérationelle: pourquoi?* In: Rand, Graham K. (Hrsg.): Operational Research '87. Elsevier Science, Amsterdam: 829–842.

Roy, Bernard (1990): *Decision-aid and Decision-making.* European Journal of Operational Research 45: 324–331.

Roy, Bernard; Bouyssou, Denis (1985): *An Example of Comparison of Two Decision-Aid Models.* In: Fandel, Günter; Spronk, Jaap (Hrsg.): Multiple Criteria Decision Methods and Applications. Springer, Berlin: 361–381.

Roy, Bernard; Vincke, Philippe (1984): *Relational Systems of Preference with One or More Pseudo-Criteria: Some New Concepts and Results.* Management Science 30: 1323–1335.

Rückle, Dieter (1970): *Zielfunktion und Rechengrössen der Investitionsrechnung.* Der Österreichische Betriebswirt: 39–76.

Rückle, Dieter (1983): *Betriebliche Investition.* Die Betriebswirtschaft 43: 457–476.

Rückle, Dieter (1989a): *Investitionskalküle für Umweltschutzinvestitionen.* Betriebswirtschaftliche Forschung und Praxis 41: 51–65.

Rückle, Dieter (1989b): *Investitionen.* In: Chmielewicz, Klaus; Eichhorn, Peter (Hrsg.): Handwörterbuch der Öffentlichen Betriebswirtschaft. C.E.Poeschel, Stuttgart: Sp. 715–726.

Saaty, Thomas L. (1980): *The Analytic Hierarchy Process.* McGraw-Hill, New York.

Saaty, Thomas L. (1986a): *Axiomatic Foundation of the Analytic Hierarchy Process.* Management Science 32: 841–855.

Saaty, Thomas L. (1986b): *Free Trade Discussions Between Canada and the United States.* Working Paper, University of Pittsburgh.

Saaty, Thomas L. (1987): *Resolution of Retributive Conflicts.* In: Rand, Graham K. (Hrsg.): Operational Research '87. Elsevier Science, Amsterdam: 549–565.

Saaty, Thomas L. (1989): *Group Decision Making and the AHP.* In: Golden, Bruce L.; Wasil, Edward A.; Harker, Patrick T. (Hrsg.): The Analytic Hierarchy Process - Applications and Studies. Springer, Berlin et al.: 59–67.

Saaty, Thomas L. (1990): *An Exposition of the AHP in Reply to the Paper "Remarks on the Analytic Hierarchy Process".* Management Science 36: 259–268.

Sadleir, C.D.; McCandless, W.L. (1982): *DP/MIS and OR: What Was, What Is, What Could Be.* European Journal of Operational Research 11: 101–117.

Sakawa, Masatoshi; Yano, Hitoshi (1985): *Interactive Fuzzy Decision-Making for Multi-Objective Nonlinear Programming Using Reference Membership Intervals.* International Journal of Man-Machine Studies 23: 407–421.

Schiemenz, Bernd (1976): *Possibilities to Consider Multiple Criteria in Decision Situations.* In: Thiriez, Hervé; Zionts, Stanley (Hrsg.): Multiple Criteria Decision Making. Springer, Berlin et al.: 274–292.

Schoemaker, Paul J. (1981): *Behavioral Issues in Multiattribute Utility Modeling and Decision Analysis.* In: Morse, Joel (Hrsg.): Organizations: Multiple Agents With Multiple Critera. Springer, Berlin et al.: 338–362.

Schoemaker, Paul J.; Waid, Carter C. (1982): *An Experimental Comparison of Different Approaches to Determining Weights in Additive Utility Models.* Management Science 28: 182–196.

Scott Morton, Michael S. (1971): *Management Decision Systems - Computer Based Support for Decision Making.* Division of Research, Harvard University, Boston, Mass.

Seo, Fumiko (1984): *Organizational Aspects of Multicriteria Decision Making.* IIASA Working Paper WP-80-94, Laxenburg.

Seo, Fumiko (1985): *Multiattribute Utility Analysis and Collective Choice: A Methodological Review.* In: Haimes, Yacov Y.; Chankong, Vira (Hrsg.): Decision Making with Multiple Objectives. Springer, Berlin et al.: 170–189.

Sharon, Ed M. (1979): *Decentralization of the Capital Budgeting Authority.* Management Science 25: 31–42.

Sharon, Ed M. (1983): *The Budget-Limit Effect on the Delegation of the Capital Budgeting Authority: The Case of Sequential and Frequent Investment Decisions.* Management Science 29: 289–299.

Sieben, Günter; Goetzke, Wolfgang (1976): *Investitionskalküle unter Berücksichtigung pluralistischer Interessen.* Betriebswirtschaftliche Forschung und Praxis 28: 27–52.

Silver, Mark S. (1990): *Decision Support Systems: Directed and Nondirected Change.* Information Systems Research 1: 47–70.

Sims, David; Eden, Colin; Jones, Sue (1981): *Facilitating Problem Definition in Teams.* European Journal of Operational Research 6: 360–366.

Siskos, Jannis; Lombard, J.; Oudiz, A. (1986): *The Use of Multicriteria Outranking Methods in the Comparison of Control Options Against a Chemical Pollutant.* Journal of the Operational Research Society 37: 357–371.

Smith, Gerald F. (1988): *Towards a Heuristic Theory of Problem Structuring.* Management Science 34: 1489–1506.

Sol, Henk G. (1985): *DSS: Buzzword or OR Challenge?* European Journal of Operational Research 22: 1–8.

Sol, Henk G. (1987): *Conflicting Experiences with DSS.* Decision Support Systems 3: 203–211.

Solomon, Ira (1982): *Probability Assessment by Individual Auditors and Audit Teams: An Empirical Investigation.* Journal of Accounting Research 20: 689–710.

Sprague, Ralph H. (1987): *DSS in Context.* Decision Support Systems 3: 197–202.

Spronk, Jaap (1985): *Financial Planning with Conflicting Objectives.* In: Fandel, Günter; Spronk, Jaap (Hrsg.): Multiple Criteria Decision Methods and Applications. Springer, Berlin et al.: 269–288.

Spronk, Jaap; Zambruno, Giovanni (1985): *Interactive Multiple Goal Programming for Bank Portfolio Selection.* In: Fandel, Günter; Spronk, Jaap (Hrsg.): Multiple Criteria Decision Methods and Applications. Springer, Berlin et al.: 289–306.

Stabell, Charles B. (1987): *Decision Support Systems: Alternative Perspectives and Schools.* Decision Support Systems 3: 243–251.

Stahlknecht, Peter; Nordhauß, Ralf (1981): *Fallstudie Methodik der Hardware- und Software-Auswahl in kleinen und mittleren Unternehmen.* R.Oldenbourg, München.

Steeb, Randall; Johnston, Steven C. (1981): *A Computer Based Interactive System for Group Decision Making.* IEEE Transactions on Systems, Man, and Cybernetics 11: 544–552.

Steuer, Ralph E.; Harris, Frederick W. (1980): *Intra-Set Point Generation and Filtering in Decision and Criterion Space.* Computers and Operations Research 7: 41–53.

Stillwell, William G.; von Winterfeldt, Detlof; John, Richard S. (1987): *Comparing Hierarchical and Nonhierarchical Weighting Methods for Eliciting Multiattribute Value Models.* Management Science 33: 442–450.

Stohr, Edward A. (1981): *DSS for Cooperative Decision Making.* Working Paper CRIS 19, Center for Research on Information Systems, New York University.

Stokes, Nigel W.; Hipel, Keith W. (1986): *Simultaneous Sanctioning in Non-Cooperative Games.* Journal of the Operational Research Society 37: 637–641.

Strebel, Heinz (1972): *Zur Gewichtung von Urteilskriterien bei mehrdimensionalen Zielsystemen.* Zeitschrift für Betriebswirtschaft 42: 89–128.

Sycara, Katia P. (1990): *Negotiation Planning: An AI Approach.* European Journal of Operational Research 46: 216–234.

Tanino, Tetsuzo; Nakayama, Hirotaka; Sawaragi, Yoshikazu (1981): *On Methodology for Group Decision Support.* In: Morse, Joel N. (Hrsg.): Organizations: Multiple Agents with Multiple Criteria. Springer, Berlin et al.: 409–423.

Tanniru, Mohan R.; Jain, Hemant K. (1989): *Knowledge-Based GDSS to Support Reciprocally Interdependent Decisions.* Decision Support Systems 5: 287–301.

Telgen, Jan (1985): *MCDM Problems in Rabobank Nederland.* In: Fandel, Günter; Spronk, Jaap (Hrsg.): Multiple Criteria Decision Methods and Applications. Springer, Berlin et al.: 307–316.

Thomas, Howard; Samson, Danny (1986): *Subjective Aspects of the Art of Decision Analysis: Exploring the Role of Decision Analysis in Decision Structuring, Decision Support and Policy Dialogue.* Journal of the Operational Research Society 37: 249–265.

Trockel, Walter; Weinberg, Jakob (1983): *A Representation Result for Preferences.* In: Löffel, Hans; Stähly, Paul (Hrsg.): Methods of Operations Research 46: VII. Symposium on Operations Research. Athenäum, Königstein/Ts.: 477–486.

Van Gigch, John P.; Pipino, Leo L. (1980): *From Absolute to Probable and Fuzzy in Decision-Making.* Kybernetes 9: 47–55.

Vetschera, Rudolf (1984): *Gruppenentscheidungen und multikriterielle Entscheidungsverfahren.* In: Steckhan, Helmut et al. (Hrsg.): Operations Research Proceedings 1983. Springer, Berlin et al.: 540–547.

Vetschera, Rudolf (1985): *Time Preferences in Capital Budgeting - An Application of Interactive Multiobjective Optimization.* In: Pauly, Ralf et al. (Hrsg.): Proceedings, 9. Symposium über Operations Research. A. Hain, Meisenheim/Glan: 649–660.

Vetschera, Rudolf (1988a): *Unterstützung von Gruppenentscheidungen durch minimale Präferenzmodifikationen.* In: Schellhaas, Helmut et al. (Hrsg.): Operations Research Proceedings 1987, Springer, Berlin et al.: 217–224.

Vetschera, Rudolf (1988b): *Integrating Databases and Preference Evaluations in Group Decision Support - A Feedback-Oriented Approach.* Forschungsbericht 8806. Ludwig Boltzmann Institut für ökonomische Analysen, Wien.

Vetschera, Rudolf (1988c): *Feedback-Oriented Group Decision Support in a Reference-Point Framework.* Forschungsbericht 8809. Ludwig Boltzmann Institut für ökonomische Analysen, Wien.

Vetschera, Rudolf (1990): *Group Decision and Negotiation Support – A Methodological Survey.* OR Spektrum 12: 67–77.

Vincke, Philippe (1982): *Aggregation of Preferences.* European Journal of Operational Research 9: 17–22.

Vincke, Philippe (1986): *Analysis of Multicriteria Decision Aid in Europe.* European Journal of Operational Research 25: 160–168.

Vlacic, Ljubisa; Wierzbicki, Andrzej P.; Matic, B. (1986): *Aggregation Procedures for Hierarchically Grouped Decision Attributes with Application to Control System Performance Evaluation.* In: Jahn, Johannes; Krabs, Werner (Hrsg.): Recent Advances and Historical Development of Vector Optimization. Springer, Berlin et al.: 285–310.

Vogel, Douglas R.; Nunamaker, Jay F.; Applegate, Lynda; Konsynski, Benn (1987): *Group Decision Support Systems: Determinants of Success.* Proceedings, 7th International Conference on Decision Support Systems: 118–128.

von Nitzsch, Rüdiger; Weber, Martin (1986): *Die verläßliche Bestimmung von Nutzenfunktionen.* Zeitschrift für betriebswirtschaftliche Forschung 38: 844–862.

von Winterfeldt, Detlof; Edwards, Ward (1986): *Decision Analysis and Behavioral Research.* Cambridge University Press, Cambridge, Mass.

Wagner, Harvey M. (1975): *Principles of Operations Research.* 2nd Edition, Prentice Hall, London.

Weber, Martin (1983): *Entscheidungen bei Mehrfachzielen - Verfahren zur Unterstützung von Individual- und Gruppenentscheidungen.* Gabler, Wiesbaden.

Weber, Martin (1985): *A Method of Multiattribute Decision Making with Incomplete Information.* Management Science 31: 1365–1371.

Weber, Martin (1987): *Decision Making With Incomplete Information.* European Journal of Operational Research 28: 44–57.

Weber, Martin; Eisenführ, Franz; von Winterfeldt, Detlof (1988): *The Effects of Splitting Attributes on Weights in Multiattribute Utility Measurement.* Management Science 34: 431–445.

Wedekind, Hartmut (1976): *Systemanalyse.* 2. Auflage, Carl Hanser, München.

Weingartner, H. Martin (1974): *Mathematical Programming and the Analysis of Capital Budgeting Problems.* Kershaw Publishing, London.

Werners, Brigitte (1984): *Interaktive Entscheidungsunterstützung durch ein flexibles mathematisches Programmierungssystem.* Minerva, München.

White, Douglas J. (1980): *Optimality and Efficiency I.* European Journal of Operational Research 4: 346–355.

Wierzbicki, Andrzej P. (1980): *A Mathematical Basis for Satisficing Decision Making.* IIASA Working Paper WP-80-90, Laxenburg.

Wierzbicki, Andrzej P. (1983): *Critical Essay on the Methodology of Multiobjective Analysis.* IIASA Working Paper WP-83-14, Laxenburg.

Wierzbicki, Andrzej P. (1984): *Interactive Decision Analysis and Interpretative Computer Intelligence.* In: Grauer, Manfred; Wierzbicki, Andrzej P. (Hrsg.): Interactive Decision Analysis. Springer, Berlin et al.: 2–19.

Wierzbicki, Andrzej P. (1986): *On the Completeness and Constructiveness of Parametric Characterizations to Vector Optimization Problems.* OR Spektrum 8: 73–87.

Willis, Raymond E. (1979): *A Simulation of Multiple Selection Using Nominal Group Procedures.* Management Science 25: 171–181.

Winkels, Heinz-Michael (1980): *Interaktive Lösungsverfahren für lineare Probleme mit mehrfacher Zielsetzung.* In: Henn, Rudolf; Schips, Bernd; Stähly, Paul (Hrsg.): Quantitative Wirtschafts- und Unternehmensforschung. Springer, Berlin et al.: 560–585.

Winkels, Heinz-Michael; Wäscher, Gerhard (1986): *Ein axiomatisch begründeter Ansatz zur Konstruktion von Prävalenzrelationen.* Optimization 17: 49–84.

Winograd, Terry (1988): *Where the Action Is.* BYTE 13: Heft 13, 256–258.

Yu, Po-Lung (1973): *A Class of Solutions for Group Decision Problems.* Management Science 19: 936–946.

Yu, Po-Lung (1977): *Decision Dynamics with an Application to Persuasion and Negotiation.* In: Starr, Martin K; Zeleny, Milan (Hrsg.): Multiple Criteria Decision Making. TIMS Studies in the Management Sciences 6: 159–177.

Zeleny, Milan (1976): *The Theory of the Displaced Ideal.* In: Zeleny, Milan (Hrsg.): Multiple Criteria Decision Making - Kyoto 1975. Springer, Berlin et al.: 153–206.

Zeleny, Milan (1980): *Multiple Objectives in Mathematical Programming: Letting the Man In.* Computers and Operations Research 7: 1–4.

Zeleny, Milan (1981): *The Pros and Cons of Goal Programming.* Computers and Operations Research 8: 357–359.

Zigurs, Ilze (1989): *Interaction Analysis in GDSS Research: Description of an Experience and Some Recommendations.* Decision Support Systems 5: 233–241.

Zimmermann, Hans J. (1978): *Fuzzy Programming and Linear Programming with Several Objective Functions.* Fuzzy Sets and Systems 1: 45–55.

Zimmermann, Hans J. (1983a): *Fuzzy Mathematical Programming.* Computers and Operations Research 10: 291–298.

Zimmermann, Hans J. (1983b): *Using Fuzzy Sets in Operational Research.* European Journal of Operational Research 13: 201–216.

Zionts, Stanley; Wallenius, Jyrki (1976): *An Interactive Programming Method for Solving the Multiple Criteria Problem.* Management Science 22: 652–663.

Physica-Schriften zur Betriebswirtschaft

Herausgegeben von

K. Bohr, Regensburg · W. Bühler, Dortmund · W. Dinkelbach, Saarbrücken · G. Franke, Konstanz · P. Hammann, Bochum · K.-P. Kistner, Bielefeld · H. Laux, Frankfurt · O. Rosenberg, Paderborn · B. Rudolph, Frankfurt

---

Band 1:
Wilhelm Hummeltenberg
Optimierungsmethoden zur betrieblichen Standortwahl

Band 2:
Hermann-Josef Scholl
Fixkostenorientierte Plankostenrechnung

Band 3:
Erwin Huberty
Optimale Finanzierung von Wohnungseigentum

Band 4:
Rainer Rhode
Kurzfristige Material- und Finanzplanung bei mehrfacher Zielsetzung

Band 5:
Felix Liermann
Koordinationsentscheidungen bei Unsicherheit

Band 6:
Horst Tempelmeier
Lieferzeit-orientierte Lagerungs- und Auslieferungsplanung

Band 7:
Lothar Streitferdt
Entscheidungsregeln zur Abweichnungsauswertung

Band 8:
Friedrich Wilhelm Selchert und Axel Otte
Das steuerlich optimale Haus- und Wohnungseigentum

Band 9:
Michael Spielberger
Betriebliche Investitionskontrolle

Band 10:
Jack Wahl
Informationsbewertung und -effizienz auf dem Kapitalmarkt

Band 11:
Siegmar Stöppler
Nachfrageprognose und Produktionsplanung bei saisonalen und konjunkturellen Schwankungen

Band 12:
Lothar Hans
Planung und Plankostenrechnung in Betrieben mit Selbstkostenpreis-Erzeugnissen

Band 13:
Walter Erfle
Die Optimierung der Kontrolle regelmäßig wiederkehrender Arbeitsprozesse

Band 14:
Hans Paul Kaus
Die Steuerung von Entscheidungsgremien über Verhaltensnormen – ein entscheidungstheoretischer Beitrag

Band 15:
Bernhard Wondrak
Management von Zinsänderungs-chancen und -risiken

Band 16:
Ulrich Lorscheider
Dialogorientierte Verfahren zur kurzfristigen Unternehmens-planung unter Unsicherheit

Band 17:
Harmut Rothacker
Zeitstetige Bewertungsmodelle für Tilgungsanleihen – Eine empirische Studie des deutschen Kapitalmarktes –

Band 18:
Eva Terberger
Der Kreditvertrag als Instrument zur Lösung von Anreizproblemen – Fremdfinanzierung als Principal/Agent-Beziehung –

Band 19:
Hubert Jäger
Die Bewertung von konzerninternen Lieferungen und Leistungen in der operativen Planung

Band 20:
Otmar Welzel
Möglichkeiten und Grenzen der Stochastischen Break even-Analyse als Grundlage von Entscheidungsverfahren

Band 21:
Alfred Bischoff
Die Strukturierung von Käufer-Produkt-Beziehungen mit Hilfe der allgemeinen Komponentenanalyse – Eine empirische Untersuchung am Beispiel des Automobilsektors –

Band 22:
Heinrich Exeler
Das homogene Packproblem in der betriebswirtschaftlichen Logistik

Band 23:
Hartmut Stadtler
Hierarchische Produktionsplanung bei losweiser Fertigung

Band 24:
Rolf-Dieter Eberwein
Organisation flexibel automatisierter Produktionssysteme

Band 25:
Marion Switalski
Hierarchische Produktionsplanung - Konzeption und Einsatzbereich -

Band 26:
Joannis N. Paraschis
Optimale Gestaltung von Mehrprodukt-Distributionssystemen - Modelle-Methoden-Anwendungen -

Band 27:
Engelbert Götz
Technische Aktienanalyse und die Effizienz des deutschen Kapitalmarktes

Band 28:
Stefan Kiener
Die Principal-Agent-Theorie aus informationsökonomischer Sicht

Band 29:
Frank Ruhl
Erfolgsabhängige Anreizsysteme in ein- und zweistufigen Hierarchien

Band 30:
Alfred Wagenhofer
Informationspolitik im Jahresabschluß

Band 31:
Heinrich Kuhn
Einlastungsplanung von flexiblen Fertigungssystemen

Band 32:
Markus Funk
Industrielle Energieversorgung als betriebswirtschaftliches Planungsproblem

Band 33:
Michael Wosnitza
Das Agency-theoretische Unterinvestitionsproblem in der Publikumsgesellschaft

Band 34:
Andreas Dieter Robrade
Dynamische Einprodukt-Lagerhaltungsmodelle bei periodischer Bestandsüberwachung